한국을 사랑한 세계작가들

세계의 책 속에 피어난 한국 근현대

일러두기

1. 번역서에서 인용한 부분의 지명이나 맞춤법 등은 표준국어대사전에 맞게 수정하였으며, 한자의 오류와 오자는 바로잡았습니다.
2. 작가의 약력이나 업적은 원서와 번역서 그리고 위키백과 등을 참고하여 편저하였음을 밝힙니다.
3. 각 해당 작가의 작품들은 번역서가 있는 경우 번역서의 제목과 함께 원서의 제목을 기재하였고, 번역서가 없는 경우 저자의 번역으로 원서의 제목과 함께 한국어 제목을 괄호 안에 기재하거나 원서 제목만 기재하였습니다.

한국을 사랑한 세계작가들

세계의 책 속에 피어난 한국 근현대

최종고 지음

와이겔리

머리말

세계의 명저들 속에서 우리 문화를 발견하다

'세계화', '세계 속의 한국, 한류'를 말하고 있는 지도 이젠 상당히 오래되었는데, 문학계에서도 '한국문학과 세계문학'을 열띠게 논의하고 노벨문학상도 갈망하고 있다. 그런데도 우리 자신을 솔직히 돌아보면 세계문학이라는 큰 바다에서 한국은 작은 섬이고 무엇보다 그 섬이 어떤 섬인지를 세계인들은 많이 모르고 있다.

나는 거의 평생을 법학자로 살다 문학은 인생의 대도(大道)라는 생각으로 문학을 사랑하여 정년 후에도 틈만 나면 도서관에서 문학 주변을 찾아보고 있다. 그런데 얼마 전부터 이런 의구심이 들었다. 한국문화의 위상이 높아졌는데, 세계의 작가들은 자신의 작품에 한국문화를 과연 얼마나 담아냈을까? 세계의 작가들이 출간한 책들 속에서 우리 문화의 흔적을 찾아본다면 어떨까? 그래서 나는 도서관에서 그 흔적들을 찾아 헤매기 시작했다.

이럴 수가! 한국에 대해 흥미를 갖고 작품화한 외국작가들이 생각보다 훨씬 많았다. 예컨대 펄 벅(Pearl S. Buck, 1892~1973)이 자신의 작품 속에 한국을 무대로 쓴 대하소설『살아 있는 갈대*The Living Reed*』(1963) 외에도 두 편의 장편소설집을 내었다는 사실을 알게 되었다. 이런 중요한 사실을 왜 우리는 지금까지 모르고 있었는지를 생각하다가 문득 한국을 담아낸 작가가 더 있을지 의문이 들었다. 그렇지만 이러한 의문을 풀어주는 책이나 자료가 없었다. 혼자서 조금씩 조사해 보니, 자신의 작품 속에 한국을 담아낸 외국작가가 무려 70인에 이른다는 사실을 알게 되었다.

많다면 많고 적다면 적지만 왜 우리는 이런 작가들과 그들의 작품에 관심을 갖지 않았을까? 그동안 한국 현대사가 급변하고 불안정했기 때문에 본의 아니게 망각했다고 변명할 수 있을지 모른다. 우리 문학을 해외에 알리는 데 급급한 나머지 정작 중요한 세계의 명저들 속에 담겨 있는 우리 문화를 찾는 데는 소홀했던지도 모른다.

지금까지 찾아낸 70인은 소설가 등 문학가를 비롯해 선교사, 기자, 학자, 여행가 등 다양하다. 그들은 서양에 문호를 개방한 구한말에는 '은자의 나라' 조선에 호기심을 갖고 여행했으며, 일제하에 억압받던 한국인을 연민했고, 해방 후 6·25전쟁의 실상을 목도했으며, 그 이후 분단국가로서의 실상을 본 대로 느낀 대로 다양하게 적었다. 이들의 글을 읽으면서 우리 자신의 참모습을 바르게 볼 수 있을 것이다.

이 책은 문학평론집 같은 학술서를 쓰기 위해 쓴 것이 아니다. 그저 한국과 한국인, 한국문화를 담아낸 작품을 쓴 작가들을 소개하기 위해 쓴 것이다. 하나 첨언할 것은 한국인들이 생각하는 '작가'의 개념은 소설가나 시인 같은 창작가로만 한정되어 있다는 사실이다. 독일의 경우 '작가'(Schriftsteller)란 뭐든지 글로 쓰는 사람을 통칭한다. 그리고 소설 외에도 이야기(Erzählung), 즉 사실에 근거한 서술의 장르가 많이 발달되어 있다. 그래서 노벨문학상을 받은 독일 작가 중에는 우리가 '역사가' 또는 '철학자'라고 부르는 사람도 포함되어 있다. 결국 문학이든 비문학이든 글을 쓰는 사람들은 모두 작가이다.

하나만 더. '한국을 사랑한 세계작가'라 할 때 '사랑'의 의미에 대해 말하고 싶다. 솔직히 조국보다 한국을 더 사랑한 작가가 어디 있겠는가? 우리는 우물 안 개구리식 혹은 자기 붓 대롱 속에 비치는 것만으로 재단하는 태도는 버려야 한다. 한국만을 사랑해 달라 누가 강요할 수 있겠는가? 노벨상 수상 작가 르 클레지오(Le Clézio)처럼 세계를 두루 다니다 보니 한국에도 오고 애착을 느껴 작품으로 쓸 수도 있다. 아무튼 어떤 모티브이든 한국을 주제로 글을 써준다는 것 자체는 고맙고 아름다운 일이다. 생각하면 세상의 수억 인구 중에서 글을 통해 영원히 한국과 인연을 남기는 것은 보통 인연이 아니다. 글로 쓴 것만 영원히 남는다. 오늘날 세계로 자유자재 여행을 하면서 외국을 주제로 작품을 쓴 한국인이 얼마나 있는가? 외국을 작품화한다는 것은 그만큼 모국의 문학과 문화를 풍부하게 만드는 것이다.

이 책을 쓰면서 크게 세 번 놀랐다. 첫째는 한국을 사랑한 외국작가가 의외로 많다는 사실에 놀랐고, 둘째는 그들이 이렇게까지 한국을 속속들이 알고 글로 썼다는 사실에 놀랐고, 셋째는 우리가 이런 사실을 잊고 있었던 사실에 놀랐다. 어쨌든 이들을 잊지 말고 친밀하게 친구로 여기고 활용하여야 할 것이다. 참고로 이 책(1권과 2권)에 소개된 70인 중에는 18인이 여성이고, 미국인이 23인, 영국인이 13인, 독일인이 8인, 프랑스인이 7인, 일본인이 5인, 캐나다인이 3인, 이탈리아인이 2인, 인도인이 2인, 러시아인이 1인, 오스트리아인이 1인, 헝가리인이 1인, 중국인이 1인이다. 앞으로 더 많이 발굴될 것이며, 빠른 시일 내에 『한국을 사랑한 세계작가들』 3권으로 독자와 다시 만날 수 있기를 희망한다.

이 책이 한국문화 및 한국문학의 발전에 다소나마 도움이 될 수 있기를 기원한다. 우리도 외국을 많이 알고 소화하여 작품화할 수 있다면 그만큼 한국문화가 비옥화되고 발전할 것이라 생각한다. 여러모로 도움을 주신 분들, 특히 서울대학교 중앙도서관에 감사한다. 그리고 예쁜 책으로 제작하기에 최선의 노력을 기울인 와이겔리 발행인과 직원 여러분의 노고에 무척 고맙다.

2019년 5월

최종고

차례

1

구한말의 조선을 생생히 소개한 영국의 여성 여행작가

이사벨라 버드 비숍

Isabella Bird Bishop, 1831~1904

『조선과 그 이웃나라들 *Korea and Her Neighbours*』(1898)

이사벨라 버드 비숍(Isabella Bird Bishop)은 일반적으로 결혼 후 사용한 이름인 '이사벨라 비숍'이라 불린다. 아마도 개화기의 한국을 알려면 그녀의 책 『조선과 그 이웃 나라들 *Korea and Her Neighbours*』(1898)을 반드시 읽어야 할 것이다. 예를 들면, 이 책에서 소개할 또 다른 소설가 잭 런던(Jack London)이 1904년에 러일전쟁 종군기자로 한국에 왔을 때도 이사벨라의 책을 읽고 자신의 글에 군데군데 언급하고 있기 때문이다. 『조선과 그 이웃 나라들』은 그녀의 대표적 기행문집으로 19세기 조선의 풍물, 종교, 기생, 민요, 서민 생활, 궁중의 모습, 여성의 지위 등을 손에 잡힐 듯 생생하게 서술하고 있다. 여행가뿐만 아니라 여행작가의 면모를 풍부히 보여주는 작품이다.

요즘 한국이 처한 국제정세 때문에 『조선과 그 이웃 나라들 *Korea and*

Her Neighbours』이라는 책 제목을 들으면 동아시아 3국의 국제정치를 논하는 책일까 싶기도 하지만, 이 책은 그야말로 여행작가인 비숍 여사가 바라본 조선의 생활사 그리고 조선인이 이주해 사는 중국과 러시아 지역을 체험한 생생한 기록을 담은 책이다. 그래서 더없이 귀중한 책이다.

작가의 생애

———

이사벨라 버드 비숍(Isabella Bird Bishop)은 1831년 10월 15일 영국 요크셔의 보로브리지 홀(Boroubridge Hall)에서 태어났다. 그녀의 집안은 캔터베리 대주교와 선교사들이 배출된 전통적인 성공회 집안이었다. 그녀

비숍이 조선여행 중 휴대했던 여권

는 몸이 약해 평생 감기를 달고 살았고, 다른 병에도 종종 걸렸다. 학교에 다니는 대신 가정교사에게 교육받았고, 여행하지 않으면 몸이 아플 정도로 여행을 즐겼다. 1854년 아버지에게 100파운드를 받아 미국에서 마음껏 여행을 하였다. 그리고 첫 번째 여행기인 『The Englishwoman in America(미국에 간 영국여인)』(1856)를 익명으로 저술했다. 또 1년 후에는 캐나다와 스코틀랜드를 여행했다.

1872년에는 하와이(당시 샌드위치 제도)를 여행했다. 아름다운 자연과 자유분방한 원주민들을 보고 하와이를 좋아하게 된 이사벨라는 1875년에 두 번째 책을 출간하였다. 그 다음으로 미국의 콜로라도 주로 갔다. 쾌적한 공기를 자랑하는 로키 산맥에서 1,200킬로미터 넘게 여행하고, 대표작인 된 『A Lady's Life in the Rocky Mountains(로키 산맥 속의 숙녀 생활)』(1879)를 출간하였다. 이후에도 일본, 중국, 베트남과 싱가포르를 여행했다.

1880년 존 비숍이라는 의사와 결혼했지만 1886년에 남편이 병에 걸려 사별해야 했다. 이사벨라는 60세를 넘긴 나이에도 노익장을 발휘해 의학을 배우고 성공회 선교사가 되기 위해 인도로 갔다. 1889년 2월 인도에 도착한 그녀는 선교사들과 만났고, 티베트를 거쳐 터키, 페르시아, 바그다드, 테헤란 등을 여행했다. 1892년 여성으로서는 처음으로 영국왕립지리협회(Royal Geographic Society)의 회원이 되었다.

이사벨라는 1894년에 처음 한국을 방문했는데, 3년 동안 조선과 중국을 자주 방문하면서 고종과 명성황후도 알현했고, 제정 러시아에서 사는 조선인들도 만났다. 이러한 체험을 바탕으로 『조선과 그 이웃나라들 *Korea and Her Neighbours*』을 썼는데, 베스트셀러가 되었다. 그리고 중국 여행을 계획했지만, 1904년 10월 7일에 사망하였다. 그 외 지은 책으로 *The Hawaiian Archipelago* (1875), *Unbeaten Tracks in Japan* (1880), *Journeys in Persia and Kurdistan* (1891), *Chinese Pictures* (1900) 등이 있다.

이사벨라 버드 비숍의 결혼식 사진

중국여행 중 만주복을 입은
이사벨라 버드 비숍

작품 속으로

———

구한말에는 많은 서양인들이 동방의 작은 나라인 조선을 여행하였다. 조선은 오랫동안 쇄국정책으로 그야말로 '은자의 왕국(the hermit kingdom)'으로 있다가 지구상에서 뒤늦게 문호를 연 나라로 큰 호기심을 불러일으켰다. 1816년 리라(Lyra)호의 함장인 영국의 바실 홀(Basil Hall, 1788~1818) 대령이 조선의 서해안까지 왔다가 방어가 심하여 오키나와를 거쳐 되돌아가는 도중에 세인트헬레나 섬에 유배 중인 나폴레옹을 만났다. 그는 망원경으로 조선을 바라보고 "코레아에는 흰옷을 입

Korea and Her Neighbours(1898) 초판본

은 신선들이 사는 것 같다"고 얘기했는데, 나폴레옹은 "나도 그 신선들을 보러 가고 싶다"고 했다. 홀은 『10일간의 조선항해기 *Account of a Voyage of Discovery to the West Coast of Corea, and the Great Loo-Choo Island*』(1818)를 남겼다. 이 책에서 조선은 신비한 나라, 보물섬, 금광이 많은 나라로 비쳐져 여행가들은 물론 신혼여행까지 오는 사람들도 있었다. 심지어 괴테(Johann Wolfgang von Goethe) 역시 이 책을 읽고 "코레아는 금광이 많은 나라"라고 소개하여, 구한말에 독일인들이 한국의 금광을 장악하려 하였던 것이다.

이사벨라는 1894년부터 1897년까지 삼 년에 걸쳐 네 차례나 조선을 방문하여 1898년에 『조선과 그 이웃나라들 *Korea and Her Neighbours*』을 출간하였다. 이 책은 당시 조선의 모습을 예리하게 관찰하여 기록하고 있는데, 특히 조선 여성들의 생활과 노동현장을 여성의 시각으로 생생하게 기록하고 있다. 이 책은 현재 우리나라 고교 교과서에도 일부가 소개되고 있다.

1894년 겨울, 내가 조선으로 배를 타고 떠나려 할 때 어떤 사람들은 The Korea라고 정관사 The를 잘못 붙여 호칭했다. 나의 많은 친구들은 흥미를 가지고 그 위치를 점치곤 했다. 적도(赤道)에 있다느니 지중해나 흑해(黑海)쯤에 있을 것이라고 생각하는 사람들이 많이 있는가 하면, 아주 신빙성은 없지만 그리스의 에게해에 있는 다도해에 있을 것이라고 생각하는 사람들도 종종 있었다. 교육받은 사람들, 그리고 어떤 경우에는 지성인이라고 불리는 사람들이 그 실제적인 경도·위도에서 2천 마일이나 틀리고 있다는 사실이 희한했다. 사실상 이 반도에서는 탐사를 거부하는 듯한 요소가 있었다. (23쪽)

이처럼 저자는 당시 서양인들이 조선에 대해 잘 모르고 있다고 말하면서, 조선민중들의 삶에 대해서는 "극심한 수탈로 인해 피폐해진 삶을 산다"고 서술하였고, "위생 상태가 최악"이라서 불편하게 생활한다고 했으며, 관리들에 대해서는 '흡혈귀'라고 묘사했다. 가난하고 힘든 삶을 사는 민중과 달리 관리들은 서양의 신식 문물로 방을 장식하고, 천박하리만치 사치하며 산다고 하였다.

이사벨라는 특히 관료의 탐욕을 피해 러시아로 이주한 조선인들을 방문했는데 착취가 없는 새로운 세상에서 부지런하게 사는 모습, 러시아 정교로 종교를 바꾸고 러시아 관리들과 원만하게 잘 지낼 정도로 적응력이 뛰어난 사람들로 묘사했다. 그리고 청일전쟁과 동학농민혁명에 대하여도 언급하고 있는데, 그녀는 김개남, 전봉준 등의 동학농민혁명 지도자들과 청일전쟁으로 황폐해진 평양의 참상에 대해 말하고 있다. 또한 중국의 심양 여행에서 겪은 일들도 적고 있다. 하지만 일본이 조선에서 영향력을 넓혀가는 제국주의를 '개혁'이라고 미화한 점이 아쉽기도 하다.

이사벨라는 조선의 문예에 대해서도 관심을 가졌는데, 조선의 시조와 아리랑 등을 상세히 소개했다.

조선의 대중음악은 세 종류가 있는데, 첫째는 고전적 스타일인 시조로서 안단테 트레뮬로소(andante tremuloso)이다. 이는 북으로 장단을 맞춘다. (…) 시조는 매우 느리다. 시조를 배우기 위해서는 특별한 인내심이 요구되기 때문에 오직 기생만이 그것을 탁월하게 할 수 있다고 조선사람들은 말한다. 기생들만이 시조를 연마하기 위한 여가를 가질 수 있다. 시조는 잔치 자리에서 부르는 노래인데 서울에 살고 있는 헐버트 목사가 번역한 것이 있다. (…) 조선인들은 그의 작고 어둡고 더럽고 악취 나는 방에서 겨울을 보내는 동안 난로나 아주 희미한 빛의 등불도 없는 어두운 곳에서 생명의 봄을 맞는다. 그들은 긴 겨울 동안에 그 자연스러운 동반자로서 악기와 노래가 필요하다. 그들에게 음악은 해방이며 대지를 숨쉬는 것이며 육신의 기쁨을 표현하는 것인데 영국에는 그에 상응하는 것이 없다. 그 한 예로서 다음과 같은 것이 있다.

춘삼월 버들은 푸르른데
꾀꼬리 노래하고
벌 나비 춤추네
아이야 거문고 내어오너라
노래 아니하고 어이리

(…) 조선사람들에 의하면 조선의 음악에서 아리랑의 위치는 밥상에서의 쌀의 위치와 같다고 한다. 그 밖의 것은 모두가 부속물에 지나지 않는다. 이 음조는 한두 음절마다 목소리를 떤다. 그 악보를 옮기면 다음과 같다. 헐버트 씨는 '보잘것없는 악보'라고 겸손해하지만 이 악보로 나는 그에게 큰 빚을 졌다. 아리랑의 합창도 다양하지 않지만 그 숫자는 광범

한국을 사랑한 세계작가들 1

제물포항

서울의 상점

*Korea and Her Neighbours*에
실린 사진과 그림

하여 서정시, 서사시, 교훈가 등과 연결되어 있는 노래이다. (…) 사랑가는 인기가 있으며 게일(J. S. Gale) 씨에 의해 번역된 제3연 마지막 줄이 보여주듯이 이따금씩 해학뿐만 아니라 미묘한 우아함이 있다. (161~163쪽)

이사벨라는 봉천(선양), 블라디보스토크, 시베리아 등에서 살아가는 조선인의 모습을 관찰해 책 속에 자세히 소개한 뒤, 1895년 1월 5일 제물포에 다시 도착했다. 책을 통해 "복잡하고 흥분되던 지난 6월과는 대조적으로 평온함이 감돌고 있었다"고 소회를 밝히고 있다. 또한 여성 여행작가답게 꼼꼼히 견문을 기록했다. 작가가 소개한 견문 중 인상 깊은 것은 고종과 명성황후를 알현한 이야기이다. 이 이야기를 통해 고종과 명성황후에 대해 자세히 알 수 있다.

이렇게 오래고 긴 절차를 거친 후에야 비로소 우리는 통역관과 함께 조그마한 알현실로 들어갔다. 알현실의 상단에는 왕과 세자 그리고 왕비가 심홍색 벨벳으로 장식된 의자 앞에 서 있었다. 언더우드 여사가 나를 소개하자 그들은 우리에게 마련된 의자에 앉으라고 권했다. 왕비는 그 당시 40세가 넘었으며 매우 멋있어 보이는 마른 체형이었으며, 머리는 윤기가 흐르고 칠흑같이 검었으며, 얼굴빛은 상당히 창백했는데 그 창백함은 진줏빛 분을 발라 더욱 희게 보였다. 눈은 냉철하고 예리했으며 반짝이는 지성미를 풍기고 있었다. (…) 왕은 키가 작고 누르스름한 얼굴을 지녔으며, 약간의 콧수염과 턱수염을 기른 지극히 평범한 사람이었다. 그는 신경이 예민하여 손을 꼼지락거리며 움직였지만 그의 자태와 예의범절에는 위엄이 있었다. 그의 얼굴은 유쾌한 인상을 풍겼다. 그의 친절한 본성은 익히 잘 알려져 있었다. 대화 중에 왕비는 왕을 상당히 북돋우어 주었다. (…) 세자는 비만하고 의지가 박약해 보였다. 세자는 불행히도 심한 근시였으나 왕실의 법도에 따라 안경을 쓸 수는 없었다. 그 당시 세자는 완전히 병약한 환자 같은 인상을 풍기고 있었으며 나 역시 그렇게 느꼈다. 그는 외아들이었으며 어머니의 우상이었다. 그의 어머니는 아들의 건강에 대해 노심초사했으며 후궁의 아들에게 왕위를 빼앗길지도 모른다는 두려움에 묻혀 살았다. 그는 이런 원인을 해소하기 위해 무절제한 행동을 하기도 했다. 끊임없이 미신의 힘을 빌려 자신의 소원을 기원하고 안정을 찾으려 했으며 스님에게 바치는 시주도 적지 않았다. 내가 그들을 알현하는 동안 왕비와 세자는 서로 손을 꼭 잡고 있었다. 왕비가 정중하고도 풍부한 재치를 보이며 나에게 여러 가지 사사로운 이야기를 한후 왕에게 무엇인가를 말했다. 왕은 즉각 왕비의 충고를 받아들여 약 30분가량 자신의 이야기를 계속했다. 알현이 끝날 무렵 호수에 건축된 정자를 사진에 담기 위해 잠시 머물고 싶다고 요청하자 왕은 이렇게 말했다. "왜 그것만 찍으려 합니까? 여러 번 와서 다른 것들도 찍어 가시지요. 나는 당신에게 사진을 찍을 수 있는 적절한 배려를 해주고 싶습니다." (…) 왕은 43세였으며 왕비는 그보다 약간 많았다. (…) 내가 세 번째로 왕을 알현했을 때, 거론된 주제는 실용적인 정보에 대한 지적 욕망을 보여주었으며 일본이 왕에게 압력을 가하는 개혁의 물결에 관한 소재도 거론되었다. (…) 그는 또다시 영국에서의 인재 등용 방법에 대해 캐묻기 시작했다. (…) 어느 날은 왕과 왕비의 관심이 모두 영국의 왕과 내각에 집중되었다. 왕의 질문이 너무나 많고 그칠 줄 모르고 계속되어 내가 괴로울 지경이었다. (…) "영국은 우리의 가장 우호적인 친구입니다." 이러한 찬사를 듣는 것은 매우 감동적이었다. 다만 그들의 어조에서 풍기는 국운의 쇠퇴가 가슴을 아프게 했다. (…) 내가 떠날 때 왕과 왕비는 일어나서 배웅을 해주었으며 왕비와 악수를 나누었다. 그들은 내가 조선에 다시 돌아와 만날 수 있기를 바란다고 친절하고 다정스럽게 이야기했다. 내가 9개월 후 조선에 돌아왔을 때 왕비는 이미 무참하게 살해당했고, 왕은 궁전에 갇혀 죄수나 다름없는 생활을 하고 있었다. (246~255쪽)

이사벨라는 이렇게 구한말의 변화상을 몸소 겪으면서, 여러 영국인 및 미국인과 연락을 주고받았다. 게일(Zona Gale), 헐버트(Homer Bezaleel Hulbert), 칼스(William Richard Carles) 영사, 코르프(Charles John Corfe) 주교 등과 접촉한 것을 책 속에 언급했다. 또 영국 총영사 힐리어(Walter C. Hillier)의 집에서는 5주간 머물렀다고 밝혔다. 여성이었지만 한국을 비롯하여 전 세계의 여러 나라를 돌아다닐 수 있었던 그녀의 모습에서 '해가 지지 않는 대영제국'이라는 말을 실감할 수 있다.

조선을 떠나는 배 위에서 그녀가 밝힌 소감이 마치 조선의 운명을 예견하는 듯하여 인상적이다.

러시아와 일본이 조선의 운명을 놓고 대립하고 있는 상황에서, 이제 조선을 떠나는 것이 무척 안타깝다. 처음 조선에 대해 내가 느꼈던 혐오감은 애정에 가까운 관심으로 바뀌었다. 또한 이전의 어떤 여행에서보다도 친밀한 친구들을 사귀었고, 그들과 헤어지는 것이 무척 아쉽다. 나는 눈이 오는 날 조선의 가장 아름다운 겨울 아침의 푸른 대기 속에서 서울을 마지막으로 보았다. 그다음 날 조그마한 증기선인 하이에닉(Hyenic)호를 타고 강한 북풍을 가르며 상하이를 향해 떠났다. 배가 증기를 내뿜으며 서서히 나아갈 때 나부끼는 조선 깃발이 내게 기묘한 흥미와 의문을 주었다. (434쪽)

2

조선이 독립국임을 주장한
오웬 니커슨 데니
Owen Nickerson Denny, 1838~1900

『청한론 *China and Korea*』(1888)

오웬 니커슨 데니(Owen Nickerson Denny)
는 한국이름 '덕니(德尼)'로 널리 알려진 개
화기의 미국인이다. 그는 법률가요, 고종
황제의 고문이며, 미국에 돌아가서도 상원
의원을 지낸 '공인'이었기에 『한국을 사랑
한 세계작가들』 중 한 사람으로 넣기에는
무리가 있을지 모른다. 그럼에도 불구하
고 그를 이 책에 소개하고 싶은 몇 가지 이
유가 있다.

몰렌도르프(Paul George von Möllendorf)의 후임으로 고종황제의 외교
고문이 된 그는 청나라의 조선 내정 간섭에 반대하고 위안스카이(원세개袁

오웬 데니와 그의 아내

世凱)의 횡포를 비난했다. 더 나아가 1887년 수호각국(修好各國)에 조선 정부가 외교 사절을 파견할 수 있도록 도와주었고, 1888년 한러수호통상조약을 주선해 한국 대표의 한 사람으로 조약 문서에 서명했다.

그는 서양인으로서는 최초로 한국이 중국에서 독립한 나라라고 주장했으며, 그러한 주장을 『청한론 *China and Korea*』이라는 책에 담아내었다. 이 책은 당시 조선에서 청나라가 저지른 횡포를 신랄하게 비판하고 있는데, 한국 근대사를 연구하는 데 귀중한 문헌이 되고 있다.

그는 고종황제에게 이른바 '데니 태극기'로 불리는 태극기를 받았는데, 이는 현존하는 가장 오래된 태극기이다. 참으로 고마운 미국인이었다. 이런 인물을 어찌 잊을 수 있겠는가!

데니 태극기

구한말에 고종황제가 미국 출신의 외교고문 데니에게 하사한
태극기로 대한민국에서 보존하고 있는 태극기 중 가장 오래된
태극기이다. 1900년 데니가 죽자 가족이 대를 이어 간직하고
있다가 이를 기증받은 윌리엄 롤스턴(William. C. Ralston)이
1981년 6월 23일 우리나라에 기증하였다.

작가의 생애

———

오웬 니커슨 데니(Owen Nickerson Denny)는 1838년 9월 4일 미국 오
하이오 주 모건 카운티(Morgan County)에서 태어났다. 세일럼에 있는 윌라
메트대학에서 공부하고 변호사시험에 합격하였다. 변호사로 활동하다 판
사로 임명되었고, 1868년 12월 23일 게르트루드 홀 화이트(Gertrud Hall
White)와 결혼하고, 1870년 포틀랜드 주 즉심법원 판사가 되어 평생 동안
'판사 데니'로 불리게 되었다.

1877년 5월 그는 중국 톈진 주재 미국 영사로 임명되었다. 양무운동을
주도한 중국 정계의 실력자 이홍장(李鴻章)의 신임을 얻어 1880년에는 상
하이 영사가 되었다. 하지만 시워드(William Seward) 국무장관과 불화를

유리로 둘러싸인 데니의 저택의 겨울 풍경. 오른쪽이 오웬 데니이다.

일으켜 일시 귀국하였다가 1885년 7월 이홍장의 추천으로 조선의 외교고
문으로 임명되었다.

데니가 서울에 처음 도착한 것은 1886년 3월 28일이었다. 그는 4월 7
일 협판내무부사와 외아문당상관으로 임명받고, 1890년까지 4년 동안 조
선 조정에 정치 및 외교에 대해 자문해 주는 외교고문으로 활동했다. 위안
스카이의 횡포가 한창일 무렵 외교고문으로 취임한 데니는 이홍장과 친분
을 유지하면서도 조선의 독립을 주장하였다. 1886년 조선-프랑스 조약을
체결하는 데도 고문 역할을 하였다.

1888년 5월에는 내부협판 및 외무아문장이 되었다. 그리고 미국 상원
의원 미첼(John Mitchell)에게 청나라의 부당한 간섭을 비판하는 책자를 써
보냈는데, 이것이 바로 『청한론 *China and Korea*』이다.

1888년 한러조약을 체결하는 데도 활약했고, 1890년 4월 15일 공직에
서 물러났다. 이후 봉급을 받지 못했지만 서울에 계속 머물다가 1891년 1
월 22일 가족과 함께 고향으로 돌아갔다. 하와이 주재 미국 공사로 추천

데니의 관저에서 친구들과 함께

1880년대 후반 한국에 있는 서양인 친구들과 함께.
사진의 가운데 앉은 여성이 데니의 아내 게르트루드 데니
(Gertrude Denny)이고, 오른쪽에서 세 번째가 오웬 데니이다.

되었으나 임명되지 못했고, 1892년부터 4년간 상원의원으로 활동했다. 그
는 1900년 6월 30일 워싱턴에 위치한 태평양 연안의 롱비치에서 61세의 나
이로 생을 마감하였다.

작품 속으로

———

데니는 미국 상원의원 미첼(John Mitchell)에게 청나라의 부당한 간섭을 비판하는 책자를 써 보냈는데, 이것이 바로 『청한론 *China and Korea*』이다. 이 책은 1887년 겨울에 써서 1888년 2월에 탈고하였다. 출판은 상하이의 켈리 앤 월시(Kelly & Walsh) 출판사가 했고 47쪽 분량이었다. 국내에서는 후일 역사학자 김원모 교수에 의해 처음 번역되었고, 1999년에는 『청한론 *China and Korea*』을 비롯해 데니가 조선에서 재직하고 있을 때 보냈던 공적인 편지들과 함께 신복룡 교수의 번역으로 출간하였다.

논설체로 쓰여진 이 책은 조선이 청나라로부터 독립된 국가임을 주장하는 팸플릿 형태로 되어 있는데, 분량이 짧은 만큼 장절을 따로 구분해 놓지는 않았다. 그래서 한 권의 책으로 보기에는 미흡한 면이 없지 않지만 그래도 필자가 주로 읽어왔던 여느 법률서만큼 딱딱하게 읽히지는 않는다.

이 책은 우선 오웬 데니가 조선에 오게 된 경위를 밝히고, 청나라의 횡포를 토로하고 있다.

조선 국왕이 직예총독 이홍장 각하에게 그의 외교고문관과 세무사의 자리가 비어 있으므로 천거해 달라는 요청이 있었기에 내가 1885년 7월 이 직에 초빙되어 부임하였다. 나는 고문관직을 맡게 되었는데 평화와 질서를 유지하고 조선의 번영을 가져오는 데 노력을 경주할 것이며, 진심으로 총독을 지원하기로 다짐하였다. 그러나 이러한 장담은 유감스럽게도 실현되지 못했다. 이와는 반대로 처음부터 나는 거의 사사건건 청국의 반대에 부딪히고 말았다. 나로서는 납득하기 어려운 일이지만 이 총독이 약속을 이행하지 못한 원인은 바로 청국 정부가 이 총독의 대한정책을 찬성하지 아니한 데에 기인한 것으로 해석할 수밖에 없다. 이러한 여러 사실을 비추어보더라도 청국의 정책 노선은 한청 양국의 최선의 이익에 위배될 뿐 아니라 시인하기 어려운 너무나 부당한 노선인 것 같다. 이제 나는 한 개인으로 온갖 노력을 해보았으나 결국 실패했지만 이번 기회에 몇 가지 점을 밝혀보기로 결심했다. 즉 청국이 점령하려고 시도하고 있는 것은 위험스런 기반이며, 가능하면 반도왕국(조선)에서의 사태와 청제국과의 관계에 관한 몇 가지 공인된 실책을 시정하려다 조선 정부에 논란만 불러일으켰다는 것이다. 지난 2,3년간 음모와 법률 및 사실에 대한 오해로 말미암아 중국 내에서 발행되는 중국어판 및 외국어판 신문에 한청 관계에 대한 허위보도가 게재된 일이 비일비재하다. 그릇된 점을 사실대로 밝힘에 있어 신랄한 비판을 하면 할수록 그만큼 더 비난을 받게 된다는 것은 유감스런 일이다.

'지난 2~3년간 중국 내에서 발행되는 중국어판 및 외국어판 신문에 한청 관계에 대한 허위보도가 게재된 일이 비일비재하다'고 하니, 당시 청나라의 언론왜곡을 엿볼 수 있다. 이러한 청나라에 쓴소리를 던지고 있으니, 데니가 한국을 얼마나 사랑했는지 알 수 있다. 데니는 더 나아가 위안스카이의 부당한 태도를 유감없이 지적한다.

1885년 내가 조선으로 초빙된 후나 내가 서울에 도착하기 전부터 청국 정부는 조선합병정책안(a policy of absorption)을 서서히 결정한 듯 여겨진다. (…) 한편 위안스카이 총리는 결코 한가한 시간을 보낼 수만은 없었다. 왜냐하면 그가 주태공사의 직함을 가진 것도 이 무렵이기 때문에 그는 이제 바쁜 시간을 보내게 되었다. 그의 관저를 가리켜 주태총리관저라고 하는 것은 어느 모로 보나 비열한 오칭(誤稱)이고 속임수인 것 같다. 그는 주태총리라는 직함을 띠고 오만불손하게도 오랫동안 그러나 공허한 각서를 통해서 조선 국왕의 고문에 응했고, 심지어 국왕을 지시하기에 이르렀다. 그는 공식행사에서 자신이 조선에 와 있는 것을 마치 자기 집 안방에 와 있는 것과 같다고 천박한 구실을 늘어놓으면서 손님이 아니라 스스로 주인행세를 서슴없이 자행했다. 그러나 이미 위에서 언급한 이른바 한청상민수륙무역장정(韓淸商民水陸貿易章程)에서 조선은 이 문제(종속)에 관한 한 그 어떤 규정을 했다면, 그것은 본 규정과 정반대되는 것이라고 확신을 가지고 주장할 수 있다.

데니는 1887년 수호각국(修好各國)에 조선 정부가 외교 사절을 파견할 수 있도록 도와주었고, 1888년 한러수호통상조약을 주선해 한국 대표의 한 사람으로 조약 문서에 서명하기도 했다. 이러한 그의 활약을 책을 통해 생생히 엿볼 수 있다.

조선 국왕은 성격상 나약하고 우유부단하다는 진부한 비난이 있는데 이에 대해 몇 마디 변명해볼까 한다. (…) 고종은 청나라의 항의와 반대를 무릅쓰고 구미 각국으로 사절단을 파견하였는데 이로부터 조선 국왕의 행동거지에는 두려움이 있다거나 성격상 확고한 결의가 부족하다는 비난을 받지 아니하였다. 전하는 기타 중요한 문제에 부딪히면 그의 행동거지의 특색을 이루고 있는 차분한 위엄을 갖추었고, 그리고 청나라의 외국사절단 파견반대의 보고를 받고 이를 신중히 고려한 후 청나라의 항의에 대처했다. 이러한 처사는 조약들은 물론 여러 국가들의 법률이 명시하고 보장한 대로 국왕의 권한인 것이다. 결국 고종은 북경 정부의 최후통첩과

이 총독이 명령, 지시한 단호한 조건들을 무시하고 사절단에게 해당 주재국으로 출발하라는 명령을 내렸던 것이다. 이처럼 대담한 단안을 내리자 청국 정부로부터 맹렬한 반대를 받은 것은 물론 원세개 총리로부터 방해를 받은 것이다. (…) 불행히도 국왕은 약간의 예외는 있었지만 그의 위대한 사업을 수행함에 너무나 외로운 신세가 되었다. 일반적으로 서구식 진보사상에 동정하고 있는 자들(개화파)은 세력도 없고 추종자도 없다. 이에 반해 세도와 많은 추종자들을 거느리고 있는 자들(수구파)은 최대한의 충성심을 가지고 과거의 전통사상을 고수하고 있다. 이러한 상황에 놓여 있기 때문에 조선 국왕은 확실히 선량한 만백성으로부터 동정과 지지를 받을 만한 분이다. (1888년 2월 3일 조선 서울에서)

이러한 내용이 담긴 『청한론 *China and Korea*』이 미첼 의원을 통하여 미국 국회에 보고되었는데, 이는 역사적으로 매우 뜻 깊은 일이다. 그만큼 데니는 우리나라를 위해 큰일을 한 것이다. 이 사실의 중요성을 묄렌도르프(Paul George von Möllendorff) 역시 알고 있었다. 그는 데니보다 앞서 외교고문으로 활동했는데, 『청한론 *China and Korea*』에 대한 답변논문을 썼다. 묄렌도르프에 대해서는 뒤에서 소개하는 그의 편에서 다루겠으니, 여기서는 이 정도에서 그치겠다. 아무튼 당시에 벌어진 이러한 일들을 우리나라 사람이 아니라 서양인 '작가(저자)'들이 책을 통해 세계에 알린 사실에 주목해야 할 것이다.

3

'은자의 나라'라고 명명한
윌리엄 엘리엇 그리피스
William Elliot Griffis, 1843~1928

『은자의 나라 한국 *Corea, The Hermit Nation*』(1882)
『*The Unmannerly Tiger and Other Korean Tales* (버릇없는 호랑이와 한국 이야기)』(1911)
『*Korean Fairy Tales* (한국설화)』(1922)

윌리엄 엘리엇 그리피스(William Elliot Griffis)는 도쿄대학교의 교수로 활동한 바 있기에 일반적으로 일본통의 미국인으로 알려져 있다. 그리고 일본 및 한국과 관련된 여러 책을 썼다는 사실도 알려져 있다. 나는 몇 차례 미국 뉴저지 주에 있는 럿거스대학교 도서관에 소장된 '그리피스 문고(Griffis Collection)'를 열람한 바 있다. 그리피스 문고에는 일본 관계문서가 엄청나게 많았는데, 한국 관계문서도 몇 박스나 있는 것을 확인했다. 그 속에는 이승만, 서재필과 주고받은 편지도 들어 있고, 더욱 놀랍게도 춘원 이광수가 박은식과 함께 연명(連名)으로 보낸 편지도 있었다. 이 편지는 한국문학계에도 소개되었다. 그리고 '그리피스 문고'는 전부 디지털화되어 세계의 연구자들에게 제공되고 있다.

한국인에게 가장 잘 알려진 그의 저서는 『은자의 나라 한국 *Corea, The*

Hermit Nation』이다. 이 책 덕분에 한국의 별명이 '은자의 나라'가 되었다. 그런데 그가 한국의 설화에 대해 소개한 『*Korean Fairy Tales*(한국설화)』라는 저서도 있다는 사실은 잘 알려지지 않았다. 그리고 그는 고대 한국의 문화가 일본에 영향을 끼쳤다고 밝힌 책인 『*Reviews on the Influence of Korea upon Japan*(일본에 미친 한국의 영향)』을 쓰기도 했다.

럿거스대학교 졸업 당시의 초상화

작가의 생애

윌리엄 엘리엇 그리피스(William Elliot Griffis)는 1843년 9월 17일 미국 필라델피아에서 선장의 아들로 태어났다. 1863년 독립전쟁에 참전하였고, 이후 뉴저지의 뉴브런스윅에 있는 럿거스대학교에서 자연과학을 전공하고 1869년에 졸업하였다. 이후 1년간 유럽여행을 한 뒤 뉴브런스윅신학교에서 공부하였다.

1870년 메이지유신 이후 서구의 자연과학을 받아들여야 한다고 생각한 일본 정부는 그를 일본에 초청했다. 그는 도쿄대학교의 물리학 및 화학 교수가 되었다. 3년간 도쿄대학교에서 일본 연구에 몰두하다 일본을 이해하려면 고대부터 일본 역사에 영향을 끼친 한국을 알아야 한다고 생각해 한국을 연구하였다. 그는 한국을 알기 위해 한국과 관련된 여러 문헌을 살펴고, 한국을 방문하기도 했다.

1874년에 다시 미국으로 돌아와 뉴욕의 유니언신학교에서 공부하고 1877년에 졸업하였다. 이어서 뉴욕, 이타카에서 목회를 하다가 1884년에 유니언신학교에서 신학박사(D. D.) 학위를 받았다. 이처럼 신학과 목회 활동을 하면서 일본과 한국의 역사를 여러 권의 책으로 소개했다. 이러한 공로로 1900년 왕립아시아학회(Royal Asiatic Society) 한국 지부의 회원이 되었다.

그는 한국과 일본에 대해 다룬 책으로 *The Mikado's Empire, Corea, The Hermit Nation, The Lily Among Thorns, Honda, the Samurai, Japan, in History, Folks-lore, and Art, The Religions of Japan, Reviews on the Influence of Korea upon Japan, Japanese Debt to Korea, A Modern Pioneer in Korea: The Life Story Of Henry G. Appenzeller* (1912), *Korean Fairy Tales* (1922) 등을 썼다.

럿거스대학교의 '그리피스 문고'에는 이승만이 그에게 보낸 편지도 있는데, 이 편지에는 이승만이 그리피스에게 『은자의 나라 한국 *Corea, The Hermit Nation*』의 출간을 축하해 주면서 한국 역사에 관한 책을 쓰면 100부를 사주겠다고 격려하는 내용도 언급되어 있다.

그리피스는 1928년 2월 5일 플로리다에서 84세의 나이로 세상을 떠났다. 그는 두 아들을 두었는데, 장남 스탠튼 그리피스(Stanton Griffis)는 트루먼 대통령 시절에 각국 대사를 지냈고, 동생 존 그리피스(John Griffis)는 작곡가가 되었다.

작품 속으로

그리피스는 『은자의 나라 한국 Corea, The Hermit Nation』을 썼는데, 이 책 덕분에 한국은 '은자의 나라'라는 별명을 갖게 되었다. 『은자의 나라 한국 Corea, the Hermit Nation』은 고조선 시대부터 을사늑약 당시까지의 한국의 역사를 시대 순으로 다루고 있다. 이 책의 목차는 '1. 한반도, 2. 고조선, 3. 부여족과 그 이동, 4. 삼한, 5~7. 삼국의 발흥(백제, 고구려, 신라), 8. 일본과 삼국, 9. 고려,

Corea, The Hermit
Nation (1882) 초판본

10. 중국, 일본, 몽고, 11. 조선의 건국, 12~20. 임진왜란사(전사, 서울함락, 북부지방에서의 전투, 서울수복, 세스페데스 신부, 강화회담, 정유재란, 울산전투, 전후의 변화), 21. 병자호란과 만청 관계: 동아시아의 이삭, 22. 하멜의 표착, 23. 8도의 지리와 풍물, 24. 왕과 왕궁, 25. 정파, 26. 정부조직과 통치방법, 27. 봉건제도, 농민, 사회제도, 28. 여성과 혼속, 29. 아동생활, 30. 가정, 음식, 복식, 31. 상제와 장제, 32. 옥외생활: 그 성격과 이용, 33. 무속과 신비한 동물학, 34. 전설과 민담, 35. 격언과 속담, 36. 조선과 호랑이, 37. 종교, 38. 교육과 문화, 39. 기독교의 전래, 40. 박해와 순교, 41. 프랑스 선교사의 입국, 42. 쇄국정책의 붕괴, 43. 병인양요, 44. 초기의 한미관계, 45. 오페르트의 굴총 사건, 46. 신미양요, 47. 대일 문호 개방, 48. 조약의 체결, 49. 경제사정, 50. 내정: 갑신정변, 51. 청일전쟁과 대한제국, 52. 러일전쟁, 53. 을사조약'의 순으로 되어 있다.

1882년에 출간된 이 책의 초판본은 48장으로 되어 있었는데, 1907년 제8판부터 다섯 장이 추가되었다. 계속해서 새로운 내용을 추가한 점으로

Corea, The Hermit Nation 본문에 실린 서울의 모습

미루어볼 때 책에 대한 저자의 애정을 엿볼 수 있다.

하지만 이 책의 목차를 통해 알 수 있듯이 한국의 제도와 풍속 등을 다루기는 하지만, 많은 부분을 대외문제를 다루는 데 할애하고 있다. 아무튼 이 책에는 다음과 같은 헌사가 붙어 있다.

과학과 진리와 순수 종교를 통해 자신과 동족을 개명시키고, 그들의 나라로부터 미신과 완고(頑固)와 전제와 토착적·이질적 교권(教權)을 몰아내고, 또 조국의 단결과 독립과 명예를 유지해 위하여 애쓰는 한국의 모든 애국자들에게 그들의 역사와 현실을 그린 이 보잘것없는 책을 드립니다.

그리피스는 왜 헌사에 "그들의 역사와 현실을 그린 이 보잘것없는 책을 드립니다"라고 했을까? 그는 작가로서 겸손함을 잃지 않아서이기도 했지만 사실 이 책은 주로 일본에 있으면서 일본 자료를 참고해 집필했다. 백문불여일견(百聞不如一見), 백 번 듣는 것이 한 번 보는 것보다 못하니, 한국을 직접 경험해 보지 않고 쓴 책임을 고려하면 아쉬움이 남는다.

또한 이 책의 초판 서문에는 "그때는 참고자료도 별것 없는 때라 달레 (C. Dallet)의 『조선교회사서론 Histoire de l'Eglise de Corée』을 많이 참고했다"는 문장도 있다. 그리피스는 1906년 뉴욕 주 이타카에서 쓴 제8판 서문에서 "나는 나의 독자들, 특히 한국에 오랫동안 거주함으로써 나를 충분히 비판해 줄 수 있는 분들로서 자신의 의견을 서슴지 않고 말해 준 독자에게 특히 용서를 비는 바이다. 태평양과 대서양을 넘어서 그와 같은 자랑스러운 징표들이 내게 전달되고 있다"고 밝혔다. 그러니 이 책을 읽고 싶은 분들은 제8판을 읽어보기 바란다고 적었다.

나는 문학에 관심이 있어서 그런지 전설과 민담을 다룬 제34장이 특히 흥미로웠다.

서구어에 의해 외형적으로 노출된 사실만을 단순하게 서술함으로써 우랄 알타이 민족의 역사를 기록하려고 시도하는 것은 여러 민족의 유품이 전시된 박물관에 또 다른 백골을 진열하는 것에 지나지 않는 것으로 보인다. 단순히 헐뜯으려는 비판적 방법에 의해서 비평가들이 즐겨 쓰는 소위 저들의 '역사'를 발굴하기 위해 모든 민속이나 전통을 난도질함으로써 역사적 형해(形骸)를 다루어 보려고 한다면 이는 곧 부자연스럽고도 기만적인 행위로밖에는 보이지 않는다. 그와 같은 방법은 몇 온스의 쇠고기나 치즈로써 셰익스피어의 진수를 연관 지으려 하거나 또는 저울로써 시의

가치를 재려고 하는 것과 같다. (395쪽)

이렇게 얘기하고는 조선의 건국신화를 소개하고, 『조선문전』에 나오는 '세 가지의 소망' 이야기와 '자비로운 정조대왕' 이야기를 소개했다. 『조선문전』은 1902년에 유길준이 라틴문법의 모형에 따라 저술한 우리나라 최초의 국어문법서이다. 『은자의 나라 한국 *Corea, The Hermit Nation*』에 실린 '자비로운 정조대왕' 이야기는 이렇다.

정조가 암행에서 어느 집을 들여다보니 젊은 부부가 부모 앞에서 춤을 추고 있었다. 정조는 이 효자 부부에게 과거에 응시하라고 말해 주었다. 후일 "젊은이는 울며 노래하고, 고깔 쓴 여인은 춤추며, 늙은이는 눈물 흘린다"는 과제(科題)를 내어 그 젊은이를 합격시켜주었다. 이 이야기를 소개하면서 그리피스는 "정조대왕은 조선의 하룬 알 라시드(Harun al Rashid)"라고 평했다. 하룬 알 라시드는 이슬람왕조의 황금시대를 이끈 칼리프다. 정조를 이런 인물에 비유했으니, 높이 평가한 것이다.

한편, 이 책에는 경상도의 선비가 서울에서 거울 하나를 사 와서 벌어진 재미난 해프닝도 소개하고 있다. 거울에 비친 자신의 모습을 들여다본 선비 부부가 낯선 남자와 여자가 나타난 것으로 오해해 싸움판이 벌어진 이야기도 실은 것이다.

또 여러 격언과 속담을 소개하면서 "조선인들은 우물 안의 물고기처럼 외계와는 두절되어 있다. 그럼에도 불구하고 그들은 소박한 지혜들을 많이 짜내어 일상 언어에서 막히지 않고 표현한다. (…) 다음에 수록한 것들은 주로 한반도에서 생성된 것으로서 토속적인 냄새가 짙게 풍긴다"고 평했다. 『은자의 나라 한국 *Corea, The Hermit Nation*』의 35장에는 이런 말이 나온다.

한국을 사랑한 세계작가들 1

'까마귀 날자 배 떨어진다'는 말은 공교롭게 발생한 일이니 엉뚱하게 추측하지 말라는 말이다. (…) 몹시 생활이 곤궁하다는 말은 '그 집에 불이 꺼졌다'는 서글픈 사실로써 표현한다. (…) 사람이 총명하지 못하면 '눈에 안개가 꼈다'고 말한다. (410쪽)

이 책은 조선에는 유독 호랑이의 덕성(德性)에 관한 얘기가 많다고 하면서, 제36장에서 그에 대해 자세히 소개하고 있다. 그와 관련된 내용을 소개하고 싶지만 지면의 한계를 고려해 생략하겠다. 관심 있으신 분들은 일독하시기 바란다.

끝으로 이 책에서 눈여겨봐야 할 부분은 1906년 뉴욕 주 이타카에서 쓴 제8판의 대미(大尾)이다. 일본에 의해 사그라져가는 조선의 운명을 안타까이 여긴 헐버트(H. B. Hulbert)의 말을 끝으로 소개한 것이 인상 깊다.

끝으로, 그러나 이는 적지 않게 중요한 문제인데, 무분별하고도 야만적인 일본인들을 엄중히 단속하는 일, 즉 대체로 말해서 일본인과 조선인 사이에 존재하는 숙원(宿怨)을 극복해야 하는 정의와 화해의 정책을 필요로 하고 있다. 양반들로 하여금 일을 하도록 만들어 자신의 삶을 영위할 수 있도록 만드는 일은 오랫동안 억눌리며 살아온 조선 민족에게 커다란 축복이 될 것이다. 조선은 일본의 복리를 위해서가 아니라 일차적으로는 조선의 복리를 위해 개발되고 있다는 사실을 건전한 판단을 가진 세계인들에게 만족할 만큼 설명할 수 있다면 전 세계 인류의 양심이 이를 인정하고 즐거워할 것이다. 이와 같이 어려운 일을 해낸 일본을 가장 신랄하게 비난하고 있는 『대한제국멸망사 The Passing of Korea』의 저 지성적 필자인 헐버트(H. B. Hulbert)는 당시의 상태를 다음과 같이 평결하고 있다.

(…) 조선 사람들은 이미 여러 해 전에 벌써 관심을 쏟아야 했던 이 교육만이 이제 최후로 의지할 수밖에 없는 마지막 보루라는 사실을 뼈저리게 깨닫고 무지에서 깨어나자고 외치고 있다. (…) 대한제국으로서는 지금 꾹꾹 참기만 한다거나 또는 일본의 계획에 대해 불쾌하게 저항만 하다가는 아무것도 얻을 수 없다. 그들은 지금 명백한 문제점에 직면하고 있으며, 그러한 상황을 야기시키고 있는 폭력의 부도덕성에 대한 이론이란 전혀 학술적인 것에 불과하다. (637쪽)

4

병인양요를 쓰고 그린 프랑스 화가작가
장 앙리 쥐베르
Jean Henri Zuber, 1844~1909

『병인양요 *Une Expédition en Corée*』(1873)

서양미술사를 아는 사람이라면 '장 앙리 쥐베르'라는 이름을 한 번쯤 들어보았을 것이다. '풍경(Paysage)'이라는 작품으로 유명한 그는 수채화, 유화, 파스텔화 등 여러 가지 그림을 그린 화가였으며, 매년 살롱 전에 출품하여 숱한 상을 수상한 바 있다.

그가 그린 그림 중에는 병인양요 당시의 풍경을 그린 것도 있다. 그는 병인양요 때 프랑스 해군으로 참전했는데, 강화도 주변에서 병인양요의 전장을 그림으로 그렸다. 지금도 강화도에는 갑곶진(甲串津)을 비롯해 여러 전적지가 남아 있지만 당시의 모습을 실제적으로 관찰하는 데는 한계가 있다. 그런 점에서 볼 때 당시의 모습을 담은 그의 그림은 우리에게 가치가 크다.

그런데 화가였던 그는 「*Une Expédition en Corée*(조선원정기)」라는 글을 발표했다. 물론 그는 화가였기 때문에 이 글에는 여느 작가들 같은 문학적 감수성이 엿보이지는 않는다. 하지만 이 글은 프랑스 해군의 입장에서 병인양요 당시의 상황을 생생히 묘사한 기행문이다. 당시에 조선은 프랑스에게는 적이었으므로 이 글이 불온한 내용을 담고 있는 것은 아닌가 의구심을 품을 수도 있겠지만 충분히 흥미를 불러일으킬 만한 내용을 담고 있다. 자, 그럼 앙리 쥐베르의 글과 그림이 담긴 책을 만나보기로 하자.

작가의 생애

장 앙리 쥐베르(Jean Henri Zuber)는 1844년에 프랑스 알자스 지방의 릭스하임(Rixheim)에서 태어났다. 릭스하임은 슈바이처의 고향과도 가까운데, 어릴 적부터 평화롭고 아름다운 풍경을 보며 자랐다. 소년 시절부터 그림을 잘 그렸는데, 아버지의 영향을 받아 해군에 입대해 제도사로 일했다.

극동함대에서 복무한 그는 동아시아로 건너와 일본, 한국, 중국, 싱가포르 등지의 풍경을 그렸다. 1866년에는 두 차례 강화도 원정(9월 12일~11월 12일)에 출정하여 한국 현지의 기초자료를 바탕으로 한국 지도를 제작했는데, 이것은 서구에서 제작된 최초의 한국 지도라고 평가받는다.

1868년에 해군을 떠나 파리의 글레르 아틀리에로 들어가면서 본격적으로 화가로 활동했다. 주로 바다 풍경을 많이 그렸고 자연주의 화가로 평생 활동했다.

화실에서의 만년의 앙리 쥐베르

1871년 7월 20일 은행가의 딸 마들렌 오퍼만(Madeleine Oppermann)과 결혼하였으나 수년 후 아내를 잃고 헬렌 리슬러(Helen Risler)와 재혼하였다. 여행을 자주 하여 프랑스뿐 아니라 스위스, 네덜란드, 영국에도 장기간씩 머물며 그림을 그렸다.

1973년 병인양요 당시에 해군으로 복무한 경험을 살려 「*Une Expédition en Corée*(조선원정기)」라는 글을 집필했다. 이 글과 함께 그가 강화도에서 스케치한 삽화 10컷이 《르 투르뒤몽드 *Le Tour du Monde*》에 소개되었다.

1873년 《르 투르뒤몽드 *Le Tour du Monde*》 정기 간행물에 실린
「*Une Expédition en Corée*」

1886년 레지옹 도뇌르 훈장을 받았고, 1889년 국제미술제전에서 금메달을 수상했다. 1897년에는 프랑스 살롱전 심사위원이 되었다. 1909년 지병인 위궤양으로 고생하다가 사망했다.

2009년에는 쥐베르 서거 100주년을 추모하는 화집 『*Henri Zuber*(앙리 쥐베르)』가 출간되었고, 뮐하우스 보자르 미술관에서 회고전이 열렸다.

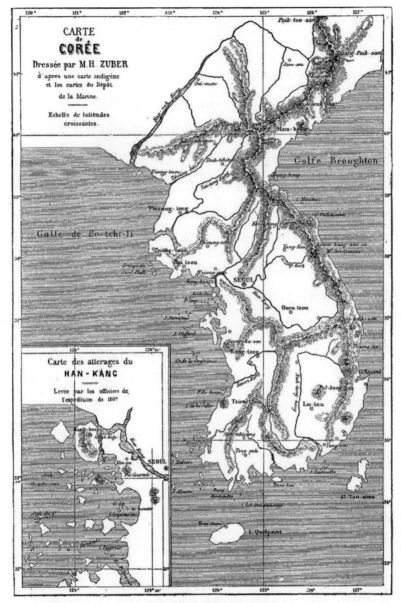

앙리 쥐베르가 제작한 한국 지도

작품 속으로

―

「*Une Expédition en Corée*(조선원정기)」는 쥐베르가 잡지《르 투르뒤몽드 *Le Tour du Monde*》(1873, 401~416쪽)에 발표한 글인데, 그가 강화도에서 그린 그림 10점과 조선 지도 1장이 함께 실려 있는 이 글을 명지대-LG 연암문고가 구입하여 80여 페이지의 짧은 보고서 형태로 출간되었다. 이후 2009년에 한국문학번역원에서 기획하고 지원하여 2010년에 살림출판사에서 『병인양요 *Une Expédition en Corée*』라는 책으로 번역 출간되었다.

이 책은 파리외방전교회 선교사들과 동양학자 로니의 글에 기초하여 집필한 책이라고 밝히고 있다. 우선 조선에 대해 소개한 뒤 조선에서 천주교가 박해받고 선교사들이 처형을 당해 강화도 원정을 오게 되었음을 서술한다. 그러면서 병인양요 당시에 프랑스 해군으로 참전했던 저자의 경험을 밝히고 있다.

쥐베르는 해군 소위 후보생으로 강화도 원정에 참여했는데, 이 책에는 한강 입구를 찾기 위한 제1차 예비 정찰 원정(9월 18일~10월 3일), 강화도를 거쳐 서울까지 진출하려다 정족산성 전투에서 조선군에게 패하여 조선에서 철수하게 된 제2차 원정(10월 11일~11월 18일)이 서술되어 있다.

다음의 글을 통해 프랑스군이 제2차 원정에서 강화부를 점령한 이후의 상황을 상세히 알 수 있다. 화가로서의 섬세한 묘사력을 엿볼 수 있는 대목이다.

우리의 선박이 목적지에 닿을 즈음에 작은 배 몇 척이 우리의 진로를 방해하려 하기에 함포를 몇 발 쏘아 그들을 흩어지게 할 수밖에 없었다. 이 사건이 있은 뒤에 자칭 '백성의 벗'이라는 한 관리가 도무지 공한(公翰)이라고 할 수 없을 서한 한 장을 데클레드호 선상으로 가져왔다. 그 서한을 대충 훑어보니 나름대로의 특성을 띠고 있는 듯했다. 그 내용을 번역하면 다음과 같다.

"이제 그대들이 이 보잘것없는 소국의 강산을 보았으니 부디 돌아가 주시오. 그리하면 우리의 온 백성이 기뻐할 것이외다. 제발 그대들이 우리에게서 눈길을 돌려주기만 한다면, 그래서 우리 마음속에 품고 있는 모든 의심과 의혹들을 몰아내 준다면 그것으로 그대들은 우리를 더없이 행복하게 해주는 것이외다. 감히 천 번 만 번 청하는 바이오니, 그대들이 우리의 청을 들어주리라 믿겠소이다."

이 겸손한 간청은 백성의 크나큰 공포를 드러낸 것인데, 이는 십중팔구 정부 측의 두려움을 반영한 것이기도 했다. 우리는 관장을 안심시켰고, 정찰선은 그 지역에서 단 며칠 동안 정박하면서 수심을 측정하고 조사를 했다. (…) 서울은 먼 바다에서도 보이는 높은 산 아래 위치하고 있다. 아홉 군데 출입문이 나 있는 기다란 성벽이 서울을 완전히 둘러싸고 있고, 작은 강줄기 하나가 도시 한복판을 관통하고 있다. 궁궐과 정부 관사가 자리 잡고 있는 직사각형의 구역은 벽과 외호(外濠)로 서울의 나머지 구역과 분리되어 있다. 그나마 호사를 부렸다 할 수 있는 곳은 그 구역뿐이니, 도시라고 해서 조선의 비참한 일반 마을과 별반 다를 것이 없으며 차이가 있다면 고작 일반 마을보다 규모가 좀 더 크다는 것뿐이다. (33~35쪽)

병인양요는 다음과 같은 이유로 발생하였다. 1866년 홍선대원군은 프랑스 선교사 9명을 비롯하여 남종삼(南鍾三)·정의배(丁義培) 등 조선인 천주교도 8천여 명을 학살했다. 그해 5월에 조선을 탈출한 펠릭스 클레르 리델(Félix Clair Ridel) 신부는 중국 톈진에 주둔한 피에르 로즈(Pierre Roze)

제독에게 이 사건을 알렸다.

1866년 9월 18일 로즈 제독은 프랑스 군함 3척을 이끌고 인천 앞바다와 양화진을 거쳐 서울 근교 서강(西江)에까지 이르렀다. 그러자 조선은 경비를 강화했고, 프랑스 함대는 한강 진입로의 수로 형태 등만 파악한 뒤 9월 25일 중국으로 퇴각하였다.

그리고 10월 10월 로즈 제독은 순양전함 게리에르를 비롯해 7척의 함선과 600명의 해병대를 이끌고 또다시 조선에 나타났다. 10월 14일 4척의 함선과 해병대가 강화부 갑곶진 진해문 부근의 고지를 점령했다. 16일에는 강화성을 공격하여 점령하고, 무기와 서적, 양식 등을 약탈하였다.

하지만 조선은 물러서지 않았다. 이경하, 신헌, 이기조, 한성근, 양헌수 등 무장들에게 서울을 비롯해 양화진, 통진, 문수산성, 정족산성 등을 수비하도록 하였다. 그리고 19일 프랑스군에게 격문을 보내 선교사를 처단하게 된 정당한 이유를 밝히고, 프랑스 함대는 불법 침범했으니 퇴각하라고 통보하였다.

10월 26일 프랑스군 약 120명은 문수산성을 정찰하려다 잠복 중인 조선군에게 27명이 사상되는 등 처음으로 막대한 손실을 입었다. 11월 7일 올리비에 대령이 이끄는 프랑스 해병 160명이 정족산성을 공격하려다 500여 명의 조선군 사수들에게 일제히 사격을 받아 큰 손실을 입고 간신히 도망쳤다. 결국 로즈 제독은 프랑스군을 이끌고 조선에서 철수하였다.

이처럼 프랑스군은 막대한 피해를 입고 철수하게 되었는데, 쥐베르는 마지막으로 반성하는 마음을 밝히고 있다.

유럽의 국가들이 처음 접촉하는 이국의 국민들에게 폭력을 드러내고 횡포한 요구를 주장하는 일이 너무 빈번하다. 일단 그 나라가 아직 전신기

(電信機)를 갖지 못했고 또 그들 문명의 본원이 우리의 그것과 다르면, 우리는 그들이 입는 폐해를 감안하지도 않고 주민들의 모든 권리를 침해하는 것이 마치 우리에게 허락된 줄로 생각한다. (78~79쪽)

쥐베르는 병인양요 당시의 모습을 동판화에 담아냈는데, 후일 평화로운 풍경화를 많이 그린 프랑스의 대표적 화가 중 한 사람이 되었다. 다음은 그와 관련된 그의 한 작품이다.

Le Troupeau de Vieux-Ferrette, oil on canvas, 121×181cm, 1883

5

고종을 모신 '목참판'

파울 게오르크 폰 묄렌도르프

Paul Georg von Möllendorff, 1848~1901

『묄렌도르프자전 *P. G. von Möllendorff: Ein Lebensbild*』(1930)

우리 근현대사에서 가장 인상적인 서양
인 중 하나는 파울 게오르크 폰 묄렌도
르프(Paul Georg von Möllendorff)라는
독일인이다. 그의 한국이름은 목인덕(穆
麟德)이고 참판직함을 가졌기 때문에 '목
참판(穆參判)'이라고 불리었다. 그는 조선의
관복을 입고 조선식 집에서 살면서 "조선만을 위
해서 일하겠다"고 공언하였던 인물이다. 그만큼 우리나
라를 사랑했으니 우리 근대사에서 빼놓을 수 없는 인물임에 틀림없다.

그는 조선에서 재직할 당시에 일기를 쓰고 아내 로잘리 폰 묄렌도르프
(Rosalie von Möllendorff)에게 편지를 보냈는데, 이를 바탕으로 그의 아내가

남편의 전기『묄렌도르프자전 *P. G. von Möllendorff: Ein Lebensbild*』(1930)
을 집필했다. 172쪽밖에 안 되는 책이지만, 41쪽에서 96쪽까지는 남편의
일기를 그대로 싣고 있어 전기 혹은 자서전이라 할 만하다. 이 책에 대해
서는 서울대 총장을 지낸 동양사학자 고병익(1924~2004) 교수가 가장 먼
저 논문을 썼고, 후일 신복룡 교수가 번역한『묄렌도르프자전 *P. G. von
Möllendorff: Ein Lebensbild*』(1999)이 나왔다.

　묄렌도르프는 법학을 전공한 법률가였기 때문에 나 역시 그와 관련된
몇 편의 논문을 쓰기도 했다. 그의 후손이 1990년대에 서울을 방문하여 만
나기도 했고, 나도 독일 칼스루헤에 있는 그의 집을 방문하기도 하였다. 묄
렌도르프는 구한말에 조선에서 고문이자 정부관료로 활약했기 때문에 한
국 근현대사에서 중요한 인물이다.

작가의 생애

___

　파울 게오르크 폰 묄렌도르프(Paul Georg von Möllendorff)는 1848년
2월 17일 프로이센 왕국의 체데니크(Zedenik)에서 태어났다. 그의 집안은
귀족가문인데, 증조 숙부는 뷔하르트 요하임 하인리히 폰 묄렌도르프
(Wichard Joachim Heinrich von Möllendorff, 1724~1816) 원수였다.

　할레대학교에서 동양어와 법률을 배우고, 청나라 주재 독일영사관에
근무하였다. 그러나 독일 공사 막스 폰 브란트(Max von Brandt)와 사이가
안 좋아 독일영사관에서 오래 근무하지는 못했다. 그러다 지방관이었던 이
홍장을 알게 되었다. 1882년(고종 19년) 조미수호통상조약이 체결되자 조
선어에 능통하고 국제적인 경험이 있는 전문가가 필요했는데, 이홍장의 추

천으로 조선의 통리아문 협판이 되어 외교와 세관 업무를 담당하였다. 이홍장은 독일인인 묄렌도르프를 조선에 파견하여 한반도에서 일본의 영향력을 줄이려 했던 것이다.

묄렌도르프는 1882년 12월 26일에 고종황제를 알현했는데, 조선어로 인사를 하여 고종의 마음을 사로잡았다. 조선에 신설된 외교부서에 바로 그날 임명되었다. 그곳에서 참판직함을 갖고 세수와 항구관리를 담당하는 부서를 이끌었다. 그는 조선의 관복을 입고 '목참판'이라 불리면서, 모든 중요한 외교정책을 결정하는 데 참여했다.

1883년 그는 조선에서 처음으로 통역관을 육성하기 위한 동문관(同文館)을 설립했고, 조선해관장직을 맡았다. 아울러 근대 조폐 시설인 전환국을 신설했다.

1884년 갑신정변 때 수구파에 협조하여 개화당과 반목하였으며, 1885년 1월 조선과 일본이 한성조약을 체결할 때도 협상가로 참여했다. 이 조약에서 갑신정변 당시에 일본이 입은 피해에 대한 배상금 등을 합의했고, 다음 달에 일본으로 사절단을 파견하기로 했다. 그는 정사 서상우를 보좌하는 부사에 임명되어 사절단을 이끌었는데, 일본으로 떠나기 전 고종을 설득해 일본 주재 러시아 공사와 협상할 전권을 얻었다. 그는 도쿄에서 일본 주재 러시아 공사 다비도프(Alexandre P. Davydow)를 만나 청국과 일본이 조약을 체결해 양국 군대가 조선에서 철수하면, 그 틈을 이용해 러시아는 조선 군대의 훈련 교관으로 장교 4명과 부사관 16명을 파견하고, 조선은 그 대가로 영흥만을 러시아에 조차(租借)하기로 한 제1차 조·러 밀약을 체결했다.

그러자 청나라를 비롯해 일본, 영국 등 여러 국가가 반발했다. 영국이 거문도를 불법 점거하자, 일본 주재 러시아공사관 서기관 스페에르는 묄렌도르프와 맺은 제1차 조·러 밀약을 정식으로 체결하기 위해 조선에 왔다. 그러나 영국과 청국, 일본으로부터 협공을 받은 조선 정부는 정식으로 협약을 체결하려 하지 않았다. 영국, 청국, 일본의 신문들은 묄렌도르프가 러시아에 매수되었으며, 해관을 방만하게 운영하고, 조선 정부가 독일인만 우대한다고 일제히 비난했다. 그러자 고종은 톈진으로 사신을 보내 이홍장에게 러시아와 밀약을 맺은 경위를 해명하고, 모든 책임을 묄렌도르프에게 떠넘겨 묄렌도르프를 해임시키고 청국으로 소환할 것을 요청했다. 조선을 위해 제1차 조·러 밀약을 체결했던 것이 도리어 묄렌도르프 자신에게 파국을 초래한 것이다.

러시아 훈장을 차고 있는
묄렌도르프

결국 묄렌도르프는 통리교섭통상사무아문 협판, 해관 총세무사, 전환국 총판에서 차례로 해임되었다. 그가 전환국 총판에서 해임되기 하루 전 러시아 정부는 훈장을 수여했다.

조선에서 해임된 후 톈진으로 소환된

중국에 있던 묄렌도르프
묘지(현재 분실)

그는 다시 조선으로 돌아가기 위해 백방으로 노력했지만, 결국 돌아가지 못했다. 이홍장의 막료, 청국 해관 세무사 등으로 일하다가, 1901년 4월 20일에 닝파오(寧波)에서 사망하였다.

박동(현재 수송동 종로구청 자리)의 '목참판'댁

작품 속으로

『묄렌도르프자전 *P. G. von Möllendorff: Ein Lebensbild*』은 묄렌도르프가 동방에 도착해 겪게 된 일들을 기록한 일기와 아내에게 보낸 편지를 아내 로잘리가 엮어 펴낸 책이다. 국내에서는 신복룡, 김운경 공역으로 『묄렌도르프자전』이 출간되었다. 이 책의 차례는 '머리말: 남편에 대한 추억, 동방으로 가는 길, 상해 시절, 일기, 조선의 정국, 영파에서의 최후, 데니 씨의 「청한론」에 대한 답변(묄렌도르프가 직접 쓴 글)'으로 되어 있다.

1882년 12월 4일 중국 텐진에서 묄렌도르프는 조영하 외무협판과 만나 제물포행 배를 탔다. 그는 법학을 전공했지만 언어학에 탁월한 소질이 있어 중국에서 유대인을 연구하였고, 만주어를 라틴문자로 전사하는 방법인 '묄렌도르프 표기법'을 창안하기도 했다. 그는 제물포행 배 안에서 속성으로 조선어를 익혔다. 고종을 알현할 때 조선어로 인사를 건넸고, 왕의 마

조선 관복을 입고 등청하는 '목참판'

음을 단숨에 사로잡았다. 이러한 모습은 그가 부인 로잘리에게 보낸 편지
에 잘 나타나 있다.

25일 밤늦게 조영하가 와서 왕께서 우리를 만나보고 싶어 하신다고 전
해 주었소. 26일 아침 9시에 조 공에게로 가서 그와 함께 궁궐로 갔다오.
왕은 한 사람씩 따로 접견했는데 먼저 마건상을 접견하고 그 다음에 나
를 접견했소. 그는 높은 자리에 앉아 있었는데 나는 연미복에 훈장을 단
차림으로 세 번 인사를 했소. 내가 통상적인 인사 법식으로 인사를 하자
왕이 일어나서 답례를 했소. 그리고 나서 그는 내가 동양의 예절에 따라
벗어두었던 안경을 나에게 다시 쓰도록 허락했으며, 나의 가족에 대해 물
은 다음, 그동안 우리의 여행이 어땠느냐고 물었어요. 나는 조 공의 배려
덕분에 매우 좋았다고 말했소. 그리고 나서 전날 밤 조 공과 함께 연습해
두었던 다음과 같은 말을 조선어로 했소. "신(臣)이 귀국(貴國)에 와 불러

보시니 감축(感祝)하와 갈력(竭力) 진심하올 것이니 귀주(貴主)께서도 강신(降臣)에 신임(信任)하옵시기를 바라나이다." 그는 이 말을 매우 좋게 받아들였으며, 내가 물러갈 때에는 자리에서 일어났었소. 왕은 외모가 매우 좋아 보였고, 매우 호감이 가는 인상이었어요. 그 다음 다른 방에서 우리는 차 대접을 받았소. 한 30분이 지나서 우리는 모두 왕과 함께 회의를 했는데, 회의를 할 때 우리는 앉는 것이 허락되었어요. 왕은 넓은 옷을 벗고 넓은 모자만 쓰고 나왔소. 마건상은 뭔가를 쓰고 있었소. 잠시 후에 앉아 있는 일이 나로서는 견딜 수 없어 괴로워하자 왕은 나를 서 있도록 해주었소. 약 5시간 동안 궁궐에 있은 후 4시 30분경 우리는 대궐을 떠났어요. (73쪽)

유교 문화가 지배적이었던 조선에서 왕은 우러러봐야 하는 존재였다. 묄렌도르프는 조선어뿐만 아니라 이러한 문화도 잘 알고 있었던 것 같다. 그는 아내에게 쓴 편지에서 왕을 알현하면서 '통상적인 인사 법식'으로 인사했고, 동양의 예절에 따라 안경을 벗었다고 말했다. 게다가 그는 자신을 신(臣)이라고 지칭했다. 그는 서양인이었지만 동양의 문화를 존중하고 이해했던 것이다.

이번에는 그의 일기를 살펴보기로 하자.

왕은 환관을 시켜 한 다발의 선물과 함께 여러 가지 음식을 보내왔다. 대비(大妃)의 생신이기 때문이었다. 나는 그 환관에게 담배 한 상자를 선물로 주었다. 다음 날 나는 다시 왕을 알현했으며, 조선 복장을 한 나를 보고 싶어 했으므로 조금 뒤에 세자도 알현했다. 나는 새로운 서품과 하사품에 대해 감사의 말을 하고 오늘의 대비 생신에 대한 축하 인사를 했다.

나는 매일 한 번씩 산책하며 주변의 경치 좋은 곳을 즐긴다. 여름의 이
곳은 매력적인 것임에 틀림없다. 다만 거리들이 그렇게 잘 가꾸어져 있지
않은 것이 염려될 뿐이다. 민중은 매우 호기심이 가는 모양이다. 그러나
그들은 겸손하며 공손하게 비켜선다. 이 나라에 있는 유일한 유럽인인 내
가 누구인지를 모두 알고 있다. 조선어로 나는 목(穆)이라고 불리며 관명
은 목참판(穆參判)이다. (76쪽)

이 일기를 통해 묄렌도르프가 '목참판(穆參判)'으로 불리게 된 이유도
알 수 있다. 그는 조선을 진정 사랑했던 듯싶다. "나는 매일 한 번씩 산책
하며 주변의 경치 좋은 곳을 즐긴다. 여름의 이곳은 매력적인 것임에 틀림없
다"고 하니 말이다. 그러면서 "다만 거리들이 그렇게 잘 가꾸어져 있지 않
은 것이 염려될 뿐"이라고 생각하며 조선이 발전하고 개혁하기를 바랐다.

한편, 이 책에는 그가 조선을 어떻게 개혁하려 했는지를 알 수 있는 '조
선의 개혁 *Die Reorganization Koreas*'이라는 비망록이 실려 있다. '1. 정부행
정, 2. 재정, 3. 사법, 4. 군사, 5. 교육, 6. 농업, 7. 수공업과 산업, 8. 무역
과 교통' 등 조선을 위한 미래 청사진을 구상한 것이다.

하지만 제1차 조·러 밀약이 탄로 나자 일본과 영국의 비난을 받고 결
국 자신을 추천한 청나라의 이홍장 휘하로 되돌아갔다. 또다시 조선으로
되돌아가고 싶었지만 여의치 못했다. 이러한 이야기를 부인 로잘리가 이 책
에 잘 정리해 놓았다. 이 책에는 묄렌도르프의 사진 11개가 군데군데 수록
되어 있고, 그의 유럽여행을 축하하는 명성황후의 한글 편지가 실려 있어
눈길을 끈다.

필자는 묄렌도르프를 생각할 때마다 발터 라이퍼(Walter Leifer,
1918~1995) 씨를 회상하게 된다. 그는 1980년대에 주한 독일대사관 문정

관으로 수년간 재직하면서 묄렌도르프에 관한 연구서를 내었고, 이미륵 (1899~1950)에 관해서도 깊은 관심을 가졌다. 그는 친분 있는 한국학자들에게 도움을 청하며 묄렌도르프의 생애와 업적을 정리하는 데 심혈을 기울였다. 그리하여 『묄렌도르프』라는 단행본 연구서를 독일어판과 한국어판으로 각각 출간했다. 재미학자 이여복(Lee Yur-Bok) 교수도 *West goes East: Paul Georg von Möllendorff and Great Power Imperialism in Late Yi Korea*(1988)라는 연구서를 내었다.

지나간 일을 아쉬워하는 것은 덧없는 일이지만, 구한말에 국제정세가 어수선할 때 개화파와 수구파를 따지지 않고 묄렌도르프처럼 정부를 중심으로 착실히 개선해 나갔다면 우리의 역사가 어찌 되었을까 하는 상상도 해본다. 그래서 『묄렌도르프자전 *P. G. von Möllendorff: Ein Lebensbild*』은 오늘날에도 의미심장하게 읽히는 책이다.

'목참판'의 무사여행을 기원하는 명성황후의 친필편지

6

조선의 생활사를 생생히 포착한

월리엄 리처드 칼스

William Richard Carles, 1848~1929

『조선풍물지 *Life in Corea*』(1888)

월리엄 리처드 칼스(William Richard Carles)라는 이름은 우리에게 생소한 이름이다. 그는 구한말에 영국공사관의 영사가 되어 18개월간 한국에서 살았는데, 『조선풍물지 *Life in Corea*』(1888)라는 책을 출간하였다.

칼스가 처음 조선에 방문할 때는 1883년 겨울이었고, 그해 11월 26일에 한영수호통상조약이 체결되었다. 조선과 영국 사이에 맺은 이 조약은 조선이 개항정책을 취한 뒤 미국에 이어 서구 국가와 맺은 두 번째의 통상조약이었다. 이 조약이 체결되자 1884년 3월 17일에 중국어를 잘하는 칼스가 조선 주재 영국공사관의 영사가 된 것이다.

그는 1883년 11월 9일 상하이에서 내한하여 서울에 며칠 머물고, 11월 16일 북부 지방의 광산지역을 탐사했다. 다시 서울로 와서 제물포와 부산을 거쳐 상하이로 돌아갔다. 그는 한국에 머물렀을 당시의 경험을 토대로

윌리엄 리처드 칼스　　　　헬렌 칼스

『조선풍물지 *Life in Corea*』를 집필했다.

　그의 이름은 구한말에 한국을 방문한 다른 서양인들의 여행기에도 가끔 발견할 수 있다. 이 여행기들은 그를 주한 영국영사로서 많은 인정을 베푼 인물로 그리고 있다.

작가의 생애
───

　윌리엄 리처드 칼스(William Richard Carles)는 1848년 6월 1일 영국 위릭(Warwick)에서 목사의 아들로 태어났다. 말보로대학을 졸업하고 1886년 헬렌 제임스(Helen Maude James)와 결혼했다. 당시 서구 식민주의 국가의 청년들이 그러했듯이 '먹이'가 풍부한 대륙인 중국에서 활약하고 싶어서 19세가 되던 1867년에 북경 주재 영국공사관에서 통역사로 일했다. 그후 공사관 서기관 대리(1882~1883)가 되었다가 1884년 3월 17일에 조선 주재 영국영사로 부임하여 18개월간 머물렀다. 그 후 상하이 주재 부영사, 충칭 주재 영사 등을 거쳐 베이징 주재 총영사(1899~1900)로 외교관 생활을 했다. 또한 영국왕립지리학회 회원과 세계적인 동식물학회인 린네협회의 회원으로 연구 활동을 했으며, 성미카엘 - 조지 훈장을 받았다.

1929년 4월 7일 요크셔의 브래드필드(Bradfield)에서 사망하였다. 그의 취미는 크리켓, 테니스와 승마였다.

작품 속으로

Life in Corea(1888)
초판본

그리피스의 『은자의 나라 한국 *Corea, The Hermit Nation*』은 1882년에 출간되었지만 6년 후에 나온 윌리엄 칼스의 『조선풍물지 *Life in Corea*』는 한국에서 생활하면서 쓴 책이라는 점에서 의미가 있다. 또한 이 책은 당시 조선 곳곳의 생활상을 생생히 담아냈으므로 눈여겨봐야 할 책이다. 이 책의 차례는 '1. 조선의 개관, 2. 서울에의 도착, 3. 서울의 모습, 4. 내지의 여행, 5. 초기의 영사관 시절, 6. 여행 준비와 조선의 개관, 7. 서울의 외곽 지역, 8. 경기도 북부 지역의 여행, 9. 황해도 지방, 10. 평양, 11. 황해도, 평안도의 풍물, 12. 한만 국경의 풍경, 13. 한만 국경의 풍물, 14. 평안도 기행, 15. 압록강 연안의 모습, 16. 원산으로 가는 길, 17. 원산의 모습, 18. 갑신정변, 19. 왕의 이궁, 20. 언어, 부록: 여행체류일지'의 순으로 되어 있다.

이처럼 이 책은 서울과 경기북부, 황해도, 평양, 평안도 등 조선 곳곳을

본문에 실린 논산 관촉사 석조미륵보살입상. 은진미륵(恩津彌勒)으로 널리 알려져 있다.

소개하고 있는데, 인상적인 부분들을 소개해 보겠다. 우선 앞서 소개한 묄
렌도르프가 등장하는 대목부터 살펴보도록 하자.

당시 묄렌도르프 씨는 외부(Foreign Office)의 참판이었을 뿐 아니라 조
선세관의 책임자였다. 북양의 총독인 이홍장이 그를 왕에게 천거했고 그가
외국인이었다는 두 가지 사실로 인해 궁중에서나 밖에서나 큰 영향력을
행사하고 있었다. 그가 사는 집은 왕이 내려준 것으로서 지체 높은 사람
들이 쓰는 여러 채의 건물로 구성되어 있는데, 그 모양은 이제까지 우리가
머물렀던 곳과 같았다. 우리가 보았던 숙소는 매우 인상적이었고 깨끗했
으며 도시와 길거리에서 보았던 것을 생각하니 조선에 있는 독일인 집의
안락함에 우리는 감사했다. 가구가 도착하여 이제 우리는 좋은 곳에서 씻
을 수 있고 커피를 마시게 되는 사치스러움에 감사하게 되었다. (38쪽)

이 책은 당시의 생활상을 생생히 담아냈는데, 조선 사람들이 짐을 꾸리는 방법을 다음과 같이 생생히 설명하고 있다.

조선 사람들의 짐 꾸리는 방법이 매우 흥미로웠다. 우선 짐을 말의 등에 싣는다. 짐은 아주 필요한 것만으로 구성되어 있으며 작은 나무로 된 틀 위에 줄을 어긋나게 맨 다음 그 위에 짐을 싣는다. 그러므로 무게를 잡기 위해 짐의 중량을 균등하게 나눈다. 그리고 가장 무거운 짐을 먼저 싣고 나머지 짐은 분배하여 무게의 중심을 잡는 여분으로 이용한다. 짐에 고리를 끼어 늘어뜨리는 것이 더 자연스러울 듯한데 그렇게 하지 않고 이쪽에 짐을 실으면 고리를 반대편에 고정시킨다. 따라서 사람이 한 손만으로 조랑말에 짐을 싣는 것이 어렵다는 것은 틀림없으며 그러한 기술을 묘사할 수도 없다. (49쪽)

또 우리 전통문화를 소개하기도 했는데, 칼스는 길가에 세워진 장승을 목격하고 다음과 같이 말한다.

우리는 길옆에 있는 몇 개의 이상한 모습을 보았다. 도로의 한쪽 편에 서 있는 목재 기둥이었다. 이 목재 기둥의 한 면은 거칠게 깎여 있으며 보다 높은 부분은 툭 튀어나온 이빨을 거칠게 조각한 인간의 모습을 하고 있다. 이빨과 뺨이 약간 채색되었으며 전반적인 모습은 아주 잔인하게 보인다. 내가 수집할 수 있는 자료에 의하면 '서막살이'라고 불리는 이 모습은 마을과 길에서 귀신을 위협하여 쫓아내려는 의도로 세워진 것으로서 온 나라 안에 퍼져 있다. 장승이라 불리는 이정표는 모두 비슷하게 장식되었고 동일한 목적으로 사용되고 있음에 틀림없었다. (53쪽)

이 책은 당시의 생활사 등을 자세히 기록했는데, 심지어 그날의 기압까지 적어 놓았다. 칼스는 여행 도중에 독일인 고체(K. Gottshce) 박사를 만나 함께 평양 교외의 기자묘를 답사했다. 그는 그곳에서 페르시아산 청동 제품도 보았는데, 그에 관한 내용을 이 책에 소개했다.

한편, 이 책은 갑신정변에 대해서도 자세히 소개했다. 갑신정변이 일어나기 전까지 조선은 청나라의 심한 간섭을 받았다. 1884년에 김옥균을 비롯한 급진개화파가 개화사상을 바탕으로 조선의 자주독립과 근대화를 위해 갑신정변을 일으켰다. 하지만 이 정변은 청나라 군대에 의해 3일 만에 진압되어 '3일 천하(三日天下)'로 끝나고 말았다. 갑신정변 당시에 조선에 있었던 칼스는 다음과 같은 논평을 덧붙였다.

그들이 사용한 방법에 관하여 말하자면, 정치적 목적을 위한 암살이나 살인이 어떠한 모습으로 비쳐질까를 모르고 있었던 것 같다. 이 나라에서는 이런 식의 행동이 어느 대신을 몰락시키기 위해서 늘상 쓰여졌던 방법이었던 것처럼 보인다. 민영익의 아버지도 몇 년 전에 정적이 보낸 폭약에 의해 살해되었으며 임오군란 당시에 왕비의 민 씨 일파를 제거하려는 대원군의 음모를 피하기 위해 스님으로 변장하고 시골로 피신한 적이 있었다. 1884년에도 음모자들이 보기에는 몇 년 전에 폭약을 배달하여 정적을 죽였을 때와 같은 호기를 보였던 것 같다. 그들은 그런 방법으로 민비와 민 씨 일가가 장악하고 있는 권력을 드디어 붕괴시킬 수 있다고 믿었다. 갑신정변은 조선인들보다 조선에서의 일본과 중국의 입장에 더 많은 영향을 끼쳤다. (207쪽)

칼스는 언어에 관심이 많고 중국어를 잘했는데, 마지막 장에서는 한글에 대해 이야기하고 있다. 한글이 11개의 모음과 14개의 자음으로 되어 있음을 설명하고 이렇게 서술한다.

한글을 읽고 쓰기란 너무 쉬워서 한글은 아주 경시를 받기 때문에 대개 여자들과 교육 수준이 낮은 사람들만 사용하였다. 포고문이나 재판에 관계된 일을 제외하고 공식적 문서에서 한글을 사용하는 일이란 거의 없다. 문학의 발달은 저조했다. 그러나 아주 작은 규모의 순회도서관이 서울에 존재하고 있다는 사실만으로도 가치 있는 일이다. 인쇄나 서신에서 실제적으로 사용된 언어는 한자이다. 그러나 아무리 정확하게 쓴다 하더라도 작문형식이 아주 오래된 것이다. 한자는 표의문자로서 하루아침에 이루어진 것이 아니며 오늘의 한자가 이루어지기까지는 수천 년의 세월이 걸렸다. 중국은 한국에 막대한 영향을 미쳤는데 그 결과가 오늘에 나타나고 있는 것이다. 한자로 된 작품 중 어떤 작품은 중국에서보다 한국에서 더 많이 출판되었는데, 그 작품들의 가치관에서뿐만 아니라 심지어는 옷에까지 그 영향을 미쳤다. 법정에서 쓰는 독특한 모자와 허리띠도 당나라 때(618~907) 중국에서 들어온 것이다. (219쪽)

이 책에는 조선의 풍속을 그린 기산(箕山) 김준근(金俊根)의 그림이 여러 점 실려 있는데, 김준근은 19세기 말에 활동했던 풍속화가이다. 오늘날 그의 풍속화는 조선의 다양한 풍속과 인물을 담아냈다는 점에서 민속학계 등에서 관심을 받고 있는데, 그는 부산, 인천, 원산 등 개항장에서 서양인에게 자신의 그림을 여러 점 판매하였고, 덕분에 그의 작품 천여 점이 미국, 프랑스, 독일, 덴마크, 영국, 네덜란드 등 외국 박물관이나 미술관에 소장되어 서양에 조선을 널리 알리게 되었다.

김준근의 작품은 아주 오래전인 1894년에 독일 함부르크민속공예박물관(Museum fur Kunst und Gewerbe)에서 작품전이 열렸으며, 1958년에는 독일의 한국학 학자인 융커(Heinlich F. Junker)가 김준근의 작품집을 출간하였다.

『조선풍물지 *Life in Corea*』에는 김준근의 이름이 명시되지는 않았지만 그림의 양식을 통해 그의 그림임을 알 수 있다. 이 책에 실린 김준근의 풍속화 몇 점을 소개한다.

*Life in Corea*에 수록된 기산(箕山) 김준근(金俊根)의 풍속화

7

언더우드가의
릴리어스 호튼 언더우드
Lilias Horton Underwood, 1851~1921

『언더우드 부인의 조선견문록 *Fifteen Years Among the Top-knots*』(1904)
『호러스 언더우드와 함께한 조선 *With Tommy Tomkins in Korea*』(1905)

호러스 그랜트 언더우드(Horace Grant Underwood)는 우리에게 매우 친숙한 인물이다. 장로교 선교사로 한국에 최초로 와서 평생을 살면서 새문안교회와 연세대학교를 세운 고맙고 훌륭한 사람이다. 그는 성서 번역에도 힘썼으며, 『한영사전』과 『영한사전』도 출간했다. 1900년에는 기독교청년회(YMCA)를 조직했고, 1915년 고아원에서 발전한 경신학교에 대학부를 만들었는데, 이것이 후일 연희전문학교(연세대학교의 전신)가 되었다.

그런데 그의 아내인 릴리어스 호튼 언더우드(Lillias Horton Underwood, 1851~1921)가 남편과 함께 한국에 살면서 많은 글을 남겼다는 것에 대해 아는 사람이 적은 것 같다. 사실 필자는 언더우드가의 사람들과 인사를 나눈 바 있지만 릴리어스가 남긴 글들이 얼마나 중요한지는 미처 알지 못했다. 이 책을 쓰게 되면서 새삼 그 중요성을 깨닫게 되었다. 릴리어스 여사는 한국인과 함께 살면서 예리한 관찰력과 뛰어난 문장력으로 글을 썼고, 그것을 책으로 출간했다. 언더우드가는 어쩌면 그녀가 남긴 책 덕분에 한국과 더욱 깊은 인연을 이어갈 것이다.

Mrs Underwood

작가의 생애

———

릴리어스 호튼 언더우드(Lillias Horton Underwood)는 1851년 6월 21일 뉴욕의 알바니(Albany)에서 태어났다. 시카고로 가서 지금의 노스웨스턴 대학교의 일부인 여자의과대학(Women's Medical College)에 다녔다. 졸업 후 메어리 톰슨병원에 근무하면서 신앙생활에 충실하였다. 그러다 조선에 의료선교사가 필요하다는 소식을 듣고 1888년에 조선에 왔다. 그녀에게 조선은 낯설기만 한 나라였지만 과감히 여성 홀몸으로 조선에 온 것이다.

서울에서 여의사로 활동하면서 명성황후의 시의(侍醫)가 되었으며, 우리나라 최초의 국립 서양병원인 광혜원(廣惠院, 후일 제중원으로 이름이 바뀜)의 부인과 책임자로 일했다. 1889년에 호러스 언더우드 목사와 결혼하여, 신혼여행과 선교 여행을 겸해 황해도와 평안도 지방 등을 순회했다. 당시에 황해도와 평안도에는 서양인이라곤 전혀 없었다. 그래서 사람들은 이들 부부를 마냥 신기하게 쳐다보았다. 언더우드 부부는 밤마다 문종이를 뚫고 자신들을 엿보는 사람들 때문에 불편했지만 괴로움을 참으며 여행했다.

신혼여행을 마친 릴리어스는 제중원(濟衆院)에서 근무하면서 남편이 세

한국인 일행과 여행을 떠나는 언더우드 부부

운 고아원에서 영어와 수학을 가르쳤다. 여성들을 위한 성경반을 운영하기
도 하였다. 릴리어스는 30여 년간 조선에 살면서 기독교 선교 활동을 비롯
해 의료사업과 교육사업, 사회사업 등을 하다가 1921년 서울에서 사망했
다. 그녀의 한국명은 원호돈(元好敦)이다.

언더우드가는 3대에 걸쳐 한국과 인연을 이어오고 있다. 1890년에 릴
리어스는 아들 호러스 호튼 언더우드(Horace Horton Underwood)를 낳았
는데, 이 아들도 뉴욕대학교에서 공부하고 돌아와 한국에서 선교사로 활
약하였다.

또 릴리어스의 증손녀인 엘리자베스 언더우드 교수는 1961년 서울에
서 태어났다. 그녀는 그랜드밸리주립대를 거쳐 일리노이즈대에서 사회학을
공부하고 박사학위를 받았다. 『20세기 전환기의 한국 선교사 과제』, 『도전

받는 선교사의 정체성』 등의 책을 펴내기도 했다. 언더우드 교수는 원득한 (Richard Fredrik Underwood) 씨의 딸로, 원 씨는 지난 2004년 양화진에 묻힌 원일한 박사의 넷째 동생이다. 이렇게 언더우드가는 한국과 깊은 인연을 면면히 이어오고 있다.

작품 속으로

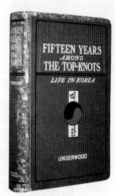

릴리어스 언드우드의 『*Fifteen Years Among the Top-Knots: Life in Korea*(상투쟁이들과 함께한 15년)』는 1904년에 출간되었다. 이 책은 일본과 러시아, 청나라 등이 조선을 차지하려고 팽팽하게 맞서던 시기에 쓰여졌는데, 릴리어스는 조선 구석구석을 다니며 동학운동과 갑오개혁, 청일 전쟁, 을미사변, 명성황후 시해 사건, 을사늑약

Fifteen Years Among the Top-knots(1904) 초판본

등 역사의 현장을 꼼꼼히 기록했다. 2008년 김철 교수의 역으로 한국에서 『언더우드 부인의 조선견문록』으로 출간되었다.

이 책의 차례는 '1. 제물포와 서울의 인상, 2. 왕비께서 보내주신 혼인 선물, 3. 가마 타고 떠난 신혼여행, 4. 제리코로 가는 원숭이, 5. 압록강에서 바라본 조선과 중국, 6. 하나님이냐. 여호와냐, 상제냐?, 7. 잠들지 않는 조선의 복수심, 8. 솔내 마을의 외로운 순교자 맥켄지, 9. 어둠을 덮은 어둠, 10. 내 남편은 사랑방 손님을 몰랐다, 11. 상투가 상징하는 것, 12. 황후 폐하의 마지막 호사, 13. 다시 흩어지는 '어린양'들, 14. 빌헬름 씨의 여덟 가지 죄상, 15. 조선의 죽음'으로 되어 있다.

*Fifteen Years Among the Top-knots*에 실린 사진

릴리어스는 명성황후의 주치의였는데, 이 책에서 명성황후가 처참하게
시해될 당시의 상황을 생생히 묘사하고 있다.

1895년 10월 8일 아침에 우리는 대궐에서 나는 총소리를 들었다. 그때
는 평화로운 때였기 때문에 그 소리가 틀림없이 불길한 징조임을 알 수 있

남대문

었다. 확실한 것은 아무것도 알 수가 없었고 모든 것이 혼란스러웠다. 다만 일본 군대가 새벽 세 시에 대원군을 호위하고 대궐에 도착하여, 다이 장군 휘하의 원주민 근위병을 물리치고 지금 대궐문을 지키고 있다는 것만 알 수 있었다. 그러나 오후까지는 아무것도 더 알 수가 없었다. 오후에 한 조선 양반을 만나자 그는 기절할 듯이 놀란 얼굴로 지금 막 왕비가 살해되었다는 보고를 받았다고 말했다. 그 뒤 몇 시간 동안에 좀 더 상세한 소식이 들려왔는데 이 소식은 확실한 것으로 굳어졌다. 그즈음에 대원군은 대궐에서 쫓겨나 시골집에 연금되어 있었는데, 그것은 그가 손자 편을 들어 임금에게 반대하는 음모에 가담했기 때문이다. (…)

러시아 사람인 사바틴 씨와 미국인인 다이 장군이 그때 일어난 일을 거의 모두 보았던 사람들인데 이 두 사람은 다음과 같이 서로 맞아떨어지는 말을 하였다. 곧, 일본인 장교 휘하의 군대가 대궐 마당과 왕족의 처소를 에워쌌다는 것, 일본인 장교들이 대궐 마당에 저질러진 난폭한 짓을 눈으로 보고 있었다는 것, 그 모든 것을 일본인 '소시'(일본 메이지유신기에

언더우드 부부

자유민권 사상을 외치면서 폭력을 임삼던 무리)나 직업적인 칼잡이들이 저지른 것임을 그들 모두가 알고 있었다는 점들이다. 서른 명쯤 되는 이 암살자들은 "왕비, 왕비! 어디 있어!" 하고 외치면서 왕족의 숙소에 들이닥쳤다. (…)

일본인 하나가 임금의 어깨를 잡고 밀어제쳤다. 궁내부 대신 이경직은 전하의 눈앞에서 일본인에게 죽임을 당했다. 세자 저하도 일본인에게 붙들렸다. 그들은 저하의 모자를 찢어발기고 머리채를 끌어당겼다. '소시'는 왕비가 어디 있는지를 대라고 하면서 칼로 저하를 위협했다. 마침내 그들은 가련한 왕비를 찾아내서는 칼로 찔러 죽였다. 그런 뒤에 왕비의 시체를 덮어 두었다가 궁녀들을 데려 와서 갑자기 그것을 보여주었다. 그러자 그들은 공포에 질려 "중전마마! 중전마마!" 하고 소리쳤다. 이것으로 충분했다. 이런 계략으로서 이 암살자들은 자기들이 찾던 사람을 제대로 쓰러뜨렸다는 것을 알게 되었다. 그 뒤에 곧 거기서 그다지 멀지 않은 작은 숲으로 시체들을 옮겼고 그 위에 등유를 부었다. 그리고 불을 붙였고 뼈 몇 줌만이 남았다. (185~189쪽)

릴리어스는 남편인 선교사 호러스 그랜트 언더우드(Horace Grant Underwood, 원두우元杜尤, 1859~1916)의 일대기를 쓰기도 했다. 이 일대기는 1918년에 처음 출간되었는데, 2015년에 IVP출판사에서 이만열의 번역본인 『언더우드 *Underwood of Korea*』를 출간했다. 이 책은 남편의 일대기를 통해 기독교가 어떻게 한국 사회에 접근하여 성장하고 있는지를 서술하고 있다. 그녀는 남편에 대해 이렇게 평가했다.

"언더우드의 전 생애 가운데 하나의 두드러진 특징, 즉 하나의 지배적인 성격이 바로 사랑이라는 점이다. 이것은 교파나 인종이나 시간이나 장소와 같은 좁은 테두리에 얽매이지 않고, 하나님과 인간에 대해 무한히 넘쳐흐르는 위대한 사랑이었다. 수많은 심령들이 그에게 다가와 사랑의 마음으로 인격적인 헌신을 한 것도, 또 그가 전 생애에 걸쳐 '타오르는 횃불(a torch of fire)'이라 불리면서 일관되게 살아가게 한 것도 그의 이러한 사랑이었다."

언더우드는 한국에 도착한 뒤 많은 시간을 한국어 공부에 할애했고, 다행히 왕실도 외국인들에게 호의적이었다.

"우리는 한국어를 조금 알게 되자마자, 바로 사람들이 많이 모이는 골목길이나 샛길로 나갔다. 우리는 책을 한 권 꺼내 읽기 시작했다. 몇 명의 사람들이 주변에 모여들어 질문하면 우리는 그 책과 진리와 그 의미에 대한 설명을 시도했다. 물론 이러한 과정에서는 먼저 우리 모두의 공통된 기반을 찾아, 점차 그들이 알고 있는 것에서 모르는 것으로 이끌어 가는 것이 중요했다."

그러한 노력으로 조선에서 첫 번째 세례자인 노춘경이 탄생했다. 그는 알렌 박사에게 한국어를 가르치고 자신은 영어를 배우면서, 마태복음과 누가복음을 읽고 하나님을 위해서라면 기꺼이 목숨을 바치겠다고 고백하며, 세례를 받게 된 것이다.

언더우드는 선교 활동을 위해 1년간 의학 공부도 했는데, 광혜원(廣惠

院)에서 진료를 맡았고, 후일 이름을 바꾼 제중원(濟衆院) 산하 의학교에서 물리와 화학을 가르치기도 했다. 1886년 고아원(후일 경신학교)을 설립했다. 경신학교는 훗날 연세대학교가 되었다.

한편, 릴리어스 호튼 언더우드는 『호러스 언더우드와 함께한 조선 *With Tommy Tompkins in Korea*』(1905)도 출간했다. 이 책은 우리나라에서 2013년에 정희원의 번역본이 출간되었는데, 호러스 언더우드(Horace Horton Underwood, 1890~1951)는 그녀의 아들이다.

이 책의 차례는 '1. 소년의 탄생, 2. 소년이 본 것, 3. 폰 가베, 4. 조선 아이들의 생활, 5. 선물로 쓰는 글, 6. 브라운 아이즈, 7. 조선 유람, 8. 강가에서, 9. 비 오는 계절, 10. 꼬마 신랑들, 11. 일본과 중국으로, 12. 살림하기, 13. 소년들의 기독교 공려회'의 순으로 되어 있다.

이 책은 한국에서 살았던 언더우드 부부의 체험담을 사실적으로 잘 묘사하고 있다. 언더우드 부부는 열악한 한국의 현실을 샅샅이 직시하고 있었으나 낙담하지 않았다. 한국을 위해 의료사업과 교육사업 등의 일을 하면서 한국에 대한 뜨거운 사랑을 이어갔다.

8

한국작가들에게 작품소재를 제공한
이폴리트 프랑뎅
Hyppolite Frandin, 1852~1924

『프랑스 외교관이 본 개화기 조선 *En Corée*』(1905)

요즘은 역사를 드라마를 통해 배
운다는 얘기가 있을 정도로 TV 역
사드라마는 일반인들에게 큰 영향
을 미친다. 그래서 역사드라마는
특히 역사적 사실에 충실하도록 제
작해야 하는데, 나는 1981년에
MBC 창사 20주년 특집 드라마 '이
심의 비련기'를 감동적으로 보았던
일이 있다. 그래서 이 드라마의 작
가인 신봉승(1933~2016) 선생에게 물어보았더니 한 프랑스 책을 기초로 극
본화했다고 하였다. 그 책이 바로 이폴리트 프랑뎅의『프랑스 외교관이 본

서울에서의 프랑뎅(뒷줄 오른쪽 두 번째)과 주한 프랑스인들

개화기 조선 *En Corée*』(1905)인데, 구한말에 프랑스 외교관이 쓴 회고록이다. 2002년에 김상희, 김성언의 공역으로 번역 출간되었다.

이 책은 149쪽에 불과한 49개의 단문으로 구성되었다. 그런데 35번째 글인 「궁중의 기생들과 한 한국여인의 비극」이 드라마 '이심의 비련기'의 모티브가 되면서 유명해지게 되었다. 이후 2007년 6월 23일 KBS의 역사 다큐멘터리 프로그램인 '한국사 전(傳)'에서 '조선의 무희, 파리의 연인이 되다' 편을 방영하면서 「궁중의 기생들과 한 한국여인의 비극」의 주인공인 리진의 행적을 추적했다. 2006년 소설가 신경숙은 조선일보에 「푸른 눈물」이라는 소설을 연재하였다.

그리고 같은 2006년에 소설가 김탁환이 같은 인물을 주인공으로 『파리의 조선 궁녀 리심』(민음사)이라는 세 권짜리 소설을 출간하였고, 신경숙은 『리진』(문학동네)이라는 제목으로 출간했다. 이 『리진』은 프랑스어로 번역출판까지 되었다. 2017년 6~7월에는 국립극장에서 국립무용단의 '리진' 무용공연이 열렸다.

이만큼 한국작가들의 창작열을 자극시킨 테마도 드물 것이다. 구한말에 한 여성이 프랑스인과 결혼하여 파리에서 살다 온 것도 특이하고, 그렇게 개화된 여성이 당시의 열악한 사회제도에 의해 비극을 맞았으니 더욱 짠하다. 여하튼 이 작품은 많은 것을 느끼고 생각하게 해준다. 1905년에 프랑스에서 출간된 이 책이 오늘날의 한국인들에게 문학작품과 무용이 되어 다시금 회자되었으니 말이다.

작가의 생애

이폴리트 프랑뎅(Hippolyte Frandin, 法蘭亭)은 1852년에 태어났는데, 1892년 4월 콜랭 드 플랑시(Victor Collin de Plancy, 1853~1922)에 이어 제2대 주한 프랑스 공사로 부임하였다. 프랑뎅은 2년 정도 조선에서 근무하다가 1894년 3월 휴가를 얻어 귀국했는데 결국 돌아오지 못했다. 이후 1896년 4월 전임 프랑스 공사였던 플랑시가 제3대 주한 프랑스 공사로 부임하여 1906년 1월까지 10년이나 재임하였다.

플랑시 공사는 세계에서 가장 오래된 금속활자로 인쇄된 책으로 알려진 『직지(直指)』를 수집하여 프랑스로 가져간 인물이기도 하다. 그는 한국에서 많은 문화재를 반출했는데, 현재 파리의 기메 박물관(Musée Guimet)과 프랑스국립도서관(Bibliothèque nationale de France)에 소장되어 있다. 이것이 아직도 한국과 프랑스 사이의 외교문제의 하나로, 미완의 과제로 남아 있다.

프랑뎅은 이런 플랑시와 친한 친구이자 동료였다. 둘은 파리 동양어학교 동문으로 모두 중국어에 능통해 중국에서 외교관 생활을 시작했다.

콜랭 드 플랑시 공사(1853~1922)

그런데 10년 이상 우리나라에서 생활한 플랑시와는 달리 프랑뎅은 2년만 생활했지만 많은 조선 사람들과 만났고 서울과 주변의 산하를 둘러보았다. 그러면서 자신이 만난 사람들과 풍경을 사진 속에 담았다. 그의 사진은 전통과 개화가 충돌하는 조선의 모습을 다양하게 담아냈는데, 여백의 공간에서 조선에 대한 안타까움과 애정을 담고 있는 것이 특징이다. 그의 사진에 이러한 특징이 나타난 이유는 다음과 같다.

그는 조선을 능력은 있으나 낡은 제도의 굴레에 의해 여성적이고 소극적인 나라로 보았는데, 다른 한편으로는 조선을 열강들 사이에서 발전 가

주한 외교관들(왼쪽에서 둘째부터 잘데른 독일 공사, 플랑시 프랑스 공사, 알렌 미국 공사)

한국을 사랑한 세계작가들 1

능성을 가진 나라로 인식했다. 그래서 그의 글과 사진에는 조선에 대한 안타까움과 애정이 동시에 나타나는 것이다.

한국에서 외교관 생활을 마친 이폴리트 프랑뎅은 프랑스로 돌아가 살다가, 1924년에 사망했다.

작품 속으로

『프랑스 외교관이 본 개화기 조선 *En Corée*』은 저자가 2년 동안 조선에서 생활하면서 만난 사람들과 풍경을 소개했다. 그러면서 조선의 문화와 한반도를 에워싼 국제정세에 대해 예리하게 분석하고 있다.

En Corée(1905) 초판본

이 책은 49개의 단문으로 되어 있는데, 이 책에서 특히 눈여겨본 것은 한국작가들의 작품소재가 된 「궁중의 기생들과 한 한국여인의 비극」이다. 이 글은 다음과 같다.

궁중에 직속된 기생들은 그 빼어난 미모로 인해 다른 여인네들과 금방 구분되는데, 유럽인의 눈으로 보더라도 그네들은 정말 아름다웠다.

어떤 젊은 유럽인 공사(公使)는 (그가 아직 생존해 있기 때문에 나는 이 자리에서 그의 이름을 밝힐 수는 없다) 한 기생의 매력과 우아한 태도에 완전히 마음을 빼앗겼다. 그는 고종(高宗)에게 그녀를 자기에게 양도해 달라고 요청했으며, 고종은 쾌히 양도할 것을 허락했다. 기생은 원래 노비신분이기 때문에 아무런 이의도 제기하지 못하고 자신의 새 주인을 따라야 했다.

궁중 여인으로 추정되는 한국 여성의 사진

*En Corée*에 실린 무희 사진

그러나 마침 공사는 본국으로부터 소환 명령을 받게 되었고, 그 한국 아가씨가 보여주는 지적(知的)인 품성에 나날이 혹해가던 공사는 그녀와 차마 헤어지지 못하고 결국 그녀를 동반한 채 본국으로 귀환하게 되었다.

그가 본국으로 출발하기 전, 나는 그 외교관의 자택에서 한때 궁중의 무희였던 그 여인을 만날 기회를 가졌는데, 이번에는 내가 한복을 차려입은 그녀를 넋이 빠진 채 바라보게 되었다. 그러나 막상 두 사람이 유럽으로 떠날 때, 그 한국 여인이 이번에는 우아한 빠리지엔느의 복장을 하고 있는 것을 보고 나는 놀라고 비통한 마음을 느끼지 않을 수 없었다. 나에게는 하나의 경고로만 생각되었던 이러한 재난 가운데서도 그녀 이진 (Li-Tsin)의 빛나고 깊은 눈동자만이 마치 영혼의 꽃인 양 빛나면서 그녀의 개성을 지켜주고 있었다. 나의 동료이자 친구인 그 외교관은 이렇게 말했다.

"나는 그녀와 결혼할 겁니다. 이진의 마음씨가 얼마나 아름다운지 당신은 상상도 못 할 겁니다. 이 이단의 나라에서 그녀는 한 여신으로 인정받을 수 있습니다. 우리나라에서도 그녀는 천사로서 대우받을 권리를 가질 것입니다." (…)

그로부터 몇 달이 지난 후 옛날의 생활로 돌아간 공사는 곧 자신의 부인에게 소홀해졌으나 그녀를 위해 한국의 규방을 복원해 만들어줄 정도로 관심은 잃지 않았다. 그러던 어느 날 그는 다시 한국으로 파견 명령을 받았고, 다른 짐들과 함께 이진도 같이 데리고 서울로 돌아왔다. 그러나 공사는 이번 귀환길이 자기 부인에게 어떤 무서운 결과를 가져다줄지 생각도 하지 못했다.

서울에는 이진에게 평소 앙심을 품고 있던 고관이 한 명 있었다. 이 벼슬아치는 그녀가 서울로 돌아온 후 전혀 사람 앞에 모습을 나타내지 않았는데도 옛 궁중 기생이 귀국한 사실을 알아내었다. 한국의 풍습에는 외국인과 혼인했다 해서 노비신분에서 자유로워지지 않는다. 심지어 절대적 권한을 가진 왕일지라도 자신이 마음먹고 또 원한다고 해서 한 공동체의 재산의 일부가 되는 노비를 자유롭게 해줄 수는 없었던 것이다.

이진의 남편 되는 외교관은 그러한 사악한 제도에 한번 저항해 보지도 않고 비겁하게도 그녀를 포기해 버렸다. 결국 그녀는 궁중의 교방(敎坊)

으로 되돌아가 예전의 직업으로 복귀해야 했다. 그러나 자신이 태어난 나라보다 도덕적으로 우월한 문명에 깊이 매료되었던 이진은 다시 던져진 사슬이 자신의 영혼에 상처를 주는 것을 용납할 수 없었다. 결국 그녀는 얇은 금 조각을 삼키고 스스로 생명을 끊었다.

나는 미개한 나라에서 방황해야만 했던 한 슬픈 영혼의 이야기를 들려주고픈 욕망을 억제할 수가 없다. 이 영혼은 숭고한 소망을 품고서 한국 민족의 문명된 미래에나 살아야 할 운명이었지만 불행하게도 너무 일찍 한국에 태어났던 것이다. (108~111쪽)

이진을 프랑스로 데려간 사람은 플랑시 공사이다. 이러한 이진의 삶에 관심을 기울인 MBC는 3시간짜리 드라마로 만들었는데, 프랑스에서 1주일간의 현지촬영을 했다. 이 드라마의 줄거리는 다음과 같다.

천주교 박해 당시에 고아가 된 이심은 프랑스 신부에게 프랑스어를 배우며 만석의 도움으로 살아간다. 만석은 신부가 되려고 북경으로 떠나고, 이심은 장악원의 관기가 되고 경회루의 파티에서 주한 프랑스 공사와 만나게 된다. 프랑스 공사는 이심에게 첫눈에 반하고 지인을 동원해 청혼을 한다. 그리고는 파리로 데리고 가 결혼생활을 하다가 서울로 돌아온다. 그러나 이심에게 흑심이 있던 장악원의 관원 조진석은 이심에게 혐의를 씌워 의금부에 하옥시켰다가 빼어낸 후 노비로 만들어 자기 집으로 데려간다.

이 드라마는 프랑뎅의 『프랑스 외교관이 본 개화기 조선 *En Corée*』과는 내용이 상당부분 달라졌지만 일반적으로 이진을 망친 사람은 홍종우(1850~1913)라고 알려져 있다. 신경숙과 김탁환의 소설은 모두 홍종우라고 지목하고 있다. 홍종우는 경기도 안산에서 몰락 사족인 홍재원과 전주 이 씨 사이에서 외아들로 태어났다. 조선인 최초로 프랑스 유학을 했으며,

귀국 후 개화당의 거두 김옥균을 암살하였다. 이후 대한제국의 관료가 되어 황실 중심의 개혁에 참여하였다. 그는 1913년 1월 2일 만 63세의 나이로 사망하였다.

일본의 여류소설가 아오야기 미도리(靑柳綠)는 장편소설 『이왕의 자객(李王の刺客)』(1971)에서 홍종우의 생애를 다루고 있는데, 여기에는 이런 스토리가 담겨 있지 않다.

홍종우 얘기가 나왔으니, 좀 덧붙이겠다. 아직도 생애가 완전히 밝혀지지 않은 그는 많은 궁금증을 낳게 하고 따라서 소설적 호기심을 불러일으킨다. 홍종우는 1894년 7월 22일까지 파리에 있었는데 플랑시가 파리에 도착한 것은 5월 4일이었다. 둘은 3개월 동안 파리에 함께 있었던 것이다. 특히 그는 프랑스 파리로 최초로 법을 공부하러 왔다고 표방했다. 그는 기메 박물관에서 일하며 레가미(Félix Régamey, 1844~1907) 등의 화가와 교류하고, 『춘향전』을 프랑스어로 번역하는 일에 참여하기도 했다.

그런데 역사학자 주진오 교수(상명대·역사콘텐츠학과)는 "이진이 허구의 인물"이라고 주장한다. 그렇다면 프랑뎅의 책에 등장한 이심은 허구의 인물이라는 말인가? 안타깝게도 명확하게 알 길은 없다. 사실 『프랑스 외교관이 본 개화기 조선 En Corée』은 프랑뎅과 끌라르 보티에(Claire Vautier)라는 여성이 함께 지은 책이다. 이진과 관련된 의혹을 풀기 위해서는 끌라르 보티에를 찾아봐야 하는데, 아직까지 그녀를 찾아내지 못했다. 여하튼 이 문제는 우리에게 또 다른 연구 과제를 안겨주고 있다.

프랑뎅은 책에서 조선의 풍속에 대해서도 이야기하고 있는데, 무당춤에 대해 이렇게 혹평하고 있다.

나는 오래전부터 동양의 춤이 가진 범신론적 의미를 잘 알고 있었기 때문에 이 춤이 주술의 의식임을 금방 깨달을 수 있었다. 실상 내가 닿았던 그 집에는 환자가 있었던 것이며, 무당—서양식 표현으로는 마녀—은 지금 환자의 몸속에 깃든 악귀를 쫓아내고 있던 참이었다. 아마 당연한 일이겠지만, 한국인들은 악귀에게만 소원을 빈다. 무엇 때문에 한국인들이 완전한 선의 구현체인 절대자에게 복을 빌겠는가? 이 절대자께서는 오직 행복만을 내려주며 사람들은 그에게 감사하면서 복을 받게 마련이다. 그러나 그에게 아무것도 요구하지 않는다. 절대자께서는 자신이 해야 할 일을 잘 알고 있다. 한국인들은 악을 두려워하지만 그 악을 가라앉히기 위해 악귀에게 탄원한다. (36쪽)

한국민담을 수집한 러시아 작가

니콜라이 게오르기예비치 미하일롭스키

Nikolai Georgievich Mikhailovsky, 1852~1906

『러시아인이 바라본 1898년의 한국, 만주, 랴오둥반도
Around Korea, Manchuria and the Liaodong Peninsular』(1899)

『조선설화 *Koreiskie skazki*』(1899)

러시아 작가 미하일롭스키의 이름을 아
는 한국인은 매우 드물 것이다. 그는 한
국의 민담을 수집하여 책으로 내었는데,
그것이 2000년대에 국내에서 아동문고
로 출간되었기 때문에 아동서 독자가 아
니라면 생소할 것이다. 그런데 그의 한국
여행기가 2009년에 동북아역사재단에서
번역 출판되어 그의 이름이 널리 알려지
게 되었다. 알고 보니 그는 러시아의 유

명작가였다. 그는 『*Tyoma's Childhood*(티오마의 어린 시절)』(1892), 『학생
들』(1893), 『대학생들』(1895), 『기술자들』(1907) 등을 남겼는데, 러시아문학

전공자라면 이 책들이 생소하지는 않을 것이다.

　그는 1898년에 연해주와 조선을 답사하여 『러시아인이 바라본 1898 년의 한국, 만주, 랴오둥반도 Around Korea, Manchuria and the Liaodong Peninsular』를 썼는데, 이 책은 조선 말기의 생활상을 보여주는 귀중한 책이다. 또한 1899년에 구비문학인 한국민담에 관심을 기울여 현지에서 민담을 채집하여 『조선설화 Koreiskie skazki』를 출간했다. 이러한 책들은 우리에게 중요한 의미를 갖는다.

작가의 생애

───

　니콜라이 게오르기예비치 미하일롭스키(Nikolai Georgievich Mikhailovsky)는 1852년 2월 20일에 태어났다. 그는 철도 기사이면서 소설가이자 수필가였다. '니콜라이 가린-미하일롭스키'라는 필명을 쓰기도 했다.

　1878년 페테르스부르크 교통대학을 졸업하고 시베리아 횡단 철도(Trans-Siberian Railway)의 건설사업에 참여하였다. 또한 19세기 후반 러시아에서 유행한 사회주의운동인 나로드니키(Narodniki)운동에 공감하여 농촌으로 갔지만 실망하여 마르크스주의로 노선을 바꾸었다.

　그는 19세기 말의 농민과 노동자, 기술자가 처한 현실을 작품에 생생히 묘사하였는데, 『Several Years in the Country(시골에서의 몇 년)』(1890), 『Tyoma's Childhood(티오마의 어린 시절)』(1892)를 발표하며 러시아 문학사에 등장하였다. 1890년대 러시아 사회에서 한 젊은이가 성장하는 과정을 담은 자전적 소설을 4부작으로 발표하였다. 이 4부작을 가리켜 막심 고리키(Maxim Goriki)는 대서사시라고 격찬하였다. 그는 푸슈킨이나 톨스토이, 체호프처럼 러시아문학 전공자들 사이에서 많이 연구되는 작가는 아니지만 그의 작품들은 서구권에서 영어로 번역되기도 하였다.

그는 투르게네프 등 진보적 사상을 가진 인사들과 친분도 있었고, 러시아 사회의 동향을 진지하게 살피며 작품 속에 언급하였다. 그는 특히 브나로드운동(농민계몽운동)에 앞장선 인민주의

미하일롭스키의 만년 모습

자였고, 러시아 사회주의 작가 막심 고리키와 친했으며, 사회주의를 신봉했다.

1906년 12월 10일 사망하였다. 오늘날 러시아의 노보시비르스크 (Novosibirsk)역에는 그의 이름을 딴 광장과 기념비가 있다.

작품 속으로

『조선설화 *Koreiskie skazki*』는 2006년에 한국학술정보에서 우리말로 번역해 출판되었다. 이 책에는 「적자(嫡子)와 서자(庶子)」, 「지네의 아들」, 「심청」 등 60여 편의 이야기가 실려 있는데, 이 책을 읽다 보면 그가 조선의 민담과 그것을 믿는 조선인을 무척 사랑했다는 것을 알 수 있다. 당시에

노보시비르스크역에 있는 미하일롭스키의 기념비

조선은 열강의 각축장이 되어버렸는데, 설상가상으로 조선인들은 정부의 착취와 호랑이와 마적의 공포에 시달려야 했다. 미하일롭스키는 그런 조선인들에게 연민과 공감을 느꼈던 것이다.

그의 또 다른 책『러시아인이 바라본 1898년의 한국, 만주, 랴오둥반도 *Around Korea, Manchuria and the Liaodong Peninsular*』는 2009년에 동북아역사재단에서 번역 출간되었다. 이 책은 581쪽이나 되는데, 1898년 7월 8일 시베리아철도로 모스크바를 출발해 해주를 거쳐 두만강을 건너 백두산과 아랫마을을 여행하고, 의주를 지나 일본 요코하마항까지 가는 4개월 10일간의 대장정을 일기체로 적고 있다. 작가가 아니라면 하루하루의 일기를 이처럼 문학적으로 쓸 수는 없었을 것이다.

이 책의 절반은 조선에 대해 썼고, 이 책의 중심은 조선에 두고 있다. 그는 탐사단 2개 조를 이끄는 조장으로 두만강과 백두산, 압록강 지역의 도로와 강의 수심, 식물군과 광물질을 조사하였다. 여행기를 일기체로 쓰면서 한국의 민담을 수집하였다. 두만강을 따라 백두산으로 말을 타고 다시 압록강을 따라 의주까지 배로 이동하였다. 이 책은 하루하루의 일기 형식으로 되어 있는데, 그는 1898년 9월 14일부터 10월 18일까지의 일기를 한국에 머물면서 썼다.

그가 이끈 탐사단은 구성인원과 규모 면에서 러시아지리학회의 역사상 최대규모였다. 여행을 마치고 귀국한 그는 니콜라이 황제의 초대를 받았다. 황제는 그에게 훈장을 주려 했지만 성사되지 못했다. 왜냐하면 카잔성당 시위에서 경찰이 학생들을 구타한 것에 대한 항의서를 그가 작성했기 때문이다. 이 일로 인해 그를 비롯한 몇몇 문학가들이 페테르스부르크에서 추방당하게 되었다.

한편, 그는 황제가 "한국인은 정말 러시아인을 좋아하는가?"라고 묻자 "저를 의심하십니까?"라고 반문하는 무례도 서슴지 않았다. 그만큼 작가로서의 자부심이 강했던 것이다.

그는 이 책을 통해 연해주에서 살아가는 조선인을 이야기하고 있다.

이 지방에 사람이 살게 된 것은 겨우 15년 전부터다. 처음 온 한인들은 몹시 힘들었다. 기아와 힘든 생활이 이들을 최하의 빈곤까지 몰고 갔고, 아내와 딸들은 수치스런 일로 연명하기도 했다. 이제는 모든 것이 바뀌었고, 한국 여자들의 정조는 정평이 나 있다.

"하지만 아직도 한국에는 방종한 여자들이 많습니다."

"하지만 5년 전에 한국에 새로운 법이 공포되지 않았습니까?"

"법이 도대체 뭡니까? 법은 아무것도 변화시킬 수 없습니다. 더 안 좋

아졌어요. 대놓고 하는 것은 안 되니 몰래 숨어서 하기 때문에…… 병입
니다."

이곳의 한인들은 땅을 배당받고 있고 구 러시아에 존재하던 것과 유사
한 공동체 질서가 있다. 이들은 도로세가 너무 높은 데 대해 불만을 토
로한다. 이런 도로는 1,500가구가 있는 읍 하나당 200km 이상이다. 예
전에 이들은 그 길을 정비하는 데 드는 돈을 해마다 600루불씩 지불했
다. 하지만 올해부터 부역 의무가 시행되는데, 이들에게는 정말 불만스
러울 것이다. (184쪽)

그는 조선인들의 삶뿐만 아니라 조선민담에도 관심이 많았다. 소설가
이기 때문에 이야깃거리에 관심이 많은 것이다. 그래서 책을 통해 민담을 수
집하는 과정을 이야기하고 있다.

저녁마다 내가 일을 마치고 돌아올 때면 내 주위에는 많은 한인들이 모
여들었다. 그중 키가 작고 검은 눈에 조그만 팔과 다리를 가진 35세가량
의 남자는 한국인의 생활과 관련된 많은 이야기를 알고 있어 내 선생 자
격으로 보내준 사람이었다. 그는 무릎을 쪼그리고 앉아 예술가다운 정
열을 가지고 온통 몰두해서 이야기를 한다. 통역자인 김 씨는 잊어버릴까
봐 그가 말하는 것을 때때로 멈추게 하고 전달하고, 나는 받아 적는다.
다른 모든 한인들은 쭈그리고 앉아서 진지하고 주의 깊게 이야기를 듣는
다. 만약 이야기가 좀 헷갈리게 진행되면 다른 이들이 고쳐주곤 해서 때
로 뜨거운 논쟁이 벌어지기도 한다. 이렇게 나는 이미 열 개의 민담을 수
집했다. 이 한인 예술가는 내 제안을 받아들여 나와 함께 한국 여행을 하
게 되었다. 그는 가능한 내가 많은 민담을 수집할 수 있도록 도와줄 것

이다. 어쨌든 민담을 보면 러시아에 사는 한인이 본국의 한인보다 더 형편이 낫다는 사실을 알 수 있다. 만약 이주가 금지되지 않다면 북쪽의 한인들은 모두 러시아로 이주했을 것이라고 그들은 말한다. (187~188쪽)

민담은 민간에서 전해지는 이야기이다. 민담을 통해 민초들의 삶을 엿볼 수 있는데, 그는 "어쨌든 민담을 보면 러시아에 사는 한인이 본국의 한인보다 더 형편이 낫다는 사실을 알 수 있다"고 말했다. 당시 민초들의 고단한 삶을 생생히 느껴보고 싶다면 이 책을 읽어보기 바란다.

10

오스트리아의 세계여행가

에른스트 폰 헤세-바르텍

Ernst von Hesse-Wartegg, 1851~1918

『조선, 1894년 여름

Korea, Eine Sommerreise nach dem Lande der Morgenruhe 1894』(1895)

오스트리아의 작가이자 여행가, 외교관인 에른스트 폰 헤세-바르텍은 19
세기 말에 오페라 가수로 이름을 날렸던 미니 하우크(Minnie Hauk)의 남편
으로도 유명하다. 그런데 그는 세계 각지를 여행한 여행가로도 유명하다.

그는 1872년 남유럽 여행을 시작으로 1900년까지 28년간 카리브 해
의 섬들을 비롯하여 미국, 캐나다, 중남미, 아프리카, 일본, 중국, 한국 등
전 세계를 누볐다. 그 결과 무려 29권의 여행기를 썼고, 700여 편의 글을 잡
지에 기고하였다. 오늘날처럼 교통수단이 발달하지 않았던 시대에 이런 결
과물을 내놓았으니, 그 열정에 감복할 만하다. 그리고 그 열정 덕분에『조
선, 1894년 여름 *Korea, Eine Sommerreise nach dem Lande der Morgenruhe
1894*』라는 책을 출간할 수 있었다.

작가의 생애

──

에른스트 폰 헤세-바르텍(Ernst von Hesse-Wartegg)은 1851년 2월 21일 오스트리아의 빈에서 태어났다.

그는 일생의 대부분을 여행에 할애했다. 1872년 남동부 유럽을 여행했고, 1875년에 서인도제도와 중앙아메리카를 여행했으며, 1876년에 미국여행을 했다. 1880년에는 튀니지, 1881년에는 이집트, 1883년에는 캐나다와 멕시코를 여행했다. 1887년에는 베네수엘라, 1892년에는 모로코와 스페인을 여행했고, 1894년에 인도, 싱가포르, 홍콩, 중국, 일본, 한국을 여행했다. 1898년에 다시 중국을 여행했고, 1899년에 태평양의 독일 군도를 여행했다. 그 결과 수많은 여행기를 썼는데, 마크 트웨인(Mark Twain)이나 칼 마이(Karl May) 등과 친구로 지냈다. 오늘날 세계문학사에서 널리 알려진 이들 작가들은 여행기를 쓰면서 헤세-바르텍이 쓴 책들을 상당부분 인용하기도 했다.

그는 1918년 5월 17일 스위스의 루체른 인근의 트립셴(Tribschen)에서 사망하였다. 죽기 1년 전까지 29권의 여행기를 출간했다.

작품 속으로

Korea, Eine Sommerreise nach dem Lande der Morgenruhe 189●1895) 초판본

헤세-바르텍이 '신선한 아침의 나라(Land der Morgenfrische)' 조선을 찾은 것은 1894년 6월 말이었다. 당시 조선은 동학농민운동에 휘말렸고, 청일전쟁이 일어나기 직전이었다. 신변에 위협을 느낀 그는 당초 희망대로 조선 방방곡곡을 누비지 못했지만 부산을 거쳐 인천과 서울까지 여행할 수 있었다.

한국을 여행하고 1년 후인 1895년 그는 태극기로 표지를 장식한 『조선, 1894년 여름 *Korea, Eine Sommerreise nach dem Lande der Morgenruhe 1894*』라는 책을 발간했다. 이 책의 표지에는 '高麗(고려)'와 '許世華(허세화)'라는 저자 이름이 표기되어 있다. '許世華(허세화)'는 자신의 이름인 '헤세-바르텍'을 한국 이름으로 표기한 것이 아닐까 싶다.

헤세-바르텍은 이 책에서 한민족의 우수성을 높이 평가했다. 그럼에도

Korea, Eine Sommerreise nach dem Lande der Morgenruhe 1894 본문에 실린 그림

불구하고 관리들의 부정부패 때문에 개인과 국가가 발전하지 못하는 것에 대해 군데군데 아쉬움을 토로했다. 특히 우리가 이 책에 주목해야 하는 이유는 다른 책에서 얻기 힘든 태극기에 관한 정보를 접할 수 있고, 이 책 속에 독도와 서간도가 한국영토로 기록되어 있기 때문이다. 이러한 이유로 최근 독도 분쟁이 벌어질 때마다 한국학자들이 많이 인용하고 있다.

이 책의 서문에서 저자는 이렇게 말하고 있다.

여러모로 조선은 작은 중국처럼 보인다. 다만 현재 중국의 축소판이 아니라 17세기 명나라 시절의 중국인 것 같다. 조선의 문화는 그 단계에 머물러 있다. (…) 오랜 역사를 지닌 조선에서는 만주인이 지배하는 중국 문명이 일본 문명과 첨예하게 대립하고 있는데, 이것이 바로 오늘의 조선

Korea, Eine Sommerreise nach dem Lande der Morgenruhe 1894 본문에 실린 그림

을 흥미롭게 만드는 점이다. 하지만 안타깝게도 지금까지 출판된, 거의 외국어로만 쓰인 얼마 안 되는 조선 관련 서적들은 이러한 상황을 다루고 있지 않다. 그 이유는 무엇보다도 저자들이 조선을 직접 방문한 것이 아니라 다른 사람들의 보고서를 읽고 책을 썼기 때문일 것이다. (1894년 11월 런던)

헤세-바르텍은 뛰어난 학식과 관찰력을 지녔는데, 당시에 가장 먼저 개항해 발전하기 시작한 제물포(현재 인천시 신포동 일대)를 관찰하고 다음과 같이 상세히 기록했다.

내 눈앞에 펼쳐진 제물포를 보았을 때 얼마나 놀랐는지 모른다! 나는

대충 중국 닝보(寧波)나 푸저우(福州)와 같이 탑과 사원들이 있고 기묘하게 흰 지붕들이 있는 아시아의 도시 모습을 기대했다. 이런 기대와 달리 내 눈앞에는 아주 근대적인 유럽의 도시가 펼쳐진 것이다! (…) 왼편 끝의 언덕에는 영국 영사의 훌륭한 빌라가 있고, 그 뒤에는 몇몇 조선 요새가 능보와 성곽을 드러내고 있다. 오른편 끝자락에는 또 다른 언덕이 있는데, 여기에는 매혹적인 일본식 찻집과 정원이 자리 잡고 있으며, 두 언덕 사이로 유럽식 고층 건물이 있다. 그 뒤편으로 세 번째 언덕이 있는데, 이 위에는 사각형의 튼튼한 탑을 갖춘 당당한 건물이 있고, 잘 다듬어진 아름다운 정원이 그 주위를 둘러싸고 있다. 넓은 돌계단이 도시와 이곳을 이어주고 있다. 나는 그것이 아마도 조선의 수령이나 관찰사의 거주지일 것으로 짐작했다. 그러나 내가 우리 배의 선장에게 이런 내용의 질문을 하자 그는 웃으며 다음과 같이 답했다. "여기에서 조선인은 그 어떤 것도 명령할 수 없습니다. 조선 관청도 없습니다. 저기 뒤에 보이는 아름다운 집은 마이어 씨 댁입니다." (…) 지금까지 일곱 개의 봉인으로 닫혀 있던 땅이 유럽인에게 개방되자마자, 이 땅에 들어온 최초의 유럽인 가운데 한 자리를 마이어가 차지하고 있는 것이다! 덧붙여 말하자면 마이어 상사는 조선에서 명성 있고 사랑받는 가장 영향력 있는 상사다. (47~48쪽)

마이어는 독일 함부르크 출신으로 제물포에 세창양행(Meyer & Co.)을 두고 일본 등과 무역업을 하던 독일 상인이었다. 헤세-바르텍은 제물포에 개혁의 바람이 일고 있지만 그 개혁의 주체는 조선인이 아니라 외국인임을 날카롭게 관찰하고 있다.

일본과 체결한 강화도조약으로 제물포가 개항되면서 서구 문물이 들어오는 길목이 되었다. 제물포에는 청나라 조계지, 일본 조계지, 유럽인들의 조계지가 들어서면서 외국인들이 각종 물류를 우리나라에 유입하였다. 일례로 일본 조계지에는 일본제1은행의 석조건물이 들어섰는데, 이 건물은 조선인들의 노동력을 착취해 만든 것이다.

한편, 그는 한국인의 상투문화에 대해서도 재미있게 서술한다. 길가에서 긴 머리를 늘어뜨리고 노는 처녀들을 보았는데, 수염 난 처녀들이 있는 것이 아닌가! "알고 보니 조선의 남자는 장가가기 전에는 상투를 못 틀고 머리를 기른다"고 적었다. 또한 "조선인은 시 짓기를 좋아하는데, 중국 사신이 와서 이틀 동안에 시를 일곱 편이나 짓느라 진땀을 뺐다"는 얘기도 적혀 있다.

우리는 이 책을 통해 갑신정변의 주인공 김옥균이 어떻게 처형되었는지도 알 수 있다. 갑신정변이 실패로 끝나자 김옥균은 능지처참(陵遲處斬)을 당했다. 능지처참은 조선시대에 대역죄를 범한 자에게 내리던 극형이었다. 대역죄인을 죽인 뒤 시신의 머리, 몸, 팔, 다리를 토막 쳐서 각지에 보내는 형벌인데, 이 책을 통해 이 형벌이 실제로 어떻게 행해지는지를 생생히 알 수 있다.

한강변에 있는 용산에서 서울로 가는 도중에 나는 수도의 성문 근처에서 덤불과 돌더미로 덮여 있는 황량한 곳을 지나게 되었는데, 내 안내인이 그곳을 가리키며 말했다.

"여기가 김옥균이 처형된 곳입니다."

나는 놀라움을 금치 못하며, 김옥균은 두 달 전에 상하이에서 살해되지 않았느냐고 물어보았다. 같은 인물이 여기서도 처형될 수는 없으니 말이다. 안내인은 자기 말이 맞다고 확인하였다.

"우리나라에서는 대역죄인은 사지가 찢어지는 벌을 받습니다. 김옥균이 일본세력에 기댄 개혁파의 주도자였다는 것과 임금님을 몰락시키려 했다는 건 당신도 잘 알고 있는 사실이지요. 벌써 몇 년 전에 그는 일본으로 피신했는데 당연히 그곳에서는 그를 체포할 수가 없었지요. 최근에 그를 상하이로 꾀어내는 데 성공해서 당신이 말한 대로 그곳에서 살해했지요. 하지만 그의 시신을 우리나라로 옮겨와 임금님이 대역죄인에 걸맞은 처형을 할 것을 명령했습니다."

"그 처형 방법이란 게 뭐지요?"

"죄인은 먼저 머리가 잘리고 이어서 팔과 다리도 잘려나가는데, 머리와 몸통을 합쳐 모두 여섯 조각이 됩니다. 그건 그나마 나은 편이지요. 예전에는 죄인의 팔과 다리를 황소의 뿔에 묶고, 달군 쇠로 이 소들을 각기 다른 방향으로 몰았어요. 그러면 죄인의 몸이 갈기갈기 찢어졌지요."

"그래도 2주나 지난 김옥균의 시신을 조각내진 않았겠지요?"

"아닙니다. 그렇게 했어요. 그리고 시신 조각은 경고를 줄 목적으로 형리들에 의해 각 지방으로 보내졌습니다!"

나는 이 이야기를 도저히 믿을 수 없어서 서울에 도착하자 자세히 알아보려고 애를 썼다. 내가 얘기를 나눈 유럽인들이 모두 맞다고 확인해 주었다. (250~251쪽)

어떤가? 정말 끔찍하지 않은가? 작가가 이처럼 실감나게 묘사한 덕분에 말로만 듣던 능지처참을 생생히 알 수 있게 되었다. 뿐만 아니라 이 책은 당시의 제도와 현실을 자세히 소개하고 있으니, 관심 있는 분들은 읽어보기 바란다.

11

'고요한 아침의 나라'를 알린
퍼시벌 로렌스 로웰
Percival Lawrence Lowell, 1855~1916

『내 기억 속의 조선, 조선 사람들 *Chosön, the Land of Morning Calm*』(1885)

퍼시벌 로렌스 로웰(Percival Lawrence Lowell)은 과학사에서 빼놓을 수 없는 이름이다. 그는 로웰천문대를 설립하고 화성의 운하를 밝힌 천문학자로 유명한데, 유길준(1856~1914)을 포함한 미국 보빙사(1883년 조선에서 최초로 미국 등 서방 세계에 파견한 외교 사절단)의 통역인으로 활약한 미국인으로도 유명하고, '고요한 아침의 나라'라는 말을 널리 알린 장본인이기도 하다.

그가 쓴 『내 기억 속의 조선, 조선 사람들 *Chosön, the land of Morning Calm*』은 출판 당시부터 한국에 관한 권위 있는 책으로 알려졌다. 그의 본업이 천문학자이기 때문에 그를 작가라고 볼 수 있느냐고 의문을 제기할 수도 있겠지만 한국에 대해 사실적으로 서술한 점에서 작가라 할 수 있을 것이다. *Chosön, the land of Morning Calm*(조선, 고요한 아침의 나라)은 서양인들에게 조선을 '고요한 아침의 나라'라고 각인시켜준 저서이다. 게다가

이 책은 권위 있는 하버드대학교 출판부에서 출간하였다.

작가의 생애

———

퍼시벌 로렌스 로웰(Percival Lawrence Lowell)은 1855년 3월 13일 미국 보스턴의 로웰 가문에서 태어났다. 그는 하버드대학교의 총장을 맡았던 애보트 로렌스 로웰의 형이며, 시인이며 비평가이자 출판가인 에이미 로웰의 오빠이기도 하다. 로웰은 1876년에 하버드대학교를 졸업하였는데, 부유한 집안에서 자유분방한 학창시절을 즐겼으며, 졸업 후에는 사업가로 활동하며 상류 사교계의 화려한 생활을 만끽했다.

보빙사 일행 속의 로웰(앞줄 왼쪽)

　　1882년 조미수호통상조약이 체결되자 조선은 이듬해인 1883년 미국에 보빙사를 파견하려 했다. 1883년 5월 일본에서 지내던 로웰은 조선의 보빙사 일행을 만나게 되었다. 주일미국공사의 요청으로 이들을 미국으로 인도하는 임무를 맡았다. 그는 1883년 8월 18일 샌프란시스코를 향해 출발한 뒤 같은 해 11월 14일 다시 일본으로 돌아오기까지 9명의 사절단을 안내하면서 국서 번역가 및 통역인 역할을 했다. 보빙사 일행은 로웰의 고향인 보스턴 일대를 방문하기도 했다. 이후 일본을 떠나 조선으로 귀국한 일행 중 한 사람인 홍영식이 로웰의 노고를 고종에게 보고하자, 고종은 그를 국빈으로 초대하라고 지시를 내렸다. 왕실의 초대에 응한 로웰은 12월 20일 조선을 방문하였다.

　　로웰은 조선에서 약 3개월간 머물면서 조선의 정치, 경제, 문화, 사회 등을 백과사전식으로 자세히 기록했다. 이렇게 기록한 글을 1885년 *Chosön, the Land of the Morning Calm*이라는 책으로 하버드대학교 출판부

로웰이 촬영한 고종(1884, 덕수궁 정관헌)

에서 내놓았다. 이 책은 고종의 어진(御眞)을 포함한 당시의 조선 풍경을 찍은 사진 25매를 담아내기도 했다. 한국에서는 2001년 조경철(1929~2010) 박사가 번역한 『내 기억 속의 조선, 조선 사람들』이라는 제목으로 번역 출간되었다.

그는 조선을 방문한 뒤 일본으로 돌아갔는데, 얼마 후 조선에서는 홍영식 등 소장파 관료들이 갑신정변을 일으켰다. 로웰은 이 소식을 듣고 그 내역을 상세하게 기록하여 「*A Korean Coup d'Etat*(조선의 쿠데타)」라는 글을 작성했다. 이 글은 평론지《월간 애틀랜틱 *Atlantic Monthly*》1886년 11월호에 게재되었다. 그는 일본에 오랜 기간 동안 머물렀으며, 일본인들의 언어, 관습, 종교, 문화, 정신세계 및 행동 양식에 대한 책을 쓰기도 했다. 이와 관련된 책으로 *Notto*(1891), *Occult Japan*(1894), *The Soul of the Far East*(1888년) 등이 있다.

1894년 로웰은 천문학자로 인생 2막을 새로 쓰기 시작했다. 1894년

자신의 천문대에서 관측에 몰두하고 있는
로웰(1914)

애리조나 주 플래그스텝으로 이주하여 살았는데, 그곳은 2천 미터 이상의 고지대에 위치하고 맑고 화창해서 하늘을 관찰하기에 적합했다. 로웰은 여기에 많은 돈을 들여 로웰천문대를 지었다. 그는 15년 동안 화성을 집중적으로 관측했으며, 그 결과물로 세 권의 책을 출간했다.

로웰은 1916년 11월 12일 세상을 떠났으며, 천문대 근처에 있는 마스 언덕에 묻혔다. 우리나라에서는 천문학자 조경철 박사가 로웰에게 관심을 갖고『화성탐구의 개척자 퍼시벌 로우웰 – 그가 본 조선과 갑신정변』(2004)이라는 책을 출간했다.

작품 속으로

밤하늘의 별들은 얼핏 보면 비슷비슷해 보이지만 자세히 보면 저마다 모양도 다르고 밝기도 다르다. 천문학자는 밤하늘을 수놓은 별들을 세밀하게 관찰하는데,『내 기억 속의 조선, 조선 사람들 *Chosön, the Land of the Morning Calm*』은 이러한 관찰력이 돋보이는 책이다. 이 책은 로웰이 지도에서 본 조선의 모습부터 부산항의 모습, 서울의 풍경, 조선의 건축 및 조경

양식 등을 세밀하게 관찰하고 쓴 책이다. 이 책
은 모두 36장으로 '1. 하루가 시작되는 곳, 2. 지
도로 본 신비의 나라, 3. 조선의 사계, 4. 파아란
섬 같은 부산항, 5. 초가지붕 즐비한 제물포, 6.
서울 가는 길, 7. 고요한 아침의 나라, 8. 장안
풍경, 9. 거대한 성벽으로 둘러싸인 도시, 10. 남
산의 봉화, 11. 조선의 행정 조직, 12. 원리의 3

*Chosön, the Land of
Morning Calm*(1885)
초판본

화음, 13. 비개성의 특질, 14. 가부장제, 15. 여
성의 지위, 16. 고종황제를 알현하다, 17. 방문
객과 순라꾼, 18. 겨울의 한강풍경, 19. 종교의 부재, 20. 영혼에 대한 숭
배, 21. 서울의 낮 풍경, 22. 서울의 밤 풍경, 23. '푸른 숲의 골짜기'에서의
연회, 24. 내가 만난 조선인 수학자, 25. 조선의 건축 양식, 26. 자연친화적
인 조선의 조경, 27. 왕궁 구경, 28. 끔찍한 현장을 목격하다, 29. 개울에서
빨래하는 여인, 30. 조선인의 복식관, 31. '모자의 나라' 조선, 32. 화계사
가는 길, 33. 사원에서의 겨울 향연, 34. 동양의 시간구분, 35. 길에서 겪은
곤경, 36. 조선을 떠나며'의 순서로 되어 있다.

이 책은 조선의 여러 곳을 기행하면서 관찰한 내용을 객관적으로 기록
한 책 같지만 곳곳에 개인적인 소감을 재미있게 쓰고 있다. 그러면서 그림
과 사진을 곁들여 읽는 재미뿐만 아니라 보는 재미도 주고 있다. 일례로
「'모자의 나라' 조선」에는 갓, 망건, 사모관대 등 모자들을 여러 개의 그림
으로 보여주기도 하고, 고종황제를 비롯해 그가 직접 찍은 사진들이 여러
장 수록되어 있다. 「내가 만난 조선인 수학자」에는 우연히 알게 된 조선인
수학자 김낙집을 사진과 함께 소개하고 있다. 그 이야기는 다음과 같다.

「'모자의 나라' 조선」에 소개된 모자들

수학자 친구는 종종 나를 만나러 왔으며, 약속 없이도 우리는 거리에서 마주치곤 했다. 나는 서두르는 걸음걸이로, 그는 조용하고 품위 있는 걸음걸이로. 우리가 서로 만날 때마다 그는 내게 두 손을 내밀었으며 애수 어린 음성으로 마치 멀리 산속에 사는 사람들에 관해 이야기하듯 자신에 대해 이야기하곤 했다. 그는 도시 생활에 결코 어울릴 수 없는 사람처럼 서울을 숲으로 표현했다. 짐작은 했지만 그에게 서울은 외계의 도시였다. 그의 책 맨 뒷장에는 '월성의 김낙집 지음'이라고 쓰여 있다. (214쪽)

로웰은 29장 「개울에서 빨래하는 여인」에서는 서울의 세검정으로 추정되는 곳에서 빨래하는 여인을 관찰하고 "내가 세상에서 본 가운데 가장 아름다운 여인"이라고 말했다. 당시에 조선을 방문했던 서양인들의 상당수가 한국 여성은 매력이 없다고 본 데 반해, 로웰은 한국 여성에게 매혹당한 것이다.

　　아주 짧은 동안이었지만 그녀는 세상에서 내가 본 가운데 가장 아름
　다운 여인이었다. 그녀는 부지런히 빨래를 하는 중이었고 비록 길지 않
　은 시간이었다 할지라도 가까운 거리에서 똑똑히 보고 내린 결론이므로
　몇 번 물어도 맹세코 거짓 없는 사실임을 고백할 수 있다. 우리는 그냥
　바라보는 것만으로는 만족할 수 없어 사진을 한 장 찍으려고 준비했다.
　그러나 이쪽의 수상한 낌새를 눈치챈 순간 그녀는 우리가 미처 정신을
　가다듬기도 전에 옆에 있는 집으로 허둥지둥 들어가 버렸다. 그녀가 사
　라진 집 앞에는 한 노인이 어떤 일이 있어도 꼼짝 않을 기세로 꼿꼿이 앉
　아 있었다. (251~252쪽)

　　로웰은 그 노인에게 사진 촬영을 허락해 달라고 요청했으나 아쉽게도
실패하고 말았다는 이야기도 하고 있다. 사진 한 장을 촬영하기 위해 집까
지 쫓아갔다고 하니 작가로서의 열정을 엿볼 수 있다.
　　로웰은 화계사에도 다녀왔는데, 이 이야기도 흥미롭다. 불교 사찰에서
가톨릭 수도원의 웅장함과 경건한 분위기를 발견했기 때문이다.

　　그곳은 화계사라는 절이었다. 봄이라면 틀림없이 그런 화사한 이름이
　더욱 잘 어울렸으리라. 절의 첫인상은 함부로 발을 들이지 못하게 하는
　준엄함과 웅장함이 있었으며, 수도하는 분위기와 잘 어울렸다. 절은 불
　교의 수도원에 해당한다. (…) 불교의 존재를 모르는 유럽인이 화계사에
　머문다면 아마도 그곳을 로마 가톨릭의 수도원쯤으로 착각하게 될 것이

다. 삭발, 승복 그리고 예배 중의 갖가지 익숙한 풍경과 소리는 세계 저편
의 가톨릭 수도승을 떠올리게 한다. 물론 동양적인 색채가 있기는 하지만
그것은 로마에서 전파된 또 다른 종교 형태로 보인다. (280~281쪽)

한편, 이 책을 통해 당시 서울에 외국인이 얼마나 있었는지를 알 수도
있다. 이 책은 당시 서울에 남아 있는 외국인은 단지 아홉 명뿐이라고 밝혔
다. 이처럼 당시 조선은 외국인에게는 낯선 나라였는데 그는 조선에서 '고
요한 아침의 나라'를 느꼈던 것이다.

마지막으로 그는 조선을 떠나는 장면을 문학적으로 서술하고 있는데,
한양에서 제물포로 향하는 뱃길에서 여느 시인 못지않게 뛰어난 서정성을
내비치고 있다.

오랫동안 나는 난간에 기대서서 등대를 한없이 바라보았다. 등대는 어
둠 속에서 나를 내려다보는 지상의 영혼이었다. 그 짙은 불꽃이 내 안으
로 타들어왔다. 의식할 수 없는 시간이 지났고, 나는 공상에서 깨어났다.
바닷바람이 추위로 몸을 떨게 했다. 그러나 내가 뒤돌아섰을 때에도 등
대는 여전히 멀리서 나를 좇아왔다. 등대의 불빛은 마치 사람처럼 외국
땅에서의 서글픈 안녕을 고하는 듯했다. (308쪽)

이렇게 로웰은 한국과의 이별을 아쉬워하며 떠났는데, 한국에서의 추
억을 되살려 이 책을 집필했다. 하버드대학교 출판부에서 출간된 이 책 덕
분에 한국이 서양에 널리 알려지게 되었다.

12

서울을 사랑한
조지 윌리엄 길모어
George William Gilmore, 1857~1933

『서울풍물지 *Korea from Its Capital*』(1892)

조지 윌리엄 길모어(George William Gilmore)
는 우리나라에 온 개신교 선교사 중 한 사람인
데, 그의 이름은 우리에게 비교적 낯설다. 그의 생
애에 관한 자세한 기록이 남아 있지 않은데, 그는
한국 최초의 근대식 공립교육기관인 육영공원에서 1886년부터 1889년까
지 3년간 영어 교사로 활동했다는 정도만 알려져 있다.

그런데 이 책을 쓰면서 조사해 보니 아직 연구해야 할 여지가 많이 있
고, 문학의 관점에서도 매력이 가는 인물이다. 윌리엄 길모어는 육영공원에
서 교사 생활을 하면서 한국에서 보고 들은 것들을 정리한 책『서울풍물지
Korea from Its Capital』를 남겼다. 이 책은 당시의 서양인이 한국을 최단시
간 내에 가장 효율적으로 파악할 수 있는 안내서 역할을 하였으며, 당시 한

국의 행정, 관습, 언어, 종교, 결혼제도, 놀이, 복식, 산업, 국제 정세 등을
소개했다.

이 책은 한국에서 1999년에 신복룡 교수가 번역한 『서울풍물지』가,
2009년에 이복기가 변역한 『서양인교사 윌리엄 길모어 서울을 걷다』가 출
간되었다.

작가의 생애
———

조지 윌리엄 길모어(George William Gilmore)는 1857년 영국 런던에서
태어났다. 미국으로 건너가 1883년에 프린스턴대학교를 졸업하였다.
1886년 7월 4일 벙커(D. A. Bunker), 헐버트(H. B. Hulbert)와 함께 내한해
1886년부터 1889년까지 육영공원에서 영어 교사로 초빙되어 한국의 젊은
이들을 가르치는 등 한국의 근대 교육이 자리 잡는 데 기여했다. 그는 한국
에서 지낼 때 한국이름인 '길모(吉毛)'라고 불리기도 했다.

그는 아들이 병고에 시달리자 미국으로 귀국해 브룩클린공예기술학교
와 뱅고르신학교, 미드빌신학교 등에서 신학을 강의하며 여생을 보냈다.
지은 책으로는 *Korea from Its Capital, Animism, The Johannean Plobiem* 등
이 있고, 종교에 관한 여러 권의 책을 남겼다. 1933년에 사망하였다.

작품 속으로
———

육영공원에서 영어 교사로 활동했던 길모어는 1892년 미국 필라델피

아의 장로교선교출판부(Presbyterian Board of Publication)에서 『서울풍물지 *Korea from Its Capital*』를 출간했다. 이 책은 총 15장으로 '1. 국토, 2. 정부, 3. 서울의 모습, 4. 언어, 5. 구민, 6. 가정생활, 7. 복식과 장식, 8. 여성의 생활, 9. 놀이: 고온함과 진지함, 10. 종교, 11. 자원, 12. 문명화로의 진보, 13. 외교 관계, 14. 조선에서 살고 있는 외국인들의 생활, 15. 선교사업 '의 순으로 되어 있다.

Korea from Its Capital(1892) 초판본

길모어는 선교사였지만 문학에도 조예가 깊었는데, 그 사실은 이 책에 실린 다음과 같은 내용에서 발견할 수 있다. 그는 왕(책에서는 왕의 이름을 밝히지는 않았지만 정조대왕)이 밤에 민정순시 암행을 하다가 효자 부부가 노인 아버지 앞에서 춤추는 광경을 보고 과거에 응시하라고 하면서 '우는 노인, 노래하는 아내, 춤추는 가장'이라는 책제를 내어 합격시켰다는 이야기를 소개했다. 길모어는 이 이야기가 조선판 하룬 알라시드(Harun al-Rashid)라고 소개했다. 사라센제국의 하룬 알라시드(Harun al-Rashid, 765~809) 왕의 이야기는 『아라비안나이트』에 실려 있다. 길모어는 문학평론가처럼 이 이야기를 깊이 있게 평하고 있다.

이 이야기는 이중적인 면이 있다. 하나는 일반적으로 조선에서 볼 수 있는 장면에 대한 것이고, 다른 하나는 어떻게 단 한 사람에게 혜택을 주기 위해 과거를 실시할 수 있는가 하는 점이다. (57쪽)

Korea from Its Capital(1892) 본문에 소개된 사진

길모어는 조선의 문학에 대해서도 관심을 기울였는데, 갑신정변의 주역인 김옥균이 쓴 시도 소개했다.

조선 사람의 독창성과 문학적인 능력은 다음의 짧은 시들로써 그 훌륭함이 입증된다. 이 시들은 일본어로 쓰여졌는데 이것을 루미스(Henry Loomis)라고 하는 요코하마 목사가 영어로 번역했다. 그 목사는 그 시의 작자들이 인쇄를 할 때 도와준 사람이다. 작자의 이름 중에 특히 김옥균이라고 하는 인물은 갑신정변(1884)의 주역으로 기억되고 있다.

청춘은 그 즐거움과 함께 떠나가고
내 머리엔 백발이 찾아드네
몇 년의 세월이 지난 후에는
나 역시 가리니

소년 시절의 꿈이 그립구나
내 가슴속의 이상도
그 젊은 날의 희망과 즐거움도
두 번 다시 떠나지 않으리라

머리는 눈처럼 희어지고
몸은 굳으니 쓸쓸해져도
마음속엔 여전히
젊은 영혼의 열정이 남아 있네
— 김옥균 (58쪽)

이 책에는 길모어가 조선의 시들을 영어로 번역한 원문이 소개되어 있는데, 영어로 번역한 문장만 보더라도 그가 얼마가 문학에 조예가 깊은지를 알 수 있다. 한편, 이 책에는 박영효와 서재필의 시도 소개되어 있다.

산 깊은 골에
한 외로운 마을이 있네
그곳에 내 몸을 뉘고 잠들리니
아무 것도 방해됨이 없기를…

옆에서 짖는 개 소리에
단잠을 깨어 거친 침대에서 일어나서
내 가까이 적이 있나 둘러본다

아무런 위험도 없고
개 한 마리만 홀로 있다.
바보 같은 짐승 같으니
두려워서 달을 보고 짖고 있었구나.

얼마나 자주 만날 수 있을까
좋은 경치를 보고픈데…
꿈같은 적은 알고 보니
달빛이었네.
— 서재필 (59~60쪽)

하지만 시들에 대해 아무런 논평도 없이 영어로 번역만 해놓아서, 한국 문학계에 또 다른 과제를 남겨놓았다. 이 시들이 어떤 상황에서 쓰여지게 되었는지는 우리가 풀어야 할 과제가 되었다.

한편, 길모어의 문장은 대체로 매끄럽고 감칠맛이 있다. 한 예를 들면 다음과 같다.

이곳의 특징 중의 하나는 개가 많다는 점이다. 처음 온 사람들은 거의 모든 대문마다 밑에 작은 구멍이 하나씩 뚫려 있는 것을 보는데 집집마다 개를 기르고 있음을 의미한다. 개들의 숫자가 엄청난 데다 노는 모습이 재미있어 외국인들을 끝없이 즐겁게 해준다. 이 개들은 조선사람에게는 관심도 없다가도 외국인이 다가가면 어쩔 줄 몰라 하다 구멍으로 비호같이 사라진다. 그러고는 구멍에서 적당한 거리를 두고 격렬히 짖어대다가 그가 사라질 때면 다시 튀어나와 소리 높여 울부짖는데 그러면 길가의 모든 개들이 호응하여 울부짖는다. 외국인에 대한 공포심은 조선에 있는 모든 개들의 공통점인 듯하다. 나는 길거리에서 아주 행복하게 놀고 있는 개들을 본 적이 흔히 있는데 내 모습을 보자마자 미친 듯이 도망치면서 숨을 곳을 찾으려고 담벼락을 박박 긁고 난리를 친다. 정말 겁쟁이가 따로 없다. 조선에서 나는 싸울 태세로 버티는 개를 딱 두 번 보았다. 둘 다 무섭게 짖어댔지만 예외 없이 안전한 거리를 두고 짖었다. 그 개의 종류는 아마도 중앙아시아의 유목민들이 기르는 것과 관련이 있는 듯하다. 이들은 아주 못생겼고 영양 상태가 나쁘다. 여름에는 몸에 구더기가 들끓어 아주 보기 흉하고 그 비참한 생애는 보기에 아주 애처롭다. (47~48쪽)

길모어는 육영공원에서 영어 교사로 활동하기도 했는데, 육영공원의 개교 당시의 사정도 밝히고 있다. 한국 근현대사를 연구하는 사람들에게 좋은 자료가 될 듯하다.

1884~85년의 한겨울에 과격하고 피에 주린 일단의 급진주의자들이 경솔하게 추진한 혁명(갑신정변)으로 인해 우리의 열성적인 준비는 수포로 돌아가는 듯했다. 이에 따라 우리의 출발 계획은 1886년까지 미루어졌다. 우리는 그해 봄에 초청되어 7월 4일 조선 땅을 밟았다. 조선 정부는 우리를 극진하게 맞이할 준비를 하고 있었다. 그들은 우리에게 집무실이 딸린 집을 내주었고 학교 및 학자들이 거처할 공간의 신축을 계획하고 있었기 때문에 모든 일이 전도유망해 보였다. 그러나 늑장부리기로 소문난 동양인들은 개교하기 전인 9월 마지막 주까지 우리들을 애먹였다. 학생들은 왕이 지명한 귀족들 중에서 선발되었다. 35명이 첫 학년으로 배정되었고, 그중 30명이 출석하기 시작했다. (…) 교사 1인당 3명의 통역자가 배정되었다. 곧 그들의 도움이 필요 없게 되긴 했지만 우리는 시작에서부터 도움을 받아야 한다는 것을 깨닫게 되었다. (175쪽)

13

의사 겸 외교관인 문장가
호러스 뉴턴 알렌
Horace Newton Allen, 1858~1932

『*Korean Tales*(한국 고전소설)』(1889)
『알렌의 조선체류기 *Things Korean*』(1908)

호러스 뉴턴 알렌(Horace Newton Allen)
은 한국이름 '안연(安連)'을 사용하기도
했다. 그는 1884년 조선에 입국하여 선
교사로 활동하였는데, 1885년 광혜원(廣
惠院)에서 의사와 교수로 일하기도 해서
지금도 연세대학교 구내에는 그의 이름을
딴 건물인 '알렌관'이 남아 있다.

그는 한미관계사에서 매우 중요한
인물이다. 1884년 12월 갑신정변(甲申政變) 당시 칼에 베어 중상을 입은 민
영익(閔泳翊)을 치료한 덕분에 왕실의사 겸 고종황제의 정치고문이 되었다.
1890년 주한 미국공사관 서기관으로 임명되어 외교관으로 활동하기 시작

미국공사관에서의 알렌 부부

했고, 1897년 주한 미국공사 겸 서울 주재 총영사가 되었다. 이처럼 조선에서 영향력을 넓혀나간 그는 미국이 조선에서 전등 및 전차선로 등을 부설할 수 있는 권리를 얻는 데 공헌했다. 1900년 영국왕립아시아학회 한국지부를 결성했으며, 1901년 주한 미국전권공사가 되었다.

　이처럼 조선에서 오랫동안 활동했기 때문에 그에 관한 연구서들이 적지 않게 나와 있는 편이고, 구한말 개화기를 다룬 드라마에서도 그가 자주 등장한다. 그런 그를 작가의 한 사람으로 바라볼 수도 있는데, '토끼의 간'과 '흥부와 놀부' 등 한국의 고전소설을 영어로 옮긴 『*Korean Tales*(한국 고전소설)』(1889), 외교관으로 20여 년간 조선에서 생활하면서 겪은 체험을 담은 『알렌의 조선체류기 *Things Korean*』(1908)를 출간했다.

광혜원 학생들과 알렌 부부(앞줄 오른쪽)

작가의 생애

———

호러스 뉴턴 알렌(Horace Newton Allen)은 1858년 4월 23일 미국 오하이오 주 델라웨어에서 태어났다. 1881년 웨슬리언대학교에서 신학 학사 학위를 받고, 1883년 마이애미 의과대학교에서 의학 학사 학위를 받았다. 1883년 미국 장로교회 의료 선교사로 중국 상하이에 파견되었다가 1884년 조선에 입국해 선교사로 활동하기 시작했다. 당시 주한미국대사 루시어스 푸트는 종교의 자유가 보장되지 않은 조선에서 선교사 신분을 내세우는 것은 위험하다고 생각하여, 알렌을 '미국공사관부 무급의사(Physician to the Legation with No pay)'에 임명했다. 조선에 도착한 지 3개월 뒤 갑신정변으로 중상을 입고 빈사상태에 빠진 민영익을 수술한 계기로 왕실의 의사와 고종의 정치고문이 되었다.

1885년 고종은 최초의 서양 병원인 광혜원을 세웠는데, 알렌에게 의사와 교수로 일하게 하였다. 1887년 참찬관에 임명되어 주미 전권 공사 박정양의 고문으로 미국에 가서 청나라의 간섭을 규명하고 조선의 처지를 국무성에 밝혔다. 1890년 주한 미국공사관 서기관이 되어 외교 활동을 했고, 총영사·대리 공사 등을 지냈다.

1892년《코리안 리포지토리 *The Korean Repository*》를 간행하고, 1900년 영국왕립아시아협회 조선 지부를 결성하여 회보를 발행했다. 1904년 고종에게 훈 1등과 태극 대수장을 받았고, 1905년 을사조약이 체결되자 미국으로 돌아가 의사생활을 하면서 지내다 1932년 12월 11일 사망했다.

작품 속으로

알렌의『*Korean Tales*(한국 고전소설)』(1889)는 한국의 전래설화를 영어로 번역해 해외에 소개한 책이다. 이 책은 한국의 중요 설화(문학)를 세계에 거의 최초로 알린 책이라는 점에서 그 의의가 크다. 한국 이야기를 번역한 것이라 역번역(逆飜譯)을 할 필요가 없다고 여겨져서인지 아직 번역서는 나오지 않고『조선서지학 서론』을 쓴 모리스 쿠랑(Maurice Courant)이 번역한 이야기들

Korean Tales(1889)
초판본

과 비교하는 등 학자들의 연구만 이루어지고 있다.

이 책은 193페이지에 이르는데, 모두 9장으로 '1장은 한국의 소개(지리, 민족, 정부), 2장은 서울의 내외경관에 관한 서술이고, 이하 3. 토끼전, 4. 고양이와 개, 5. 견우와 직녀, 6. 흥부와 놀부, 7. 춘향전, 8. 심청전, 9.

홍길동전'의 순서로 되어 있다. 여기서 번역이 잘되었다 못되었다 논할 필요는 없고, 이런 한국인의 이야기를 서양인에게 전달하려는 그의 마음을 이해하는 것이 중요할 것이다. 그리고 앞서 지적한 것처럼 한국에 대해 소개한 1, 2장이 중요하고 흥미 있다. 이 부분만이라도 한국어로 번역되어야 할 것이다.

알렌은 이 책을 쓴 목적을 한국인을 반미개민족(semi-savage people)이라고 생각하는 선입견을 교정하기 위한 것이라고 적고 있다. 그것을 위해 한국인들의 설화를 택한 것은 놀랍고 고맙다. 워싱턴에 돌아오니 많은 사람들이 코리아가 지중해 어딘가에 있는 섬이냐, 유럽에서 기차로 갈 수 있느냐, 원주민들이 옷을 입지 않는 남태평양 어딘가에 있느냐고 묻는다고 하면서, 그래서 이 서문을 좀 길게 쓴다고 적고 있다. 또 일본에서 훌륭한 증기선이 왕래하고 있다고 적었다. 1889년 7월 1일 워싱턴 D.C.에서 서문을 적었다.

제2장에서 서울의 안팎을 서술하면서, 현재의 왕조는 498년 되었고, 왕은 일반인들에게 거의 성자(the sacred)처럼 보인다고 적었다. 종교는 정확히 말하면 없는 것과 같은데, 과거에 성했던 불교가 힘을 잃고 서울에 발을 못 붙이며 어려울 때는 "하늘에 기도하는" 경건한 경향의 한국인들이라고 적고 있다. 북경 주재 미국 총영사 락힐(W. W. Rockhill)의 말을 빌려 조선과 중국의 관계는 지난 30년간 수수께끼라고 적었다. 서울의 인구는 30만 명 정도라 하였다. 왕실은 최근에 전기로 밤이 낮으로 바뀌었으며, 이런 모습은 로웰(Percival Lowell)의 책에서 사진으로 볼 수 있다고 소개했다. 왕은 38세, 왕비는 한 살 연상, 왕자는 15세이고, 왕을 접견하는 외국인은 왕의 친밀감(affectability)과 명석함(brightness)으로 즐거움을 갖는다고 적었다.

알렌의 *Things Korean*(1908)는 1996년에
『알렌의 조선체류기』(윤후남 역)라는 책으로 번
역 출간되었다. 여러 개의 이야기 단문으로 구성
되어 있는데, '1. 개척자의 이야기, 2. 하인과 아
줌마, 3. 신년의 모험과 경제이야기, 4. 동양식의
사기행각, 5. 극동의 기선여행, 6. 시골과 도시의
산책, 7. 서울의 밤과 변혁, 8. 조선과 조선사람

Things Korean(1908)
초판본

들, 9. 왕족의 장례식, 10. 워싱턴 파견 사절단,
11. 선교사의 견해, 12. 진료기록, 13. 미국과의 교섭과 조선에 대한 일본
의 채무, 14. 미국의 통상, 15. 영사와 공사시절에 겪은 일, 16. 정치적 변화
와 가능성'의 순서이다.

이 책의 6장 '시골과 도시의 산책'에는 이런 대목이 나온다.

서쪽으로는 높은 능선을 배경으로 커다란 소나무와 참나무가 넓은 평
야를 이루고 있는데, 저녁때가 되면 능선 너머로 태양이 다른 곳에서는 보
기 어려운 진기한 빛을 발한다. 조선에서 가장 평범한 나무장사 소년들
도 두세 마리의 나귀를 끌고, 시내에서 땔감을 팔고 돌아오는 길이면 그
것이 얼마나 아름다운 경치인 줄을 깨닫지 못할지라도 자기도 모르는 사
이에 흥얼거리게 된다. 그의 노래는 이렇게 시작된다.

Ah rey rong, ah rey rong, ah rah rey oh-o,

그리고 그 노랫가락은 보이지는 않지만 나무 사이로 들려오는 그 소리는 매우 음악적이다. (66쪽)

알렌은 갑십정변 당시에 민영익을 구해 준 사건을 이렇게 적고 있다.

그러나 그날 밤은 그렇지 않았다. 그 고요함의 저변에는 무시무시한 폭풍이 불고 있었기 때문이다. 내가 집에 도착하자마자 미국공사(L. Foote)가 보낸 심부름꾼이 뛰어 들어왔다. 우정국 개설 축하연이 열리고 있는 곳에서 살인사건이 일어났으니 나더러 급히 와달라는 전갈이었다. 조선군대의 호위를 받으며 시내를 가로질러 급히 가보니 외국 대표단들과 조선 정부의 고관들은 피가 몸에 튀어 매우 어수선한 상태에 있었으며, 그날 저녁 연회의 주인인 민 씨 왕자(민영익)는 동맥이 잘리고 칼로 머리와 몸 등, 일곱군데를 찔린 채 숨이 넘어가려 하고 있었다. 그는 조선과 미국의 조약을 비준하기 위해 미국에 갔다가 바로 돌아온 터였으며 왕을 이어 통치할 가장 존엄한 인물이었다. 많은 불안과 위험 속에서 왕자가 건강을 회복하는 데에는 3개월이 걸렸다. 그러나 건강을 회복한 후에도 심한 흉터가 남았으며, 겁에 질린 왕자는 회복되자마자 중국으로 가서 영주하였다.

이 반란은 중국의 지지를 받는 보수세력과 일본의 지지를 받는 진보세력 간의 싸움이 되었다. 치열한 싸움은 며칠간 계속되고 밤에는 암살당한 조선 고관들의 집에 지른 불로 도시가 환하게 비쳤다. 일본은 잘 싸웠지만 중국군의 수가 수천 명인 데 반해 일본의 병사는 140명에 불과했다. 마침내 일본은 묵고 있던 새 공사관 건물에 불을 지르고 점령하였던 궁궐을 버리고 싸우면서 도시를 가로질러 빠져나가 제물포 쪽으로 도망가지 않을 수 없었다. 거리에는 40구 이상의 시체가 버려둔 채로 있어 개들이 수 주일 동안 파먹는 것을 보았다.

나는 호위를 받으며 직업상 사방에 흩어져 있는 부상당한 중국인과 조선인들을 찾아다녔다. 부상당한 일본인은 한 사람도 없었다. 왜냐하면 안전한 곳으로 피신하지 못한 일본인들은 모두 살해되어 개밥이 되었기 때문이다. 피신처를 찾던 소수의 일본인들과 12명의 서양인들이 앞서 말한 해군 장교의 지휘 아래 항상 경비병이 배치되는 미국 공사관으로 모여들었다. 나중에 그 해군장교는 중국인의 호위를 받으며 일본인 피신자들을 제물포에 있는 배까지 바래다주었다. 그 후에 그는 이 일로 인해 일본 정부로부터 표창을 받았다. (81쪽)

이렇게 중요한 역사의 현장을 알렌은 생생히 기록하고 있다. 좀 더 계속하여 보기로 하자.

마침내 왕자는 회복되었고, 왕자를 치료했던 의사는 왕실과 항구 세관의 의관(醫官)으로 임명되는 명예가 주어졌으며, 서양의 의학과 시술에 의해 왕자가 목숨을 건졌다는 사실 때문에 서양의학과 수술을 과대평가하는, 수천 명의 조선인들을 치료하는 병원이 세워졌다. 나중에 그들은 멈춰버린 '죽어버린' 손목시계와 벽시계를 실제로 내게 가져와서 그것들을 살려달라고 하기도 했다.

이러한 난리 동안에 재미있는 사건이 일어났다. 나는 아내와 아이가 만약의 경우에 사용할 수 있도록 하나밖에 없는 내 연발 권총을 아내에게 주고, 나는 총신이 짧고 무거운 카빈총을 빌려 불편하지만 항상 소지하고 다녔으며 밤에는 항상 침대 밑에 두었다. (82쪽)

이처럼 의사이면서 상당히 문학적이었던 알렌은 물론 매일 일기를 적었다. 그것이 현재 뉴욕공립도서관(New York Public Library)에 소장되어 있는데, 1991년에 단국대의 역사학자 김원모 교수에 의해 번역되어 『알렌의 일기』(단국대학교 출판부)로 출간되었다. 원문을 함께 실어 732쪽에 이르는 방대한 책이다. 물론 일기는 더욱 솔직한 서술로 되어 있다. 이런 것들을 참고하여 알렌에 대한 연구서 해링튼(Fred H. Harrington)의 『개화기의 한미관계 God, Mammon and the Japanese』(이광린 역, 1973)도 나왔는데, 이만큼 알렌의 존재와 그의 기록은 한국근대사를 이해하는 데 중요하다.

14

폴란드의 민속학자이자 문학작가
바츨라프 세로셰프스키
Wacław Sieroszewski, 1858~1945

『코레야 1903년 가을 *Korea(Klucz Dalekiego Wschodu)*』(1905)

바츨라프 세로셰프스키(Wacław Sieroszewski)는 우리에게 낯선 작가이다. 그는 폴란드인으로 태어났는데, 러시아에 살면서 민속학자이자 작가로 활동했다. 그는 1902년부터 1903년까지 러시아 황실지리학회 탐사대의 일원으로 페테르부르크에서 시베리아, 중국 북동부, 일본을 거쳐 한국을 방문했다. 이 경험을 토대로 한국에 대해 쓴 두 권의 책을 남겼다. 바로 『코레야 1903년 가을 *Korea(Klucz Dalekiego Wschodu)*』(1905)과 『기생 월선이 *Ol-soni kisań*』가 그 책이다.

『코레야 1903년 가을 *Korea(Klucz Dalekiego Wschodu)*』은 당시 조선 사회의 문제점을 날카롭게 꼬집기도 했는데, 이 책에서 작가는 이렇게 말하고 있다. "한국의 모든 지식인들은 전적으로 정부의 신하이다. (…) 한국의 사회와 정치에서 만성적인 병폐의 화신은 바로 관리와 양반들이다."

작가의 생애

___

바츨라프 세로셰프스키(Wacław Sieroszewski)는 1858년 8월 24일 러시아제국의 지배를 받던 폴란드 바르샤바 근교의 작은 마을에서 태어났다. 1874년 바르샤바 철도기술학교에 입학하고 사회주의 사상에 심취하여 사회주의 노동연맹에 가입했는데, 그로 인해 1880년에 동시베리아의 베르호얀스크로 유형(流刑)을 갔다. 그해에 야쿠트족의 여성 아리나(안나)와 결혼하여 얼마 후 딸 마리아를 낳았다. 그러나 아내는 죽고 딸만 남았다.

12년의 유형 기간 동안 몽고인과 민속학에 관심을 갖게 된 그는 첫 민속학술서인 『Yakut(야쿠트족)』(1892)를 집필하였다. 야쿠트족을 연구한 이 책은 1896년에 러시아 황실지리학회의 상을 받았다. 또한 작가로 등단하여 여러 편의 중단편소설을 발표하였다.

1900년에 또다시 반정부운동에 가담하여 유배를 갈 뻔했으나 지인의

청년(왼쪽)과 만년(오른쪽) 시절의 바츨라프 세로셰프스키

도움으로 위기를 피했고, 러시아 황실지리학회 탐사대에 합류하여 1902년 부터 이듬해까지 일본, 한국, 중국 등지를 여행했다. 이때 한국을 여행한 경험을 토대로 1905년 『코레야 1903년 가을 Korea(Klucz Dalekiego Wschodu)』과 장편소설 『기생 월선이 Ol-soni kisań』를 발표하였다.

그는 폴란드에서 인정받던 진정한 작가였다. 1920~21년과 1927~30년에는 폴란드 작가동맹 의장을 지냈고, 1933~34년에는 폴란드 예술원 문학분과위원장을 역임하였다. 1945년 4월 20일 바르샤바에서 사망하였다.

작품 속으로
————

20세기 초의 한국인과 자연, 역사 등을 상세하게 그려낸 『코레야 1903년 가을 Korea(Klucz Dalekiego Wschodu)』은 1905년에 러시아판이 처음 출간되었는데, 나중에 폴란드어판도 출간되었다. 러시아가 러일전쟁에서 패

배한 뒤 1909년에 러시아판이 또다시 출간되었
다. 이 책은 21장이며, '1. 부산항에 발을 딛다,
2. 통역사와 마부, 3. 석왕사 가는 길, 4. 한국의
종교, 5. 한국의 산, 그리고 사찰, 6. 한국의 농업
과 경작물들, 7. 어느 농가에서의 하룻밤, 8. 음
식과 기후, 9. 계곡과 전설과 풀밭, 10. 호랑이
사냥꾼, 11. 서당과 외국 학교, 12. 농부와 가축,
13. 공동묘지와 장례의식, 14. 가문과 여성의 지
위, 15. 한국의 의복, 16. 일기 중에서, 17. 인구
통계와 행정 구획, 18. 한국의 상공업과 해외 교
역, 19. 사회는 '욕창 앓는 몸', 20. 간추린 한국
사, 21. 전쟁 전야의 서울'의 순으로 되어 있다.

*Korea(Klucz Dalekiego
Wschodu)*(1905)

그는 민속학자였기 때문에 이 책에서 우리
민족의 문화와 풍속에 대한 이야기를 많이 하고
있다. 또한 그는 문학작가이기도 해서 작가적
관찰력과 재치 있는 문장을 엿볼 수도 있다. 특
히 간장과 고추장을 처음 맛보고 그 강력한 맛

Ol-soni kisań (1906)

에 입천장이 불에 타는 듯한 통증을 느끼고는, "모든 음식이 문자 그대로
간장과 고추장 속에서 헤엄을 치고 있으니"라는 해학적인 문장을 구사하
고 있다.

아, 하나님 맙소사! 너무나도 맵다. 한국의 간장과 고추장은 진짜 불
덩이 그 자체다. 순식간에 입과 혀, 입천장이 불에 타는 듯한 통증을 느꼈
지만 달리 방법이 없다. 모든 음식이 문자 그대로 간장과 고추장 속에서

헤엄을 치고 있으니 말이다. 저녁을 먹고 나니 그야말로 뜨거운 숯으로 꽉 찬 사모바르(러시아에서 숯으로 찻물을 끓이던 용구)가 된 것만 같아 괴롭기 그지없다. 게다가 방바닥의 열기까지 보료를 통해 올라오는 바람에 도무지 정신을 차릴 새가 없다. 구들장은 다리미처럼 뜨겁고, 피할 곳이라곤 한군데도 없다. 가지고 있던 돗자리를 전부 깔아보았지만 모든 것이 헛수고다. 부엌에서 불을 그만 지피면 방도 식을 것이라던 기대와 달리 방바닥의 온도는 계속 올라만 간다. 통역사는 작은 등잔을 끄고 잠자리에 들었다. 폐병 앓는 주인도 기침을 멈추고 코를 골기 시작하고, 덧붙은 옆방에서 똑같이 폐병을 앓고 있는 그의 아내 또한 기침을 멈췄건만, 온도가 내려가기만을 하염없이 기다리는 나는 눈을 붙일 수가 없었다. 도저히 더 이상 참을 수 없어 단잠이 든 통역사를 흔들어 깨웠다.

"연통 좀 열라고 하게, 질식할 지경이니까."

통역사는 비몽사몽 등잔에 불을 붙인 후 멍하니 앉아만 있다. 영문을 모르겠다는 모양이다.

"연통 좀 열라고 하게…."

"열 수 없어요. 연통 같은 건 없습니다. 어르신, 우리 한국인들은 뜨끈한 것을 좋아해요. 그럼 제 자리에 누우시죠, 이곳은 식었으니까. 우리는 어르신께 제일 좋은 자리를 내드린 건데."(113~114쪽)

이 책은 최제우가 동학을 창시하고『동경대전』을 쓰게 된 계기에 대해서도 밝히고 있다. 최제우는 1824년 12월 18일 경주 가정리(지금의 경상북도 경주시)에서 태어났다. 그의 집안은 7대조인 최진립(崔震立)이 의병을 일으켜 순국하여 병조판서로 추서되었으나, 후손들이 관직을 얻지 못해 집안이 쇠락하였다. 그의 아버지인 최옥(崔鋈)은 양반이었으나 어머니 한 씨는 재가녀(再嫁女)였기 때문에 그는 사회적으로 차별을 받아야 했다.

최제우는 어려서부터 한학(漢學)을 익혔는데, 1844년부터 1854년까지 각지를 유랑하였다. 이때 조선 사회의 여러 문제를 인식하고 그 해결방안을 모색하게 되었다. 1857년 천성산 적멸굴(寂滅窟)에서 49일간 기도하며 도를 닦았고, 1859년 경주 용담정(龍潭亭)에서 수도(修道)를 하였다. 그러다 1860년 음력 4월 5일 득도(得道)를 하여 동학을 창시하였다.

동학교도의 수가 점점 늘어나자 경주·영덕·대구·청도·울산 등에 접소(接所)를 설치하고 접주(接主)를 두었는데, 1863년에는 접소가 14곳, 교도의 수는 3,000여 명에 이르렀다. 그러자 조정은 그를 위험한 인물로 받아들였다. 1864년 1월 18일 '삿된 도로 세상을 어지럽힌 죄(左道亂正之律)'로 그는 경주에서 체포되었다. 같은 해 4월 15일에 대구장대(大邱將臺)에서 41세의 나이로 처형되었다.

좋은 성품을 지닌 궁정관리 신문균이 나의 의혹을 이렇게 정리해 주었다. 한국인들의 생각에 따르면, 동학의 가르침은 기독교를 근간으로 하고 있다. 동학의 창시자인 최제우는 경상도의 한 지방인 경주 출신인데, 가톨릭의 성공회 선교사들의 영웅적 행동에 감화를 받고 새로운 교리를 배우기 시작했다. 아마도 그는 한국의 왕들이 기독교를 박해하지 않았더라면 이를 받아들였을 것이다. 최제우는 '만일 그것이 좋은 것이라면, 어째서 전도자들이 죽음을 당하는가?'라고 생각했고, 중병을 앓고 사경을 헤맬 정도로 그 생각에 몰두했다. 어느 날 아침 '태양 빛이 산 정상을 막 비추기 시작할 때' 그는 몽롱한 속에서 그에게 질문하는 천상의 존재를 보았다.

"최제우, 너와 말하는 내가 누구인지 아느냐?"

"아니요, 모르겠습니다. 당신은 누구입니까?"

"나는 천주이다! 내게 경배하면, 민중들을 통치할 수 있는 권능을 얻을 것이다."

그래서 최제우는 그 환영에게 물었다.

"서학은 올바른 가르침입니까?"

"아니다! 말씀과 의례는 적절하지만, 그 정신과 의미는 다르다!"

환영이 사라졌을 때 최제우는 자신의 옆에 놓여 있는 붓과 종이를 발견했고, 천주께 올리는 영감에 찬 기도를 재빨리 그림으로 그렸고, 그것을 소각한 후 그 재를 불에 타 마셨다. 이것이 곧 그의 기력을 되살려주었다. 그 후 그는 새로운 교리의 원리가 들어 있는 『동경대전(東經大全)』이라는 책을 썼다. (343쪽)

한편, 이 책은 한국의 춤과 노래에 대해서도 소개하고 있는데, 한국의 춤에 대해서는 혹평하긴 했지만 한국의 노래에 대해서는 호평하고 있다.

전반적으로 한국의 춤은 일본의 춤과 비슷하지만 완결성·풍부함·예술성의 측면에서 보자면 일본 춤의 반도 못 따라간다. 대신 한국의 노래는 극동지역의 노래들과 비교하면 유럽인에게 대단히 좋은 느낌을 준다. 귀가 먹먹해질 정도의 음악은 중국의 음악과 유사하다. (406쪽)

이 책은 당시 조선 사회의 문제점을 날카롭게 꼬집기도 했는데, 궁정관리 신문균의 입을 통해 관료들의 문제점에 대해 이렇게 밝히고 있다.

"도대체 희망이 보이지 않아요. 교육도 하고, 학교도 열고, 학생들 유학도 보내야 하는데, 돈이 없습니다. 돈이 없는 건 관료들이 도둑질해 가기 때문이고, 관료들이 도둑질을 하는 것은 적은 급료에 물가는 자꾸 오르는데 연금은 수년 전하고 똑같기 때문이고, 급료가 적은 건 국고에 돈이 없기 때문이지요. (…) 그러니 도둑질을 할 수밖에요. 외국인들은 우리나라에 관료가 너무 많고 쓸데없는 서류와 문서도 너무 많으니 관료들의 정원을 줄여서 남은 소수에게만 돈을 주는 것이 나을 것이라 하지요. 동의합니다! 좋아요. 하지만 그렇게 쫓겨난 나머지 사람들은 어디로 가란 말입니까? (…)"(420쪽)

이 책의 마지막 단락에서는 세로셰프스키의 문학작가다운 면모를 엿볼 수 있다. 이 책의 마지막은 소설작품처럼 진한 여운을 남긴다.

오래된 것이나 새로 지은 것이나 이 '향락의 피난처'는 끝이 없는 것 같았다. 갑자기 저기 나무들 사이로 갓 쓴 노인의 환영이 보이는 듯했다. 노인은 졸음이 밀려오는 지친 머리를 기댈 곳을 헛되이 찾고 있는 듯 보였다. 그 모습이야말로 한국의 저 불행한 과거를 말해 주는 끔찍한 상징이 아니겠는가!(423쪽)

영국의 여성화가 겸 여행가

에밀리 조지아나 켐프

Emily Georgiana Kemp, 1860~1939

『*The Face of Manchuria, Korea and Russian Turkestan*

(만주, 조선, 러시아 투르키스탄의 얼굴)』(1911)

우리에게는 그리 익숙하지 않은 에밀리 조지아나 켐프(Emily Georgiana Kemp)는 1860년에 영국의 부유한 가문에서 태어나 옥스퍼드대학 서머빌 칼리지를 졸업한 화가였다. 훗날 자신의 모교인 옥스퍼드대학 부속 박물관인 애슐몰린 박물관에 작품을 기증했는데 이 박물관은 근대 박물관의 효시로 꼽힌다. 이 박물관에는 이집트와 아시아 등 여러 대륙의 고대 유물이 진열되어 있는데, 우리나라의 토기 등도 볼 수 있고 프랑스 인상주의 화가 카미유 피사로(Camille Pissarro)의 작품도 소장하고 있다.

조지아나 켐프는 화가로 활동하면서 중국, 조선, 인도, 중앙아시아와 아마존을 여행하며 그림을 그리고 글을 썼다. 그녀는 주로 교육과 여성의 복지 및 종교에 대해 관심을 두었다. 아시아를 여행하고 1911년에 만주와 한국, 러시아 투르키스탄에 대해 소개한 『*The Face of Manchuria, Korea*

and Russian Turkestan(만주, 조선, 러시아 투르키스탄의 얼굴)』을 출간했고, 1921년 중국에 관한 책인 *Chinese Mettle*을 출간하여 프랑스지리학회의 베르밀 대훈장을 수여하였다. 이러한 매력적인 여성화가 작가가 한국에 직접 와서 그림을 그리고 글을 남겼으니, 우리에게 무척 고마운 일이다.

작가의 생애

에밀리 조지아나 켐프(Emily Georgiana Kemp)는 1860년 영국에서 태어났다. 옥스퍼드대학 서머빌 칼리지를 졸업하고 화가로 활동하면서, 만주와 한국 등 아시아를 여행했다.

에밀리 켐프는 불교에 관한 책을 번역하기도 하였다. 그녀는 1939년에 사망하였다. 지은 책으로 *The Face of China*(1909), *The Face of Manchuria,*

Korea and Russian Turkestan(1911), *Wanderings in Chinese Turkestan*(1914), *Reminiscences of a Sister, S. Florence Edwards, of Taiyuanfu*(1920), *Chinese Mettle*(1921), *There Followed Him, Women*(1927) 등이 있다.

후일 오스트레일리아 국립대학교의 일본사 교수 테사 모리스 스즈키는 캠프가 100년 전에 떠났던 여행을 추적하여 *To the Diamond Mountains: A Hundred-Year Journey through China and Korea*라는 책을 펴냈는데, 이 책은 우리나라에서『길 위에서 만난 북한 근현대사』라는 책으로 출간되었다.

The Face of Manchuria,
Korea and Russian
Turkestan(1911)
초판본

작품 속으로

———

이 책의 제목은『*The Face of Manchuria, Korea and Russian Turkestan*(만주, 조선, 러시아 투르키스탄의 얼굴)』인데, 말 그대로 우리나라뿐만 아니라 만주와 투르키스탄을 다루고 있다. 이 책에서 한국과 관련된 내용은 6장에서 13장까지 다루고 있다.

그런데 1999년에 신복룡 교수가 이 책의 6장부터 13장까지를 번역해 한국어판인『조선의 모습 한국의 아동 생활』(1999)을 출간하였다. 이 책의 머리말에는 작가가 왜 한국을 여행하게 되었는지를 밝히고 있다.

나는 친구인 맥두걸 양과 함께 3년 가까운 시간에 걸쳐 중국의 동북쪽으로부터 서남쪽으로 여행했다. 그곳에서 벌어지고 있는 변화를 보고 싶은 나의 관심은 간절하면서도 이러한 변화가 그 국민의 생활에 어떤 영향을 미치고 있을까에 대한 걱정이 나의 마음을 꽉 채우고 있었다. 의화단 사건(1900) 이후 청국 정부로부터 상업적·정치적 이권을 얻으려고 각축해 온 유럽과 기타의 열강들은 이제 어느 정도 물러서 있지만 아직도 먹이를 물고 서로 으르렁거리는 개떼처럼 청국에 대해 탐욕스러운 눈길을 떼고 있지 않다. 특히 러시아와 일본은 끈질기게, 그러나 조용히 그들의 접경지대에서 힘을 겨루고 있다. 바로 이 접경지대가 만주와 한국이며, 새로운 개발이 기대되는 곳도 바로 이곳이다. 나는 여행에 앞서 이곳에 관한 책을 많이 읽었지만 변

켐프가 그린 불교 수도원

화가 너무나 빨리 진행되고 있기 때문에 읽은 책들이 금세 낡은 정보가 되어 나로 하여금 지금의 그들의 모습을 읽을 수 없게 만들었다. (20쪽)

그렇다면 한국을 처음 도착한 작가는 어떤 느낌을 받게 되었을까? 켐프는 화가였기 때문에 예술가적 감수성이 풍부한 듯하다. 그녀는 만주와는 사뭇 다른 한국의 모습을 따뜻한 붉은 흙과 푸른 봄, 흰옷 등으로 묘사하고 있다. 그러면서 한국의 발전 가능성에 대해서도 언급하고 있다.

조선의 모든 것은 우리들이 떠날 때 만주에서 보았던 것과는 이상한 대

캠프가 조선에서 그린 그림들

조를 이루었다. 만주의 차가운 색조는 따뜻하고 붉은 흙으로 바뀌었으며, 그 위에는 푸른 봄의 첫 상징이 나타나기 시작했다. 우리에게 익숙해진 푸른 옷 대신에 여기의 모든 사람들은 도시와 농촌을 가릴 것 없이 흰옷을 입고 있었다. 쌀이 주식이기 때문에 논이 많이 눈에 띄었다. 단지 똑같은 것은 일본 철도와 일본 관헌이었는데, 이들은 만주에서와 같이 눈에 잘 띄지 않았으나 외관상으로는 만주와 여기에서 확실히 뿌리박고 있었다. (…) 한국은 가치 있는 산물이 풍부한 나라로서 중요한 것 중의 하나가 금(金)이다. 또한 우수한 무연탄과 다른 공물들이 많으나 아직까지는 이 자원들이 거의 이용되지 않고 있다. 현재 184개 정도의 광산이 영국, 미국, 독일, 프랑스의 회사들에 조차되어 있는데 그 전망이 매우 좋다. 한국은 세계에서 다섯 번째의 면화 생산국이다. 해상과 육지로의 수송이 용

캠프가 조선에서 그린 그림들

이하여 무역을 시작하려 하고 있는데 일단 시작만 되면 매우 빠르게 성장
할 것 같다. 사람들은 천성적으로 평화롭고 근면하며, 현명한 규율 아래
그들 국가는 이상적인 국가가 될 것임에 틀림없다. 기독교적 신앙과 교육
이 빠르게 확산되고 있으며 기독교도는 벌써 20만이 되었다고 한다. 쓰
여지는 글자는 25자로 구성된 한글이지만, 학식 있는 한국인은 한자를
쓰며 국민 모두는 한자를 알기를 원한다. 선교사들은 그 나라의 글자인
언문(諺文)을 사용하기로 결정했으며 기독교 서적의 대부분을 한글로 발
간했다. 신교의 선교사들은 단지 25년 동안 한국에서 일해 왔지만 가톨
릭은 오래전부터 있었다. (30~31쪽)

이 책의 작가는 화가이기 때문에 자신이 그린 그림까지 책 속에 곁들였

다. 책에 실린 그림 중에는 펜으로 그린 스케치도 있지만 정식 수채화 작품
들도 있다.

몇몇 소녀들은 장소를 차지하는 모자를 쓴다. 그 모자는 우산보다 훨
씬 크고 두 손으로 운반하며, 앞쪽에는 머리에서 시작하여 뒤쪽으로는
오금까지 내려간다. 이 모자는 이 지역의 독특한 모습인데 이것은 햇볕이
나 비를 막기 위해서뿐만 아니라 천한 남자들의 눈길을 피하기 위해서 쓴
다. 나는 이 큰 모자를 쓰고 현관에 서 있는 여학생 한 명을 스케치했다.
그들은 교회 바깥의 현관에 그들의 신을 벗어 놓아야 한다. 부유한 계층
의 젊은 여자 몇몇은 수녀 같은 두건을 쓰고 머리에서 발까지 번쩍이는 흰
비단옷을 입고 하얀 모피 줄이 들어간 작고 깜찍한 소매 없는 조끼를 입
고 있어 꽤 매력적으로 보인다. (40쪽)

이 책에는 매우 흥미로운 이야기도 나온다. 명성황후가 시해된 후 고
종이 프린세스 에밀리 브라운(Princess Emily Brown)과 결혼했다는 루머
가 퍼졌는데, 이는 사실이 아니라고 밝히고 있다. 1904년 러일전쟁에서 일
본이 이기자, 일본에 맞서 외교전을 펼치던 고종은 황제 자리를 잃게 되었
다. 그 후 미국 신문에는 황후에서 밀려나 당나귀를 타고 가는 에밀리 브
라운의 모습을 그린 초상화가 실렸는데, 이는 호러스 뉴턴 알렌이 에밀리
브라운과 고종이 결혼했다는 루머를 퍼트렸기 때문에 벌어진 해프닝이다.
이러한 사실을 이 책의 작가는 잘 알고 있었던 듯하다.

민비가 죽은 후, 왕자는 왕과 같은 거주지에 살면서 좀처럼 서로 떨어
지지 않았다. 러일전쟁 동안 종군 기자들은 왕이 어느 미국 선교사의 딸

과 결혼했는데 그가 에밀리 브라운 비(Princess Emily Brown)라고 보고 한 적이 있었다. 이 이야기가 미국에서 사실처럼 퍼지자 나는 그 루머 속에는 한마디의 진실도 없다고 공개적으로 말해야 했다. 왕은 민비의 추억에 사로잡혀 있었다. 또다시 그는 결혼하지 않았다. 이런 사실과 그의 다른 궁정의 세세한 생활에 대해서 나는 당시 궁중과 밀접히 관계하는 친구에게 많은 도움을 얻었다. 그리고 나는 그 후에도 몇 해 동안 계속해서 신세를 졌다. (59쪽)

이 책은 조선을 떠나는 마지막 장면을 다음과 같이 담고 있다.

기차를 타고 만주에서 서울까지 여행하면서 지루함과 불편함을 겪었던 우리는 돌아오는 길은 다른 길을 찾기로 했다. 마침 우리 일행이 출발하기를 원하던 때쯤 해서 제물포에서 대련으로 가는 배가 있었기에 우리는 그 배를 타기로 결정했다. 우리는 적당한 좌석을 예약하고는 푯값을 치렀으며, 역장은 우리 일행의 침대를 마련하기 위해 즉시 요코하마에 전보를 쳐줄 것을 약속했다. 그러나 한국을 여행한 후 서울로 돌아오는 길에 우리가 예약했던 증기선의 출항 다음 날로 항해 일정이 공시된 다른 증기선을 보았다. 그 배는 클 뿐만 아니라 일본 음식 대신에 유럽 음식이 나오고, 누군가 뱃멀미를 한다 해도 걱정할 것이 없었다. 이에 우리는 가능하다면 승선표를 바꾸기로 결심하고 우리의 승선표를 마련해 놓은 역장에게 갔다. (88쪽)

한국근대사 42년을 기록한

올리버 R. 에비슨
Oliver R. Avison, 1860~1956

『구한말 40여 년의 풍경』(2006)

1885년에 고종은 최초의 근대 의료 기관인 광혜원(廣惠院)을 설립했는데, 광혜원의 문을 연 지 13일 만에 '대중을 구제한다'는 뜻으로 '제중원(濟衆院)'으로 이름을 바꾸었다. 1893년 가족과 함께 서울에 도착한 올리버 R. 에비슨은 고종황제의 주치의로 활동하면서, 제중원의 원장이 되었다. 1904년 9월 그는 제중원을 새로 신축하면서 오늘날의 세브란스병원으로 이름을 바꾸었다.

이처럼 우리나라 의학의 기초를 세운 에비슨은 한국에 살면서 자신의 생활과 견문을 꼼꼼하게 기록하여 방대한 분량의 회고록(책으로 출간되지는 않음)을 남겼는데, 1984년에 대구대학교 초대총장 이태영 박사가 이 회고록의 일부를 번역해 『구한말비록(舊韓末秘錄)』(1984)이라는 책을 출간했다. 하지만 이 책은 현재 절판되었고, 에비슨이 남긴 회고록의 전체 내용을 담

아내지 못했다. 이 책에는 에비슨의 청소년기 등 상당부분의 내용이 누락되어 있었다.

그래서 2006년에 대구대학교는 개교 50주년 기념사업의 일환으로 에비슨의 회고록 원문 전체를 번역하고 재편집해 『구한말 40여 년의 풍경』(2006)을 출간했다. 여간 고맙고 다행스러운 일이 아니다. 에비슨은 연세대학교를 갈 때마다 생각나는 인물이고, 그의 가족 묘지가 있는 서울외국인묘지공원도 찾아볼 곳의 하나다. 그는 1892년 6월부터 1935년 11월까지 40여 년간 한국에서 체류하며 활동하였다. 제중원의 제4대 원장, 세브란스 의학전문학교와 연희전문학교 교장을 역임하면서 오늘날 연세대학교의 기틀을 마련하였다.

작가의 생애

———

한국이름으로 어비신(魚丕信)인 올리버 R. 에비슨(Oliver R. Avison)은 1860년 6월 30일에 영국 요크셔에서 태어나 1866년 캐나다로 이주하였다. 1879년 오타와의 고등사범학교를 졸업하고, 1884년 토론토의 온타리오 약학교를 졸업한 뒤 같은 해에 토론토대학교 의과대학에 편입하여 1887년 6월에 졸업하였다. 의과대학 재학 중인 1885년 7월 제니 반스(Jennie Barnes)와 결혼하였다. 의과대학을 졸업한 후에 모교인 온타리오 약학교에서 강사를 거쳐 교수가 되었으며, 토론토 시장의 주치의로도 활약하였다.

1892년 9월 선교 모임에서 만난 호레이스 언더우드(Horace Grant Underwood, 1859~1916)가 해외 선교를 제안하자 교수직을 사임하고 1893년 미국 장로회 해외 선교부의 의료 선교사가 되었다. 1893년 6월 가족과 함께 캐나다 밴쿠버를 떠나 부산을 거쳐 8월 서울에 도착하였고, 제중원의 제4대 원장이 되었다.

1904년 9월 제중원을 새로 신축하면서 기부금을 낸 미국인 사업가 루이스 헨리 세브란스(Louis H. Severance, 1838~1913)의 이름을 따서 제중원의 이름을 세브란스병원(Severance Memorial Hospital)으로 바꾸었고, 제중원 의학교는 세브란스 의학교로 불리게 되었다. 1908년 6월 에비슨에 의해 조선 최초의 면허 의사인 첫 졸업생 7명이 배출되었다. 세브란스 의학교는 이후 세브란스 연합의학교, 세브란스 연합의학전문학교로 명칭을 바꾸며 발전했다.

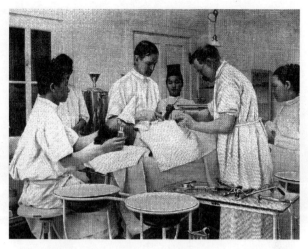

세브란스병원의 수술실(1905년경). 오른쪽에서 세 번째는 백정 출신으로
한국 최초의 서양 의사가 된 박서양(1885~1940)이다.

1915년 조선기독교학교(Chosun Christian College)가 개교하자 에비
슨은 부교장이 되었고, 1916년 교장인 언더우드가 사망하자 교장으로 취
임하였다. 이 학교는 1917년 사립 연희전문학교로 인가를 받았고, 1917년
9월 언더우드의 형인 존 언더우드(John T. Underwood)의 기부 덕분에 현
재의 연세대학교 부지를 매입하였다. 1934년 에비슨은 세브란스 의학전문
학교 교장에서 물러나 1935년 12월 조선을 떠났으며, 1956년 사망하였다.
한편, 1957년 1월 세브란스 의과대학과 연희대학교가 통합되어 오늘날의
연세대학교가 되었다.

현재 양화진의 서울외국인묘지공원에는 그의 부인인 제니 반스 에비슨
(Jennie Barnes Avison, 1862~1936), 차남 고든 에비슨(Gordon W. Avison,
1891~1967) 선교사, 삼남 더글라스 에비슨(Douglas B. Avison, 1893~1952)
전 세브란스 의학전문학교 병원장이 안장되어 있다.

세브란스병원 의사 시절의 에비슨

작품 속으로

———

에비슨은 1893년부터 1935년까지 42년간 한국에 머물 당시를 회상하며 총 675매의 타이프 용지에 20만 단어(원고지 4,000여 매) 분량의 회고록을 남겼다. 이 회고록은 오늘날 『구한말 40여 년의 풍경』(대구대학교)이라는 책으로 출간되었다. 이 책은 다음과 같이 구성되어 있다. '제1부 조선이라는 나라, 제2부 나의 어린 시절, 제3부 나의 조선 선교활동, 1. 캐나다에서 조선으로 가는 길, 2. 조선에서의 생활을 시작하다, 3. 조선에서의 이상한 경력, 4. 1884년의 폭동, 5. 윤장군과 그의 가족, 6. 알렌의 후임으로 전의가 되고 제중원을 맡다, 7. 조선 생활의 이모저모, 8. 리승만과의 만남, 9. 솔내 마을 이야기, 10. 조선의 휴양지 이야기, 11. 백정박씨과 그의 가족 이야기, 12. 조선의 농업, 13. 조선의 운동경기, 14. 조선의 안경 이야기, 15. 조선 최초의 안과·이비인후과 전문의, 16. 조선에서의 우유, 17. 조선의 시장 이야기, 18. 공수병에 얽힌 이야기, 19. 조선인의 머리카락, 20. 천연두와 콜레라 퇴치에 얽힌 이야기, 21. 조선의 연과 화로와 봉화, 22. 세브란스 연합 의과대학과 병원 설립에 얽힌 이야기, 23. 치료비에 얽힌 에피소드, 24. 개화기 조선의 여인들, 25. 조선에서의 간호원 양성에 얽힌 이야기, 26. 연동교회에 얽힌 이야기, 27. 이토 통감과의 만남 이야기, 28. 조선 왕실 이야기, 29. 왕비 시해 사건, 30. 구한말 간신배들 이야기, 31. 고종의 인품, 32. 사이

『구한말 40여 년의 풍경』
(2006)

토 총독과의 만남, 33. 세브란스 연합학교 학장 오경선 박사 이야기, 34. 조선에서 은퇴하다, 제4부 일제 하 조선 주재 어느 미국인 실업가의 일기'의 순이다.

이 책은 제중원에 대해 이렇게 이야기하고 있다.

서울에 도착하여 조선말을 배우기 시작한 지 얼마 되지 않아 가장 보고 싶은 왕립병원 '제중원'을 구경하러 갔다. 지금까지 많은 이야기를 들어왔고 그 발전을 위해 내 일생을 바치기로 작정한 병원이었다. 이 병원은 1884년 왕비가 아끼던 사촌의 생명을 구해준 보답으로 왕이 알렌 박사에게 하사한 것이다. 몇 채의 비교적 큰 조선식 건물과 그보다는 작은 건물들로 이루어져 있었다. 이미 큰 기대는 갖지 말라는 말은 들었으나 사실상 시약소(施藥所) 정도의 기능밖에 갖추지 못한 빈약한 시설과 규모를 보고 실망하지 않을 수 없었다. 나는 10월에 열릴 예정인 조선선교회 총회를 몹시 기다렸다. 이 회의에서 내가 일할 장소와 할 일의 성격이 결정

될 것이기 때문이었다. 그동안 나는 선교회에서 논의가 분분했던 문제들에 관하여 어느 정도 이야기를 듣고 있었다. (194쪽)

에비슨은 제중원의 원장이었기 때문에 당시 조선의 위생 상태에 관심이 많았다.

포도밭 주인이 거리에 나가 고용되기를 기다리는 사람들을 그리스도의 일화에 나타나는 유대 지역의 풍습처럼, 우리의 서울생활 초기에는 날품팔이꾼들이 일거리를 기다리며 노변에 앉아 있는 것을 볼 수 있었다. 이들이 옷 솔기에 숨어 있는 이를 잡으면서 시간을 보내는 것을 흔히 볼 수 있었다. 그들은 사람들의 눈을 피해 이를 잡지 않았다. 그런 모습을 이상하게 생각하거나 깨끗하지 못한 때문이라고 생각하는 사람이 없기 때문이다. 이렇게 이가 만연하다 보니 발진티푸스가 극히 흔한 질병이 되었다. 발진티푸스 환자가 있는 가족이 단칸방에서 함께 잠을 잔다고 생각해보자. 환자의 피를 빨아 배를 채운 이가 다른 사람에게 옮겨갈 것이다. (…) 토론토 출신 선교사 매켄지(Miss McKenzie) 양이 시골로 여행하다가 발진티푸스에 걸렸다. 서울로 돌아오자 그녀의 숙소가 환자가 쓰기에는 너무 비좁고, 간호하던 여자 일꾼들이 너무 서툴러 우리 집으로 왔다. 서울로 오기 전에 이미 그녀의 기력은 크게 쇠잔해 있었으며 우리 집에 온 지 며칠 되지 않아 죽었다. (250쪽)

이 책은 대한제국의 마지막 황제인 순종에 대한 이야기도 하고 있다. 순종은 고종(高宗)과 명성황후(明成皇后) 여흥 민 씨 사이의 둘째 아들로 태어나 1875년 2월에 왕세자에 책봉되었다. 순종은 1907년 대한제국의 황제

로 즉위하였다. 1910년 8월 29일 일제의 강압으로 황제의 자리에서 물러
났다.

우리가 조선에 도착했을 때 왕과 민비는 두 아들을 두고 있었는데, 맏
이는 불행히도 정신박약아였다. 그는 이미 성인이었고 신체적으로는 건
장했으나 성적(性的)으로 미발달된 상태여서, 두 번이나 결혼했으나 후손
이 없었다.

그의 얼굴에는 표정이라고는 거의 없었고, 주변의 일에 별 관심이 없는
듯했다. 내가 입궁할 때마다 그를 보았지만, 내게 말을 건네는 일은 좀처
럼 없었다. 그러나 일반적인 일에는 정신이 흐렸지만 사물의 형태나 이름
에 대해서는 놀라운 기억력을 갖고 있는 듯했다.

그는 수천 자의 한자를 익혔으며 글자를 쓰는 즉시 글자의 음을 알 수
있었지만, 의미는 몰랐다는 이야기를 들었다. 글자들을 불러 주면 받아
쓸 수는 있었지만, 이들 글자를 결합하여 생각을 표현할 수 있도록 문장
을 만들 수는 없었다. 그는 단 한번이라도 만나 본 사람들을 항상 기억
했으며 이름을 거침없이 부를 수 있었다.

그는 자신의 호(好), 불호(不好)를 제외하고, 일상적인 일에 대해 자신의
의견을 밝히는 일이 결코 없었다. (532~533쪽)

이 책은 당시에 왕실 사람들이 스케이트를 타는 모습을 소개하고 있다.
이 책의 지은이는 의사이지만 여느 문학작가처럼 문학적으로 서술해 놓고
있다. 구한말의 역사를 이해하는 데에 중요한 자료가 될 것이 분명하다.

1894년 겨울이었다. 국왕은 나를 보고 외국인들을 궁중에 초대하여

스케이트를 타고 싶다고 하셨다. 스케이트를 타려면 서울에서 4마일이나 떨어진 강까지 가야 했으므로 초대받은 사람들은 그저 황송할 뿐이었다. 거기에다 어쩌면 왕을 뵐 기회가 있을지도 모른다는 생각이 들어서 더욱 그랬다. 어전 바로 앞에 큰 연못이 있고, 못 가운데 작은 섬이 있고, 섬에는 아름다운 정자가 있어 여름철에는 왕의 가족이 여기서 즐길 수 있었다. 때가 겨울인지라 연못은 얼음으로 덮여 훌륭한 옥외 스케이트장이 될 만했다. 왕의 종제가 우리를 맞아주었다. 그 자신은 스케이트를 타지 못했기 때문에 정자에서 내려다보면서 거의 날 듯 타고 돌아가는 모습을 보고 있었다. 그러다 누가 넘어지면 웃음을 참지 못했다. 실컷 타고 나서 정자로 안내받은 우리는 맛있는 음식으로 대접받았다. (…) 이튿날 일행을 대표해서 감사의 인사를 하러 갔을 때 왕은 껄껄 웃으면서 이렇게 말씀하셨다. "실은 어제 짐의 내외도 구경을 다 했소. 매우 재미있었소. 처음엔 얼음판에 넘어지는 사람들을 보고 다치면 어쩌나 하고 걱정을 했는데, 그때마다 금방 툭툭 털고 일어나는 것을 보고 단련이 되어 있다는 걸 알았소. 에비슨 여사가 한 번도 안 넘어지는 걸 보고 우리 부부는 입을 모아 여자들 중에 제일 잘 타는 분이라고 감탄을 늘어놓았다오." 이 말씀에 나도 웃으면서 우리 일행이 얼마나 재미있었던지, 훗날 얼음이 좋을 때 다시 날을 잡아 한 번 더 초청해 주시면 좋겠다고 했더니 왕께서도 쾌히 받아들이셨다. 며칠 뒤 왕은 우리 쪽에서 날짜를 잡아보라고 하셨다. 생각을 들어본 다음 결론을 왕께 알렸고, 곧 두 번째 스케이팅 파티에 초대를 받았다. 이번에는 왕비가 특별한 배려를 베풀어 내전을 우리의 탈의장으로 쓰게 했다. 끝난 뒤에 내전에서 성찬까지 대접받았고, 남녀를 따로 나누어 알현할 기회까지 누리게 되었다. (585쪽)

17

'동방의 등불'의 시인
라빈드라나트 타고르
Rabindranath Tagore, 1861~1941

『기탄잘리 *Gitanjali*』(1910)
「패자의 노래 *Song of the Defeated*」(1916)
「동방의 등불 *The Lamp of the East*」(1929)

서울 지하철 2호선 혜화역에서 마로니에공원 쪽으로 가다 보면 함석헌 시
비(詩碑)와 김광균 시비가 있는데, 두 시비 사이에는 타고르 동상이 서 있
다. 라빈드라나트 타고르의 동상이 왜 한국의 시비 사이에 서 있을까 의구
심을 품을 수도 있겠지만 그는 한국을 생각하며 「동방의 등불」이라는 시
한 편을 썼다. 타고르는 이 시를 통해 일제강점기를 겪던 한국을 전 세계에
널리 알리고, 한국인들에게 자부심과 희망을 심어주었으므로 한국인들이
좋아하는 시인이 될 수 있었다.

그래서일까? 지금도 타고르의 동상에는 가끔씩 꽃다발이 걸려 있는 모
습을 볼 수 있다. 사실 그는 한국에 와본 적도 없고 한국에 관한 본격적인
문학작품을 쓴 일도 없다. 단지 시 한 편을 썼을 뿐이지만 '한국을 사랑한
외국작가'로서 빠뜨릴 수 없다.

서울 혜화역에 있는 타고르 동상

작가의 생애

라빈드라나트 타고르(Rabindranath Tagore)는 1861년 5월 7일 인도의 서벵골 주 콜카타의 브라만 가문에서 태어났다. 그의 할아버지는 19세기 초에 영국 동인도회사가 해체되는 과정에서 무역으로 부를 쌓았으며, 아버지 데벤드라나트 타고르는 힌두교의 개혁에 관심을 두어 '마하르시'(위대한 성자)로 불리던 인물이었다.

타고르는 7살에 학교에 들어갔는데, 8세에 처음으로 시를 썼다. 14살 때인 1875년에 정규 교육을 포기하고 시 창작에 관심을 두었다. 17살인 1878년에 영국으로 유학을 떠나 런던 유니버시티 칼리지에 입학했지만, 이곳에서도 인도에서 그랬던 것처럼 학업을 마치지 못하고 1년 반 만에 귀국하였다. 이후 가족 재산을 관리하며 시, 희곡, 소설, 비평, 수필 등을 발표하며 문학에 매진하였다. 22살 때인 1883년에는 평범한 10살배기 소녀 바바타리니를 아내로 맞이했으며, 두 사람은 17년 동안 함께 살며 5명의 자녀

를 낳았다. 1890년에는 유럽 여행
을 하고 귀국하여 시집 『Mnas(마
나시)』(1890)를 간행했다. 이 시집
으로 문단에 신선한 반향을 일으키
며 작가로 인정받았다.

타고르는 1901년 사재를 털어
산티니케탄에 학교를 설립했고,
1912년에는 농업 공동체를 설립했
다. 교육 및 농업개혁은 간디보다
20년, 인도 정부보다 50년 앞선 것
으로 그는 노벨문학상을 받은 상
금을 그 운영비로 낼 정도로 애정
을 쏟고 일생일대의 사업으로 여겼다.

그러나 아내와 아버지, 심지어 아들과 딸이 몇 년 사이에 연이어 사망
하고, 학교 및 공동체도 재정난에 부딪히고 말았다. 결국 저서들의 판권을
헐값으로 출판사에 넘기고 말았다. 그리고 자신의 고통과 울분을 시로 승
화해 1910년에 『기탄잘리(獻詩)』를 출간했다. 그는 1912년 이 시집에 실린
50여 편의 시를 직접 영어로 번역했는데, 예이츠가 이 시를 읽고 크게 감명
하여 영국에서 출간을 주선했다. 예이츠는 이 시집에 서문을 붙여 영국에서
『기탄잘리 Gitanjali』가 출간되었다.

『기탄잘리 Gitanjali』는 『기탄잘리(獻詩)』에 수록된 52편의 시와 타고르
의 다른 시집에 수록된 51편 등 모두 103편을 수록한 시집이다. 이 시집 덕
분에 타고르는 하루아침에 인도를 대표하는 시인이 되었다. 이듬해인
1913년에 그는 아시아인으로는 최초로 노벨문학상을 수상했다.

영국 방문 중의 타고르(1912)

일본을 방문한 타고르 일행(1916)

이후 타고르는 간디와 함께 인도를 대표하는 지식인으로 존경받았다. 1940년에는 옥스퍼드대학에서 명예 박사학위를 받았는데, 이는 타고르가 처음이자 마지막으로 받은 학위이다. 그는 1941년 8월 7일에 병환으로 사망했다. 타고르는 자기 작품이 모두 잊혀도 노래는 남을 것이라고 했는데, 오늘날 인도와 방글라데시의 국가(國歌)는 바로 그의 작품을 토대로 만들어졌다.

작품 속으로

우리 민족은 나라를 잃었지만 일제강점기에도 독립에 대한 희망을 잃지 않고 도처에서 독립운동을 벌였다. 그런데 당시에는 우리처럼 식민통치

를 받았던 나라가 있었다. 바로 인도였다. 1857
년 무굴제국이 멸망한 후 인도는 영국의 식민지
가 되었다. 1947년 8월 15일 영국의 지배를 벗
어나 인도와 파키스탄으로 독립할 때까지 무려
90년이나 식민통치를 받아야 했다. 그런 인도에
희망을 심어준 시인이 있었다. 바로 라빈드라나
트 타고르였다.

*gitanjali*의 표지

1929년에 타고르가 일본을 방문하자 《동
아일보》 기자가 그에게 찾아가 조선 방문을 요청했다. 하지만 그는 일정
상 불가능하다고 말하며 사과의 뜻에서 「동방의 등불 *The Lamp of the
East*」이라는 시를 써 주었다. 1929년 4월 2일 《동아일보》 2면에 4행으로
된 짧은 시가 처음 실렸다.

> 일찍이 아시아의 황금 시기에
> 빛나던 등불의 하나인 코리아
> 그 등불 다시 한 번 켜지는 날에
> 너는 동방의 밝은 빛이 되리라

그의 조국인 인도 역시 식민지 상태였으니 당시 조선의 처지가 남의 일
같지 않아서 이 시를 써준 듯하다. 일제강점기에 이 시는 우리에게 큰 감동
을 주었고, 오늘날까지 우리에게 '동방의 등불'이라는 시로 널리 알려지게
되었다.

그런데 '동방의 등불'은 원래 4행이 아니라 6행이었다. 당시에 타고르
는 《동아일보》 기자에게 제목이 따로 없는 6행의 시를 영어로 써서 줬는데,

1929년 4월 2일 《동아일보》 2면에 실린 타고르의 시

번역과 신문 게재를 거치면서 4행의 시가 된 것이다. 타고르가 쓴 시의 원문
은 다음과 같다.

In the golden age Asia

Korea was one of its lamp-bearers

And that lamp is waiting

to be lighted once again

For the illumination

in the East.

오늘날 「동방의 등불 *The Lamp of the East*」은 4행으로 소개되기도 하
고, 15행의 긴 시로 소개되기도 한다. 무려 11행이나 차이가 나는 까닭은
무엇일까? 「동방의 등불 *The Lamp of the East*」이 15행으로 되어 있는 이유

는 『기탄잘리 *Gitanjali*』의 35번째 시가 덧붙여졌기 때문이다. 『기탄잘리 *Gitanjali*』는 타고르가 영국에 항거하던 인도인들을 위해 쓴 시인데, 인도 인들과 비슷한 처지에 놓인 우리 역시 공감할 수 있는 시가 되었다. 「동방 의 등불 *The Lamp of the East*」이 짧은 시로 된 것에 아쉬움을 느낀 사람들 이 『기탄잘리 *Gitanjali*』의 35번째 시를 「동방의 등불 *The Lamp of the East*」 에 덧붙여 15행의 시가 된 것이다. 15행의 시는 다음과 같다.

일찍이 아시아의 황금 시기에

빛나던 등불의 하나인 코리아

그 등불 다시 한 번 켜지는 날에

너는 동방의 밝은 빛이 되리라

마음에 두려움 없이

머리를 높이 치켜둘 수 있는 곳

지식이 자유로울 수 있는 곳

작은 칸으로 세계가 나누어지지 않는 곳

말씀이 진리의 속 깊은 곳에서 나오는 곳

피곤을 모르는 노력이 완성을 향하여 팔 뻗는 곳

이상의 맑은 흐름이

무의미한 관습의 메마른 사막에 꺼져들지 않는 곳

님의 인도로 마음과 생각과 행위가 더욱 발전하는 곳

그런 자유의 천국으로

내 마음의 조국 코리아여 깨어나소서

타고르는 「동방의 등불 *The Lamp of the East*」이라는 시를 쓰기 전인

1916년에 조선을 위한 또 다른 시 「패자의 노래 *Song of the Defeated*」를 쓰기도 했다.

임께서 내게 피난의 길가에 서서 패배자의 노래를 부르라고 요청하셨습니다.

그녀는 임이 비밀리에 구혼하는 신부입니다.

그녀는 검은 면사포를 쓰고 사람들로부터 얼굴을 가리고, 그녀 가슴에 꽂힌 보석은 어둠 속에서 타오르고 있습니다.

그녀는 대낮에 버림 받고 불 켜진 램프와 이슬 젖은 꽃을 들고 있는 성스러운 밤이 그녀를 기다리고 있습니다.

그녀는 눈을 내리뜨고 고요히 침묵 속에 머무릅니다. 그녀의 고향에선 바람 따라 울부짖는 소리가 들려옵니다.

그러나 별들은 그녀에게 영원한 사랑의 노래를 들려주고 그녀의 얼굴은 부끄러움과 고달픔으로 상기되어 있습니다.

사랑이 넘치는 방의 문이 열리고 임께서 부르시는 소리가 들려왔습니다.

어둠의 심장이 이제 곧 다가올 임과의 만날 약속에 경외심에 떨려 두근거립니다.

　　—「패자의 노래」, 번역 최일화

My master has asked of me to stand at the roadside of retreat and sing the song of the defeated.

For she is the bride whom he woos in secret.

She has put on the dark veil, hiding her face from the crowd, the jewel glowing in her breast in the dark.

She is forsaken of the day, and God's night is waiting for her with its lamps lighted and flowers wet with dew.

She is silent with her eyes downcast; she has left her home behind her, from where come the wailing in the wind

But the stars are singing the love song of the eternal to her whose face is sweet with shame and suffering.

The door has been opened in lovely chamber, the call has come; And the heart of the darkness throbs with the awe of expectant tryst.

— The Song of Defeated

「동방의 등불 *The Lamp of the East*」이 조선 민족에게 간단한 메시지를 전달한 형태의 시라면, 「패자의 노래 *Song of the Defeated*」는 우리 민족에 대한 깊은 애정이 담겨 있으며 완벽한 시적 형식을 갖춘 시이다. 이 시는 시적 상징성도 갖추고 있다. '패자(敗者)'는 일제에 나라를 빼앗겨 절망에 빠진 조선 민족을 상징한다. 이 시에서 '임'은 '광복'을, '신부'는 '조선'을, '어둠'은 '일제강점기'를 상징한다.

그런데 일각에서는 타고르가 한국을 그다지 사랑하지 않았다고 주장하기도 한다. 그 이유는 타고르가 한국을 위해 쓴 시는 시 두 편이 전부이기 때문이다. 그렇지만 타고르는 『기탄잘리 *Gitanjali*』 등을 통해 한용운 등 한국 시인들에게 많은 영감을 주었다. 지금도 시인 김양식 박사가 한국타고르학회를 운영하고, 《타고르연구》지도 발간하고 있다. 20여 년 전 혜화역에 타고르 동상이 건립되었는데, 그 당시에 인도 국회의장까지 참석하였다. 시대를 초월해 타고르가 우리에게 영향력 있는 작가인 것은 분명하다.

문필가 형제

호머 B. 헐버트 Homer B. Hulbert, 1863~1949
아처 B. 헐버트 Archer B. Hulbert, 1873~1933

『대한제국멸망사 *The Passing of Korea*』(1906)

『마법사 엄지 *Omjee the Wizard*』(1927)

『안개 속의 얼굴 *The Face in the Mist*』(1926)

『*The Queen of Quelparte*(제주도의 여왕)』(1902)

호머 B. 헐버트(Homer B. Hulbert)는 그 누구보다 한국을 사랑한 작가이다. 그는 "웨스터민스터 사원보다 한국 땅에 묻히고 싶다"는 유언을 남겼는데, 지금도 양화진의 서울외국인묘지공원에 잠들어 있다. 정말로 한국을 평생 사랑하다 한국에서 죽고 한국에 묻혀 있는 것이다.

그는 한국에서 선교사로 활동했는데 1891년 최초의 순 한글 교과서인 『사민필지』를 집필하였고, 『대한제국멸망사 *The Passing of Korea*』 등을 편찬하여 미국 대중에게 한국을 널리 알렸다. 또 1889년에 '*The Korean Language*'라는 제목의 기고문을 《뉴욕 트리뷴 *New-York Tribune*》 칼럼에 발표해 한글의 우수성을 전 세계에 알렸다. "조선에는 모든 소리를 자신들

호머 B. 헐버트   아처 B. 헐버트

이 창제한 고유의 글자로 표기할 수 있는 완벽한 문자가 존재한다"는 문장
으로 시작하는 이 기고문은 한글의 과학성을 밝혀냈다.

　호머보다 10살 어린 동생인 아처 B. 헐버트(Archer B. Hulbert)는 특이
하게도 한국을 소재로 한 소설과 동화 등 문학작품을 창작했다. 필자는
이러한 사실을 이 책을 집필하면서 처음 알게 되었는데, 그야말로 큰 수확
이라고 생각한다.

작가의 생애
———

　흘법(訖法) 혹은 할보(轄甫)로 불리던 호머 B. 헐버트(Homer B. Hulbert)
는 1863년 1월 26일 미국 버몬트 주 뉴헤이번에서 태어났다. 그의 아버지

미국에서 한국독립운동을 후원할 당시의 헐버트(오른쪽 두 번째)

는 미들베리대학교 총장이었던 칼빈 헐버트 목사였으며 어머니는 다트머스대학교의 창립자 엘리저 윌록의 외증손녀였다. 1884년 다트머스대학교를 졸업하고, 그해에 뉴욕의 유니언신학교에 들어가서 2년간 공부하였다.

1886년(조선 고종 23년)에 길모어, 벙커 등과 함께 최초의 근대식 교육기관인 육영공원(育英公院)에서 영어 교사로 활동했는데, 1888년 3월부터는 제중원 학당에서도 하루 2시간씩 학생들을 가르쳤다. 그는 자비로 한글 개인 교사를 고용하여 한글을 배워 3년 만에 한글로 책을 저술할 정도로 한국을 사랑했다. 1888년 9월 미국에 잠시 귀국하여 메이 한나와 결혼하고 함께 조선으로 돌아왔다.

1891년 최초의 순 한글 교과서인 『사민필지』를 저술해 육영공원에서 교재로 사용하였고, 여러 외국 서적을 번역해 한국에 소개하고 외국에 한국을 홍보하였다. 1896년에는 구전으로만 전해 오던 아리랑을 처음으로 악보로 만들었다. 1891년 여름 당나귀를 타고 아펜젤러, 모펫과 함께 평양을 방문하여 평양 근교 탄광의 실태를 파악하였다.

1892년 1월 최초의 영문 월간지《한국소식 *The Korean Repository*》을 창간하고「*The Korean Alphabet*」이라는 논문을 발표해 한글의 우수성을 처음으로 해외에 알렸다. 1893년 미국에서 출판에 대한 교육을 받고 신시내티에서 신식 인쇄기를 들여와 감리교 출판부인 삼문출판사의 책임자를 맡았으며, 배재학당에서 학생들을 가르쳤다. 삼문출판사는 그가 부임한 지 1년이 안 되어 전도지와 종교 서적 1백만여 면을 인쇄하였다. 1895년 최초의 영문 소설 한국어 번역판인 『텬로력뎡(천로역정)』을 출판하였다. 그해 8월에 한글 로마자 표기법을 고안하였다.

1897년 5월 한성사범학교의 책임자가 되었고, 관립영어학교에서도 학생들을 가르쳤다. 1900년부터 1905년까지 현 경기고등학교의 전신인 관립중학교에서 교사로 재직하였다. 1901년부터 영문 월간지《코리아 리뷰 *Korea Review*》를 발행하였다. 한국의 역사에도 많은 관심을 기울여 1908년에는 관립중학교의 제자 오성근과 함께 『대한역사』라는 한글 역사 교과서를 출판하였다.

1895년 을미사변 이후 헐버트는 고종이 가장 신뢰하는 외국인이었다. 헐버트는 1903년부터《타임스 *The Times*》의 객원 특파원을 지냈으며, 1904년에는 AP 통신의 객원 특파원을 지냈다. 그는 러일전쟁을 깊이 있게 취재하여 송고하였다. 을사늑약의 문제점을 알리기 위해 1905년 고종황제의 밀서를 미국 대통령에게 전달하려 했으나 성공하지 못했다. 헤이그 특사인 이준, 이상설, 이위종을 헤이그로 보내는 데 크게 일조했다. 그러자 일본은 눈엣가시 같은 존재였던 그를 추방했다.

1908년 미국 매사추세츠 주 스프링필드에 정착하여, 스프링필드 훼이

태극기 아래서 이승만과 함께(왼쪽)

스 회중교회에서 목사가 되었다. 그는 일본 제국의 침략을 규탄하고 한국
의 독립에 관한 글을 썼으며, 1918년에는 파리 강화회의를 위한 '독립청원
서'를 여운홍과 함께 작성하였다. 1919년 3·1운동 후에는 이를 지지하는
글을 서재필이 주관하는 잡지에 발표하였고, 미국상원 외교위원회에 일본
의 잔학상을 고발하였다. 1942년에는 워싱턴 D. C.에서 열린 한국자유대
회에 참석하였다.

　　1949년 41년 만에 방한하였다. 방한한 지 1주일 만인 8월 11일에 헐
버트는 병사하였다. "나는 웨스트민스터보다 한국에 묻히고 싶다"던 그의
유언에 따라 최초의 외국인 사회장으로 영결식이 거행되었고 양화진 서울
외국인묘지공원에 묻혔다. 1950년 3월 1일에 대한민국 정부에서 외국인 최
초로 건국공로훈장 태극장(독립장)을 추서했다. 한글로 된 교과서 외에도
영문으로 된 『대한제국멸망사 *The Passing of Korea*』 등을 편찬하여 미국에
한국을 널리 알렸다.

아처 헐버트가 모은 사진(아처 헐버트 컬렉션)

그는 영어뿐만 아니라 한국어도 유창하게 하였으며, 오늘날 대한민국 에서는 대한제국 시대에 언론인으로 활동했던 어니스트 배델(영국 출신)과 아울러 한국인들이 가장 좋아하는 외국인 1위로 꼽히기도 했다.

호머보다 10살 아래 동생인 아처 B. 헐버트(Archer B. Hulbert)는 그 동안 우리나라에는 거의 알려지지 않았다. 하지만 문학사에서 그는 형 못 지않게 중요한 인물이다. 그는 1873년 1월 26일 버몬트 주의 베닝턴에서 태어났다. 오하이오의 마리에타대학을 졸업했고, 1929년에 미들베리대학에서 문학박사학위를 받았다. 1901년에 첫 번째 결혼을 했는데 1920년에 아내가 죽자 1923년에 재혼했다.

1897년까지 오하이오의 푸트남군사학교에서 교감으로 활동하다가 그해부터 2년간 한국에서 《Korean Independent》와 《Far East American》의 주필로 활동하며 신문을 발행했다. 1904년부터는 14년 동안 모교 마리에타대학에서 미국사 교수로 재직한 이후 클라크대학교에서 1년간 강의했다. 그리고 1904년과 1923년에는 시카고대학에서 강의하였다. 1912년부터 1916년까지 하버드의 서양사위원회 사서역(Archivist)을 맡기도 하였다. 1921년부터 사망하기 전까지 콜로라도대학교에서 교수로 활동했다.

아처는 미국의 도로연구에 매진하여 1902년부터 3년간 16권으로 된 미국 도로의 역사를 발간했다. 그는 무려 102권의 저서를 출간했는데, 한국에 관한 소설과 동화인 『마법사 엄지 Omjee the Wizard』(1927), 『안개 속의 얼굴 The Face in the Mist』(1926), 『The Queen of Quelparte(제주도의 여왕)』(1902) 등을 썼는데, 『The Queen of Quelparte(제주도의 여왕)』는 명성황후 시해 사건과 제주도를 다루는 추리소설이다.

작품 속으로

———

대한제국은 1897년 10월 12일부터 1910년 8월 29일까지 사용한 조선의 국명이다. 서양인의 시각에서 대한제국이 어떻게 들어서고 멸망하게 되었는지를 이야기하는 책이 있는데, 바로 헐

The Passing of
Korea(1906) 초판본

Omjee the
Wizard(1927) 초판본

The Face in the
Mist(1926) 초판본

The Queen of
Quelparte(1902)
초판본

버트의 『대한제국멸망사 The Passing of Korea』(1906)이다. 이 책은 모두 35
장으로 구성되어 있다. '1. 한국의 위치와 배경, 2. 민족, 3. 정치제도, 4. 신
화시대와 고대사, 5. 중세사, 6. 조선의 황금기와 임진왜란, 7. 병자호란과
초기의 카톨릭, 8. 문호의 개방, 9. 민비 시해 사건, 10. 독립협회, 11. 러시
아의 음모, 12. 러일전쟁1, 13. 러일전쟁2, 14. 한국 안의 일본, 15. 재정, 16.
화폐제도, 17. 건축술과 건물, 18. 운송, 19. 산업과 오락, 20. 국내외 무
역, 21. 기념물과 유적, 22. 언어, 23. 문학, 24. 음악과 시, 25. 예술, 26.
교육제도, 27. 한국의 황제, 28. 여성의 지위, 29. 민담과 속담, 30. 종교와
미신, 31. 노예 제도, 32. 장례의 절차와 풍수지리설, 33. 매장의 풍습, 34.
한국의 근대화, 35. 한국의 장래'의 순이다.

1910년 8월 22일 한일병합조약이 체결되면서, 같은 해 8월 29일에 대
한제국은 역사 속으로 사라졌다. 그런데 대한제국은 1905년 11월 17일에
는 을사조약(乙巳條約)을 체결되어 외교권을 빼앗기게 되었고, 이때부터 사
실상 대한제국은 멸망하게 되었다. 이에 안타까움을 느낀 헐버트는 이 책
의 맨 앞에 다음과 같은 서설을 써놓았다. 이 서설은 대한제국의 황제와 국

민들에게 보내는 것이다.

비방이 그 극에 이르고 정의가 점차 사라지는 때에 나의 지극한 존경의 표시와 변함없는 충성의 맹세로서 대한제국의 황제 폐하에게, 그리고 지금은 자신의 역사가 그 종말을 고하는 모습을 목격하고 있지만 장차 이 민족의 정기가 어둠에서 깨어나면 '잠이란 죽음의 가상(假像)이기는 하나' 죽음 그 자체는 아니라는 것을 증명하게 될 대한제국의 국민에게 이 책을 바칩니다. — H. B. H.

이 책은 서설에 이어 서론(머리말)도 수록하고 있는데, 1906년에 뉴욕에서 쓴 저자의 서론은 다음과 같다.

한국에 관하여는 무게 있는 책들이 많이 발표되었으나 이들은 저마다 조금씩 다른 입장에서 주제들을 다루고 있다. 필자는 우연한 기회에 한국을 방문한 관광객들의 피상적인 견해와는 달리 필자 자신의 독자적인 견지에서 주제를 다루어 보려고 시도했다.

이 책에 기록된 여러 가지의 사실들은 대개 필자의 개인적인 관찰에서 얻은 것이거나, 아니면 한국인 또는 한국인의 저작에서 직접 얻은 것이다. 이 중의 몇 가지 내용은 이미 《코리아 리뷰》나 그 밖의 몇몇 책자에 발표한 바 있다. 역사적 사실에 대한 연구는 필자의 「한국의 역사 *History of Korea*」를 요약한 것이다.

이 책은 한국이 심한 역경에 빠져 있을 때 종종 악의에 찬 외세에 의해 시달림만 받을 뿐 옳은 평가를 받아본 적이 없는 한 국가와 민족의 독자들에게 관심을 불러일으키기 위해 쓰여진 사랑의 열매이다. 그들은 수적인 면에서 중국에 눌려서 살고 있으며 재치의 면에서 일본에 눌려서 살고 있다. 그들은 중국인처럼 상술에 능하지도 못하고 일본인처럼 싸움을 잘하는 민족도 아니다. 기질의 면에서 보면 그들은 중국인이나 일본인보다 오히려 앵글로 색슨 민족에 가까우며, 극동에 살고 있는 민족 중에서 가장 상냥하다. 그들의 약점은 어느 곳에나 무지가 연속되어 있다는 점이지만, 그들에게 부여된 기회를 선용하면 그들의 생활조건도 급격히 향상될 것이다.

나는 이 책을 쓰는 동안에 위로는 비단옷을 입은 양반으로부터 아래로는 감옥에서 족쇄를 찬 죄수에 이르기까지, 암자를 찾아 입산하는 사람으로부터 배를 타고 바다로 나가는 사람에 이르기까지 사회의 각계각층의 친절한 여러 한국인들에게 많은 도움을 받았음에 대해 감사를 드린다. — H. B. H. New York, 1906

이 책을 한국어로 번역한 신복룡 교수는 1973년에 저자의 아들 윌리엄 헐버트(William C. Hulbert)를 만나 67년 만에 머리말을 추가로 받아 실었다. 거기에는 이렇게 적혀 있다.

(전략) 선친께서는 2차 세계대전의 종식과 더불어 해방된 한국이 자유롭고 독립된 국가가 되기를 40년 동안 염원하면서 살았으며 일생 동안 그 소망을 버린 적이 없습니다. 해방된 이후 한국은 핏줄이 같은 민족이면서도 타의에 의해 제멋대로 그어진 38선에 의해 남북으로 분단되었을 때 당신께서는 깊은 실의와 슬픔에 빠졌었습니다. 통일된 한국이 그러한 역경을 딛고 일어서서 자신에게 그토록 소중하고도 찬란한 미래를 이룩하게 되는 것이 선친의 간절한 소망이었다고 나는 확신합니다. '한국의

자유와 독립을 위해 몸 바쳐 일한 사랑의 노고'에 대한 대가로서 1950년 3·1절에 한국정부가 선친에게 추서한 대한민국 건국공로훈장 태극장을 워싱턴 주재 한국대사관에서 수여받던 영광을 나는 영원히 자랑스럽게 생각하고 있습니다. — 윌리엄 C. 헐버트, 뉴욕 1973

저자는 일본에 의해 대한제국이 사라지는 것을 안타깝게 여겼지만 해방의 기쁨도 잠시, 한반도는 남북으로 분단되었다. 헐버트는 죽는 그 순간까지 한국의 통일을 간절히 바랐다. 이런 아버지의 마음을 아들이 이어받았다. 아버지와 아들이 대를 이어 한국을 사랑하니, 실로 감사할 따름이다. 이 책의 몇 군데를 인용해 본다.

한국인들은 타락되고 경멸을 받을 민족이며 훌륭한 일을 할 수 있는 능력이 없을 뿐만 아니라 지식수준이 낮기 때문에 독립국가로 존속하는 것보다는 일본의 통치를 받는 편이 좋다고 미국인들이 말하는 것을 여러 번 들었다. 특별한 목적을 위해 꾸며진 이와 같은 비난에 대해 필자는 이 책에서 여러 가지 방법으로 답변할 수 있을 것이다. 그 특별한 목적은 1905년 11월 17일 밤에 훌륭한 결실을 보았는데(을사보호조약) 그날 밤 한국은 칼로 겨눔을 당한 채 자신의 독립을 결정적으로 파괴하는 행위에 대해 이번에만은 '자발적으로' 동의하도록 위협을 당했다. 독자들은 이 책을 읽는 동안에 한국이 이토록 위기에 빠지게 된 추이와 미국을 포함한 여러 열강들은 그 비극을 연출하는 데에 어떠한 역할을 했는가를 알게 될 것이다. (31쪽)

이 책의 저자는 여느 외국인들과 달리 한국인을 비하하는 대신 애정 어린 시선으로 바라보았다. 외세에 의해 강압적으로 을사조약이 체결되었다는 것을 밝히고 있다.

또한, 이 책은 한국의 문화와 예술에 대해서도 깊이 있게 다루고 있다. 일례로 헐버트는 한국에서도 한문이 사용되는 것에 대해 "만약 어떤 사람이 한자를 터득하게 되면, 단순히 그 어원만을 연구하고도 그 문자의 구체적이고도 효율적인 지적 결실에 대하여는 아무런 생각도 없이 거의 무기력하게 매혹되어 버린다"(365쪽)고 하였다. 한국의 소설에 대해서는 이렇게 적었다.

소설의 창작을 필생의 직업으로 삼고 또 그 위에 자신의 문학적 평가의 기초를 둔 사람만을 소설가라고 한다면 한국에는 위대한 소설가가 없다고 말하는 것이 옳다. 그러나 만약 중요한 문학생활을 하는 가운데 훌륭한 소설의 창작으로 전향한 사람들을 소설가라고 부른다면 한국에는 소설가의 수가 엄청나게 많다. 만약 '소설'이라는 말을 극히 세분화된 분야에서 발전된 창작물에 국한시켜 최소한 몇 페이지 이상의 것만을 의미한다면 한국에는 소설이 많다고 말할 수는 없다. 만약 예컨대 디킨스의 『크리스마스 캐롤』을 소설이라고 부를 수도 있다는 근거에서 소설이라는 것을 의미한다면 한국에는 수천 권의 소설이 있다고 말할 수 있다. 한국의 문학사는 서기 7세기경에서부터 시작되었다. 대학자인 최치원은 한국의 초서(G. Chaucer)라 부를 수 있으며, 작품이 반도권을 벗어나 해외에까지 널리 알려진 극소수의 사람 중의 하나이다. 그러나 희미하게 전해 내려오는 기록에 의하면 그는 『곤륜산기』라는 전작소설을 창작출간했음을 알 수 있다. 이 설은 어느 한국인이 중국의 남부지방에 있는 명산을 돌아다니는 동안의 일을 적은 환상적인 글이다. 최치원은 또한 시와 설화를 많이 남겼다. 설화의 대부분은 적어도 단편소설이라고 부를 만한 분량을 가지고 있다. 그와 거의 때를 같이하여 또 하나의 다른 문필가인 김암(金巖)은 가히 소설이라고 부르기에 충분하리만큼 긴 일본여행기를 썼다. 고려시대의 가장 훌륭했던 김부식은 『삼국사기』의 저자로서 『북성기(北城記)』라는 전작소설을 썼다. 고려는 황해에서 동해로 북방을 가로지르는, 중국의 만리장성에 필적할 만한 성을 자랑했던 점으로 보아 그의 소설은 역사소설이라 부를 수 있다. (169쪽)

헐버트는 〈아리랑〉을 처음 채록(採錄)한 것으로 유명한데, 한국인들이 음악과 시를 생활 속에서 즐긴 것을 이야기하고 있다.

한국인들은 그들의 만담 속에 싯적 운치를 넣기 좋아한다. 한국의 시가란 그것에 흥이 겨워 저절로 나온 것이 아니라면 아무런 의미도 없는 것이기 때문에 여기저기에 한 행밖에는 넣지 않는다. 한국인들은 노래하지 않고는 견딜 수가 없으므로 새들처럼 노래한다. 그와 같은 유형의 가장 두드러진 것 중의 하나가 『조웅전(趙雄傳)』이다. (385쪽)

한국의 시가는 모두 서정적인 것이지 서사시는 없다. 우선 언어부터가 그와 같은 표현형식을 허락하지 않는다. 한국의 시가는 자연음을 위주로 한 것이어서 순수하고도 단조롭다. 모두가 정열적이고 감정적이며 또한 정서적이다. 따라서 인간에 관한 것이거나 가정적인 것이며 때로는 통속적인 것이기 때문에 한국의 시가는 그 대상이 좁다고 말할 수 있다. 그러나 한국의 시가가 내포하는 통속성은 그 한계가 명확히 그어져 있다는 것을 잊어서는 아니 된다. 바람에 흐느끼는 버들가지, 호들갑스럽게 날

아가는 나비, 바람에 날리는 꽃잎, 붕붕거리며 날아가는 벌, 이런 것들은 이미 모두가 생활권이 넓은 사람들보다 한국인에게 더 많은 것을 느끼게 해주는 것들이다. 이제 어부가 고기잡이를 마치고 밤길에 돌아오며 부르는 노래를 들어보자.

> 반짝이는 호수 위로 석양이 비칠 때
> 낚싯줄 거두어 집에 돌아오누나
> 물보라 치는 저 멀리 파도 위에
> 검은 구름이 뭉게뭉게 떠오를 때면
> 근심의 나래 접은 갈매기도
> 오르락 내리락 마음만 설레네
> 옥류계곡에 늘어진 버들가지 꺾어
> 은린옥척 베어 양손에 들고
> 주막에 들러 집에 돌아오누나 (387쪽)

이 책에서는 이 시를 비롯해 여러 편의 시와 노래를 소개했는데, 아쉽게도 누구의 시인지는 밝혀 놓지 않았다. 하지만 시와 노래에 대한 저자의 식견만큼은 여느 문학가 못지않게 뛰어난 듯하다.

19

한국 선교소설의 선구자

진 페리

Jean Perry, 1863~1935

『*Chilgoopie The Glad*(즐겁이)』(1905)
『*Uncle Mac the Missionary*(선교사 맥 아저씨)』(1908)

진 페리(Jean Perry)는 우리에게 매우 생소한 인물이지만 나는 1988년 하버드대학에 교환교수로 있을 때 중앙도서관인 와이드너 도서관(Widener Library)에서 그녀의 책 『*Chilgoopie The Glad*(즐겁이)』를 우연히 발견하여 읽어보고 매우 재미있다고 생각했다. 그래서 국내 한 저널에 짧은 독후감을 소개한 일이 있다.

독일에서 온 가톨릭 선교사들의 선교소설은 알고 있었지만 영국이나 미국 개신교 선교사들의 선교소설은 모르고 있었는데, 이 소설을 보고 처음 알게 되었다. 선교를 하기 위해서는 그 나라의 인간과 풍속, 문화를 알아야 하기 때문에 이야기로 되어 있는 이런 소설이 선교에 적합한 수단임을 알게 되었다. 예컨대 『박 군의 심정』이란 20여 페이지의 전도용 책자가 있었는데, 그것은 독일인 작가가 쓴 『*Herzen des Menschen*(인간의 마음)』이란 책

진 페리가 운영하던 고아원에서 조선인 사감 마리아와 함께(1903)

을 스위스 바젤선교회가 한국의 실정에 맞게 번역해 발간한 것이다. 나도 어릴 적 매서인(賣書人)이 갖고 온 이 책을 읽고 감동을 받아 새로운 인간이 되어야겠다고 각오했던 기억이 잊히지 않는다. 독서란 이렇게 중요한 것이고, 특히 인간의 영성을 변화시키는 이런 선교소설은 성서에 버금가는 중요성을 띠고 있는 것이다.

페리와 패쉬의 고아원(1904)

작가의 생애

———

진 페리(Jean Perry)는 1863년 영국에서 태어났는데, 1882년 호주의 퀸 즐랜드(Queensland)로 이민을 갔다. 거기서 언니가 운영하는 학교 일을 도 왔다. 1891년 말 매케이(J. H. Mackey) 부부, 멘지스(B. Menzies), 포세트 (M. Fawcett) 등과 함께 한국의 부산에 도착했다.

진 페리는 멘지스와 함께 길에 버려진 소년들을 데려와 부산의 한 초가 집에서 미오라고아원을 운영하기 시작했다. 1894년에 영국인 여행가 비숍 여사가 한국을 방문했을 때 페리는 부산 여행을 안내했다. 1895년에 고아 원 아이들이 13명으로 늘어나자 10월 15일 3년 과정의 소학교인 일신여학 교(日新女學校)를 개교했다.

그녀는 부산을 떠나 호주로 가서 선교 사역을 위한 모금 활동을 하였다. 페리는 한복을 입고 호주의 여러 교회들을 방문하여 열심히 모금 활동을 벌였다. 그 결과 14파운드의 자금으로 '불우 아동의 집(Garden for Lonely Children)'을 설립하고 몇 명의 소녀를 돌보았다. 그러나 무리한 사역으로 2년 동안 장티푸스에 두 차례나 감염되는 등 건강이 악화되기도 했다.

건강이 악화된 페리는 1905년 영국 런던으로 돌아갔는데, 케스윅 대회에서 자신의 사역을 소개하는 연설을 하였다. 이 연설을 들은 모간(R. C. Morgan) 부부 등의 후원을 받아 그는 다시 한국으로 돌아와 벽돌집을 지었다.

페리는 1911년 영국에서 모금 활동을 한 후 서울에 돌아와 불구소녀원(Home for Destitute Girls)과 맹인소년원(Blind Boys' Home)을 운영하면서 서울 주변에 사는 사람들을 전도했다. 25년 동안 온몸을 바친 한국 사역을 마감하고 1915년 한국에서 은퇴할 때 고아원과 모든 구호 시설들을 구세군에 넘겨주었다. 페리는 한국에서 선교 활동을 하면서 후원금을 모금하기 위해 5권의 책을 출판했다. 그 책들은 *True Stories by a British Missionary Woman, Chilgoopie the Glad, A Story of Korean and Her Children* (1905), *The Man in Grey, or More about Korea* (1906), *Uncle Mac the Missionary* (1908), *Twenty Years a Korea Missionary* (1911)인데, 모두 한국에 관한 책이다. 이처럼 진 페리는 한국의 아동과 부녀자에게 구호와 사랑을 베풀었던 여성이었다.

작품 속으로

영국 런던에서 출간된 진 페리의 선교소설 『*Chilgoopie The Glad* (즐겁이)』는 아직 한글로 번역되지 않았다. 영어원서는 144페이지에 이르는 비교

적 짧은 분량의 책이다. 모두 10절로 구성되어 있으며 차례는 '1. 만난 경위, 2. 화재사건, 3. 흩어진 집회, 4. 죽도록 아파, 5. 즐겁이는 어디 있나?, 6. 가버렸다!, 7. 한글 글씨, 8. 돌아왔다구?, 9. 즐겁이의 설명, 10. 우리의 작별'의 순이다. 그리고 이 책에는 여덟 개의 사진이 실려 있다. 저자의 한국에서의 모습과 한국 어린이들의 모습, 작중인물 석수와 그의 집안 풍경, 심지어 고종황제의 모습과 서울풍경 등을 담아냈다. 이렇게 본다면 이 책은 소설이라기보다 선교 에세이라고도 볼 수 있다.

*Chilgoopie The Glad*에 실린 사진

이 작품은 소설의 형식을 빌려 복음을 모르는 한국인이 어떻게 크리스천이 되는가를 담담하게 서술하고 있다. 그래서 화자는 저자 자신이고 예수를 믿기 전의 '섭섭이'가 크리스천이 되고 나서 '즐겁이'가 되는 과정을 담담하게 이야기하고 있다. 내용적으로 드라마틱하거나 특별한 흥미가 있는 것은 아니지만 당시 한국인의 삶과 사고방

Chilgoopie The Glad(1905) 초판본

식을 솔직히 반영하면서 전개하
고 있는 것은 재미있다. '나'와 거
리에서 구한 한국 여자아이들인
'메가'와 '피기' 그리고 즐겁이(26
살)와 석수라는 서 씨가 세례를
주고받고 성경을 배우는 과정이
흥미 있게 묘사되고 있다. 가끔
씩 한글 표기를 로마자 알파벳
으로 옮겨놓고 있기도 하고, 서
양인이 한글을 배우기가 얼마나
어렵고도 재미있는가를 묘사하
고 있기도 하다. 어떤 곳에는 성
서의 구절을 한글로 알파벳 화한
것도 나온다.

*Uncle Mac the Missionary*에 실린 사진

Uncle Mac the Mission-ary(1908) 초판본

　주인공 '섭섭이'는 '즐겁이'가 된 후에 한동안 자취
를 감추는데, 어느 날 다시 나타난 그는 '나'에게 그동
안 오지(奧地)를 다니며 전도를 했다고 이야기한다.
그러고는 얼마 되지 않아 짚신을 신고 다시 전도 여행
을 떠나게 된다. 그를 바라보던 석수는 '나'에게 이렇
게 말한다. "저는 그가 착하고 시간이 지남에 따라 모
든 게 바르게 될 것을 알았어요. 그렇지 않아요?"
　이런 중편소설인데, 이 책의 머리말은 소설의 본문 못지않게 중요한 듯
싶다. 머리말에서 저자는 1894년과 1895년의 조선을 중국과 일본 사이의
"주장의 뼈(bone of contention)"라 부르면서 1,400만 명의 인구가 사는 '은

자의 나라(Hermit Land)'라고 부르고 있다. 또한 한국은 세계에서 가장 아름다운 비단을 짜는 나라라고 부르기도 한다. 한국은 9개의 지방으로 나뉘어 있으며 각 지방은 왕에 의해 지명된 도지사(Governor)가 다스리는데 그중 한 사람은 진지한 크리스천이요, 미국 감리교회의 회원이라고 서술한다. 영국인 존 조르단(Sir John Jordan)과 맥레비 브라운(McLeavey Brown)이 중요한 위치에 있다고 적고 있다. 또 첫 번째 미국 선교사라면서 알렌(H. G. Allen)을 언급하고 있다. 한국에서 이렇게 선교가 이뤄지고 있지만, 동역자의 손이 모자라기 때문에 후원이 필요하다고 쓰고 있다.

『*Uncle Mac The Missionary*(선교사 맥 아저씨)』도 선교사 맥이 노들이란 마을에서 민 씨, 윤 씨, 박 씨 등 한국인들과 어울리면서 그들을 선교하고 한국어를 배우는 등 재미있는 이야기를 전개하고 있다. 그런 장면을 그린 6개의 그림(서양화)도 군데군데 실려 있고, 인상적으로 각 장의 제목 아래에 테니슨 등 서양 명시의 한 구절을 달고 있다. 순서는 14절로 나뉘어 '1. 민 씨네의 쌍둥이, 2. 맥의 도착, 3. 놀라운 고백, 4. 불쌍한 인간!, 5. 신뢰의 장, 6. 정치적 망명, 7. 테테 아 테테, 8. 유죄, 9. 빚진 황 씨 부인, 10. 갑작스런 경고, 11. 비단 봉투, 12. "마마"가 뭔가?, 13. 드디어 배웠다, 14. 그라니'로 되어 있다.

총 170페이지로 된 이 작품도 아직 번역되지 않았다. 이 책에도 4면에 걸친 서문이 실려 있는데, 한국은 모멸 받은 민족(a despised folk)이란 표현이 있다. "한국에서 어떤 좋은 일이 일어날 수 있을까?"라고 하면서, 한국에서 복음이 필요하다는 이야기를 본문에서 전개하고 있는 것이다. 그리고 서문은 이렇게 끝난다. "오, 영국, 나의 모국이여, 손을 뻗쳐 도와다오. 네가 하지 못한 너의 동생 한국을 위해 기도해다오."

20

한국학의 선구자
제임스 스카스 게일
James Scarth Gale, 1863~1937

『밴가드 *The Vanguard*』(1904)

『조선, 그 마지막 10년의 기록 *Korean Sketches*』(1898)

1888년에 25살의 나이로 조선에 들어
와 40년 가까이 살았던 파란 눈의 서양
인이 있었다. 바로 제임스 스카스 게일
(James Scarth Gale)이다. 그는 40년 가
까이 조선에 살며 최초의 한영사전을
공동으로 집필했고, 『구운몽』, 『심청
전』, 『춘향전』을 비롯하여 청파 이륙의
「청파극담」과 수촌 임방의 『천예록』을 영문으로 번역하였으며, 단군부터
고종까지의 한국사를 집필하기도 했다.

　　1895년 존 버니언의 『턴로역뎡 *Pilgrim's Progress*』을 한글로 최초 번역하
였고, 개신교 성경의 'God'을 '하나님'으로 번역하는 데 결정적인 역할을 하

였다. 그는 조선에서 살았던 초기 8년 동안 12번이나 조선 곳곳을 돌아다니며 당시 조선의 모습을 한 권의 책『조선, 그 마지막 10년의 기록 *Korean Sketches*』(1898)에 담았는데, 이 책은 서방 세계에 조선을 처음 소개한 책이다. 이 책은 역사적으로 가치가 뛰어나 현재 서울역사박물관에 초판본이 전시되어 있는데, 최근에 한국어판도 출간되었다. 또 다른 그의 책『밴가드 *The Vanguard*』(1904)도 몇 년 전에 한국어판이 출간되었다.

작가의 생애
―――

제임스 스카스 게일(James Scarth Gale)은 1863년 2월 19일 캐나다 온타리오 주 알마(Alma)에서 6남매 중 다섯째로 태어났다. 농부의 아들로 농장에서 일을 배우며 어린 시절을 보냈고, 엘로라(Elora)에서 초등학교와 중·고등학교를 다니다 21살 때인 1884년 토론토대학에 입학하였다.

1888년 6월 12일 문학사 학위(BA)를 받고 토론토대학교를 졸업한 그는 당시 북미 대륙에서 일고 있던 해외 선교를 위한 학생 자원 운동(Student Volunteer Movement)에 관심을 갖고 토론토대학 YMCA 선교부에 선교사로 지원하여, 그해 12월 12일 25세의 나이로 한국에 왔다. 제물포를 거쳐 서울에 도착한 그는 언더우드(Underwood) 목사 집에서 지내면서 어학 공부를 시작하였고, 1889년 3월 17일에는 전국 순회 여행을 시작하였다.

1889년 8월에는 서울을 떠나 부산으로 이주하여 초량에 살았다. 1년 남짓 부산에 체류하는 동안 한국어 공부에 전념하였다. 1890년 말경 캐나다 토론토대학 YMCA 선교부가 해체되자, 이듬해 미국 북장로교 선교부로 이적하였고, 이때부터 1927년 6월 한국을 떠날 때까지 북장로교 소속

선교사들. 아래쪽 왼쪽 두 번째가 제임스 게일이다.

선교사로 일하였다. 1892년 4월 7일에는 의사 헤론(Heron)의 미망인과 결혼하여 원산에서 활동하였다. 이때부터 이창직의 도움을 받아 성경 번역과 저술 사업을 시작하였는데, 대표적인 번역이 1895년 출판된『텬로역뎡』이었다. 이 책은 한국 근대 문학사에서 최초로 역간된 서양 문학서였다. 또 한영사전 편찬을 시작하여 1897년『한영자전』을 출판하였다.

1897년 첫 안식년을 맞아 미국으로 간 게일은 그해 5월 13일 모펫의 천거로 인디애나 주 뉴앨버니노회에서 목사 안수를 받았다. 안식년을 마치고 다시 내한한 게일은 1898년 9월 원산을 떠나 서울로 이주하여 종로구 연지동에 정착하였는데, 이때부터 이곳에 살면서 1927년 한국을 떠날 때까지 연동교회 목사로 활동하였다. 특히 서울에 온 이후 고종황제의 고문으로 추대되었고, 1900년에 왕립아시아학회 한국지부를 창립하는 데 관여하여 간사로 활동하였다. 1916년까지는 한국지부장으로 봉사하면서 한국의 역사와 문화, 문학을 연구하고 집필하였다.

1904년 5월 31일에는 미국 워싱턴 D. C. 소재 하워드대학교로부터 명예 신학박사 학위를 수여받았다. 1919년에는 세 번째 안식년을 보낸 후, 한국의 역사·풍속·문화·종교 등 다양한 분야의 많은 저작물과 번역서를 출판하였다. 1888년 내한하여 39년간 한국에 산 게일은 1927년 6월 22일 한국을 떠났고, 1937년 1월 31일 74세를 일기로 세상을 떠났다.

작품 속으로

게일은 리차드 러트(R. Rutt)의 표현에 의하면, "선구적인 선교사이자, 왕성한 번역가이며, 위대한 학자"였다. 한국인인 우리 자신도 한국 곳곳을 여행하기가 쉽지 않은데, 그는 한반도를 25회나 여행하였다. 이를 통해 한국인의 삶과 역사를 공부하였고, 한국인의 삶의 양식을 이해하였다.

그는 9권의 영문 저서와 30여 권의 한국어 저서와 번역서, 논문을 남겼는데, 대표적인 영문 저서로는 *Vanguard*(1904), *Korea in Transition*(1909), *Korean Folk Tales*(1913), *History of the Korean People*(1926) 등이 있다. 한글 저서로는 『나사렛 예수』(1927), 『성경요리문답』(1929), 번역서로는 『텬로역뎡』, 『로빈슨 크로스』 등이 있고, 『구운몽』, 『춘향전』 등을 영역하여 한국 문학을 외국에 소개하기도 하였다.

특히 우리나라 최초의 한영사전이라 할 수 있는 『한영자전』(1897, 1911, 1930)을 편찬하였고, 조선성교서회(대한기독교서회) 창립위원으로 활동하며 한국에서 기독교 문서 사역의 기초를 세웠다. 또 주한 선교사 중에서 남장로교 선교부의 레이놀드(W. D. Reynold)와 더불어 가장 긴 기간 동안 성경 번역위원으로 활동하였는데, 1892년부터 1925년까지 33년 동안이나 활동하였다.

그의 책 『밴가드 *Vanguard*』는 2012년에 한
국어판이 출간되었는데, 이 책에서 한국인의 대
표음식인 김치에 대해 이야기하는 부분을 살펴
보기로 하자.

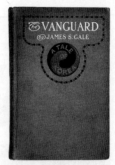

이 순간 누군가 그를 불렀다. 교인 중의 한 사

The Vanguard(1904)
초판본

람인 김 씨 부인의 어머니 신 씨 할머니였는데, 그
녀는 둥근 항아리를 보자기에 싸들고 왔다. 그
녀의 늙고 주름진 얼굴에는 천상의 빛이 감돌았고, 그녀의 더듬거리는 목
소리는 그녀가 느낀 기쁨을 충분히 표현하지 못했다. 그녀가 가져온 것
은 김치 단지였다. 그것은 배추, 무, 붉은 고추에 젓갈과 대추 등을 골고
루 섞어 만든 김치였다. 많은 서양 사람에게는 상당히 역겨운 냄새가 났
으나, 그녀가 마음을 담아 가져온 것이다. 그것은 그녀가 가진 최고의 것
이었으며, 향을 넣은 옥으로 만든 그릇에 월리스를 사랑해서 가지고 온
것이다. (180쪽)

『밴가드 *Vanguard*』는 게일의 장편실화소설이다. 평양과 서북지역 선교
의 아버지로 불리는 사무엘 모펫(Samuel Moffet, 주인공 월리스)과 서울 연
동교회 초대장로 고찬익(주인공 고 씨)을 주인공으로 당시 조선 땅에서 활
동한 초기 선교사들의 실제 모습과 한국 개신교의 초기 모습을 사실적으로
그려내고 있다.

이 소설의 주인공 월리스는 토론토대학 YMCA가 재정난에 시달려 선
교비 지원을 줄이자 게일이 캐나다 선교부에서 미국 북장로교 선교사로 옮
기는 데 도움을 주었고, 목사 안수를 받는 데도 큰 도움을 주었다. 또 월리

The Vanguard 본문에 실린 평양 서문의 사진

스와 함께 조선개신교의 초기 선교 현장을 누빈 노름꾼 고 씨는 게일의 전
도로 연동교회 초대 장로가 되었던 천민 출신 고찬익을 모델로 삼았다.

　이 책의 저자 게일은 한국(조선) 사회와 시대상을 어느 내국인보다 더
객관적으로 그려냈고, 한국을 서구 세계에 널리 알렸다. 게일은 그런 의미
에서 명나라 말에 중국과 서양세계 사이에서 가교 역할을 담당했던 마테오
리치(Matteo Ricci)와 비견할 만하다. 그는 타고난 문학적 재능을 발휘해
조선 사회를 널리 알린 것이다.

　이 책은 당대 조선인들의 생활상과 사회상, 여러 위기를 딛고 생존해 온
조선의 역사, 조선 토착민과 외국 선교사의 갈등과 화해, 조선종교와 개신
교의 갈등과 수용을 담아내었다.

　이 책에는 조선 개신교 도입기에 활동한 여러 선교사들이 등장하고 있
다. 이 책에서 '제임스(브루스)'는 헤론 선교사(John W. Heron)와 홀 선교사

(William J. Hall)를, '프럼'은 그래함 리 선교사 (Graham Lee)를, '화이어블로어'는 펜윅 선교사 (Malcolm Fenwick)를, '길버트'는 언더우드 선교사(H. G. Underwood)를, '포스터'는 아펜젤러 선교사(H. G. Appenzeller)를, '맥키천'은 더프 선교사(Duff)를 나타낸다. 이처럼 게일은 당시 조선에서 활동한 장로교, 감리교 등 여러 교파의 선교사들을 모델로 하여 글을 전개해 나갔다.

korean sketches(1898)
초판본

한편, 이 책의 제목은 『첨병』이나 『선구자』로 번역되기도 했다.

다음으로 『조선, 그 마지막 10년의 기록 *Korean Sketches*』은 100여 년 전 조선에 들어온 한 선교사의 눈을 통해 본 조선의 모습을 객관적으로 담아내었다. 게일은 19세기 후반과 20세기 초반의 격동기를 몸소 겪었는데, 조선 사회를 조선인보다 정확하고 객관적으로 그려내었다. 제1부는 20세기 초반 한국개신교 초기의 모습을 담았다. 게일은 다른 선교사들보다 당시 조선 사회를 긍정적으로 해석했다.

제2부는 한국민족과 역사에 대한 게일의 설명을 담았다. 게일은 글을 좋아하는 한국인과 한국어의 우수성을 밝혔다. 그리고 외세에 시달린 조선 시대와 구한말의 역사를 잔잔히 설명하고 있다.

제3부는 불교와 조상 숭배를 비롯한 한국종교를 소개했다. 한국종교를 멸시하거나 비판한 몇몇 선교사들과는 달리, 게일은 한국종교를 냉정하고 객관적으로 심도 있게 그려내었다. 그는 여느 한국학 전문가 못지않게 한국의 전통문화와 풍습을 제대로 설명하고 있다.

제4부는 은자의 나라에 발을 내디딘 선교사의 이야기를 담았다. 선교사들이 조선 땅에서 부딪친 어려움, 조선인들 사이에 뿌리박힌 귀신과 도깨

비 이야기, 선교사들의 선교 전략, 초기 선교 과정에서 순교한 선교사들의 이야기를 실감 나게 그리고 있다.

제5부에서는 한국문학을 사랑하는 게일의 모습을 엿볼 수 있다. 게일은 1895년『텬로역뎡』을 한글로 최초 번역하였고, 1922년『구운몽』의 영어 번역본을 출간했는데, 39년이나 조선에 살았기 때문에 조선의 고전문학에 대해서도 조예가 깊었던 것이다. 그는 한국인의 생활에 대해서도 깊이 있게 연구했는데, 다음의 글을 통해 그가 얼마나 심도 있게 연구했는지를 알 수 있다.

잠시 생각에 푹 빠져 있던 나는, 내가 편히 잘 수 있도록 잠자리를 봐 놨다는 안 씨의 목소리를 듣고야 정신이 들었다. 방은 길이 4미터에 폭 2.4미터, 높이는 1.8미터 정도 되었는데, 마을에 묵을 수 있는 방이 얼마 없다며 안 씨는 자신과 친구 한둘이 같이 자도 되겠느냐고 물었다.

"친구? 누구요?"

"최 씨, 서 씨, 이 씨하고, 몇 명 더요."

이 답답한 방에서 이렇게 많은 조선 사람들과 함께 자야 한다는 데 생각이 미치자 갑자기 마음이 무거워졌다. 하지만 어쩌겠는가? "당연히 모셔 와야죠!"라고 대답할 수밖에.

방 한쪽 끝에 새로 짠 자리를 깔았는데 꽤 좋아 보였다. 자러 온 사람들이 일렬로 몸을 눕힐 때까지 나는 앉아서 기다렸고, 안 씨는 호랑이를 대비해 문과 창문을 철저히 단속했다.

자리에 눕고 얼마 지나지 않아 나는 agungi(아궁이)에 불을 엄청나게 때고 있다는 것을 알 수 있었고, 방바닥은 점점 더 뜨거워지고 있었다. 잠시 뒤 나는 안 씨를 흔들어 깨울 수밖에 없었고, 그렇게 우리는 회의를 시작했다.

"아니, 날이 이렇게 따뜻한데 불을 왜 이렇게 때는 거예요? 나 죽어서 통구이가 되는 거 보려고 이래요?"

잠이 아직 덜 깼던 안 씨는 대체 여기가 어디인가 정신을 차리느라 몇 분을 보내더니, 자기가 하지 말라고 그렇게 일렀는데도 이 집 안주인이 불을 땐 것 같다고 이야기했다.

"걱정 마세요, 내가 해결할 테니."

안 씨는 이렇게 말하고는 사람들을 다 깨우기 시작했다. 그는 아궁이에서 최대한 멀리 떨어진 윗목의 쌀가마니들 사이에 자리를 최대한 겹쳐 쌓아 내 잠자리를 봐준 다음, 조선 사람들은 이 정도는 뜨끈뜨끈해야 편하게 잘 잔다며 나머지 사람들을 다 뜨거운 아랫목으로 몰아넣었다.

다음 날 아침 어렴풋이 잠에서 깼는데 숨이 꽉 막히는 것이 질식할 것만 같았다. 머리는 터질 듯한 데다 내가 어디에 있는 건지, 무슨 일이 일어난 건지 전혀 분간이 안 되었다. 나는 엄청 끙끙대며 한참을 고생한 후에야 겨우 일어나 앉았고, 그제야 대충 주변을 분간할 수 있었다. (52~54쪽)

이처럼 게일은 아궁이에 대해 재미있게 소개하고 있다. 이 책에서 재치 있는 문장을 많이 엿볼 수 있는데, "보통 체격의 조선인이 입는 바지의 크기를 말하면 극동지역에서 가장 큰 부처의 알몸을 모두 쌀 수 있을 정도이기도 하고 뉴욕에 있는 자유의 여신상한테는 헐렁한 속옷으로 입힐 수 있는 정도이기도 하다"고 유머러스한 문장을 구사하였다.

조선 사람들의 방에서는 특유의 냄새가 났는데, 대체 무슨 냄새일까 알아내려고 몇 달 동안이나 애를 썼다. 어딜 가든 이 냄새를 맡을 수 있었는데, 마침내 냄새를 분석하는 데 성공했다. 그건 두 냄새가 합쳐진 것인데, 하나는 구석에서 타닥타닥 타고 있는 아주까리기름 냄새였고, 다른 하나는 일렬로 천장에 매달려 곰팡이를 피우고 있는 콩 덩어리에서 나는 냄새였다. 겨우내 먼지와 거미줄을 뒤집어쓴 이 콩 덩어리는 발효가 될 때까지 물에 담가놓았는데, 진액이 흘러나오면 끓여 간장을 만들었다. (176쪽)

이처럼 게일의 문장은 재치 있고 유머러스하다.

21

기독교 선교소설을 집필한

애니 L. A. 베어드

Annie L. A. Baird, 1864~1916

『어둠을 헤치고 *Daybreak in Korea*』(1909)

요즘 한국 개신교에서는 한국인
작사가와 작곡가가 만든 찬송
가들이 적지 않게 불리고 있다.
그러나 초기에는 서양 찬송가의
가사를 한국어로 번역하여 부르는
것이 전부였다. 그래도 한국인의 마음

을 울리게 했으니 역시 찬송은 찬송이다 싶다. 물론 춘원 이광수 같은 문인
이 한글로 '역사(譯詞)'해 20여 편의 찬송가를 만든 바 있다. 그런데 그보다
훨씬 전에 서양인 선교사의 부인이 한국인을 위해 외국어로 된 찬송가를 한
글로 '역사'했다. 바로 미국 북장로회 선교사 윌리엄 베어드(William M.
Baird, 1862~1931)의 부인 애니 L. A. 베어드(Annie L. A. Baird) 여사이다.

부산에서 목회할 당시의 베어드 목사 부부(왼쪽)

윌리엄 베어드는 숭실학교를 세운 분으로 지금도 숭실대학교와 장로교에서 높이 추앙받고 있다. 그의 한국이름은 배위량(裵緯良)이고 애니 베어드의 한국이름은 안애리(安愛理)였다. 특히 애니 베어드는 문학에도 조예가 깊어 한국과 한국인을 소재로 한 소설을 썼으니 문학사적으로도 의미가 있다.

작가의 생애

애니 L. A. 베어드(Annie L. A. Baird)는 1864년 9월 15일 미국 인디애나 주 디케이터 카운티에서 태어났다. 오하이오 주 옥스퍼드에 위치한 웨스턴여자대학에 입학하여 일 년을 다니다가 하노버대학으로 옮겼다. 이곳에서 윌리엄 베어드를 처음 만나게 되었다. 아버지가 돌아가시면서 온 가족이 토피카로 이사하게 되어 그곳에 있는 워쉬번대학을 졸업하였다.

1891년 한국에 온 애니 베어드는 남편 윌리엄 베어드와 함께 부산에서

평양 숭실학교에서 교수로 활동할 당시의 베어드 부부

선교사로 활동하였다. 이들 부부는 부산에서 가장 오래된 초량교회를 1893년 설립했는데, 사랑방 전도, 문서의 편저를 통한 전도, 지역 순례와 답사 여행을 통해 기독교를 전파하였다.

애니 베어드는 1897년 남편과 함께 평양으로 이주한 이후 남편이 설립한 숭실학교에서 식물학, 천문학, 지리학 등을 가르쳤고, 숭실학교의 교과서도 편찬하였다. 애니 베어드가 편찬한 교과서는 한국에서 최초로 만든 근대학교의 교과서였다. 또 음악에도 조예가 깊어 한국어 찬송가를 역편하여 한국 교회음악을 발전시켰다. 애니 베어드는 1891년 한국에 온 이후 1916년 6월 9일 52세의 나이로 평양에서 사망할 때까지 25년간 한국에서 지냈다. 이들 부부의 묘비는 남원에 있다.

애니 베어드는 기독교적 세계관을 토대로 역사와 현실, 문화와 삶을 이해하려고 하였다. 이러한 작품세계를 엿볼 수 있는 책이 『어둠을 헤치고 Daybreak in Korea』이다. 특히 한국 여성의 이야기를 다루는 선교소설을 영어와 한글로 발표했는데, 이 선교소설들은 한국 여성의 고단한 삶을 미국

남원에 있는 윌리엄 베어드와 애니 베어드 부부의 묘비(왼쪽)와
숭실대학교에 있는 윌리엄 베어드의 동상(오른쪽)

에 알려 선교를 위한 협력을 구할 수 있었다. 대표적인 작품으로는 『*Fifty
Helps for the Study of the Korean Language* (한국어를 배우는 50가지 도움들)』,
『어둠을 헤치고 *Day Break in Korea: A Tale of Transformation in the Far
East*』(1909), 『고영규전』(1911), 『부모의 본분』(1911), 『*Inside Views of Mission
Life* (안에서 본 선교사의 생활)』(1913) 등이 있다. 그 외에도 교과서로 집
필한 『동물학』, 『식물 도설』, 『창가집』 등이 있다. 현재 그녀의 저작들은 희
귀본으로 분류되어 숭실대학교 기독교박물관에 보관되어 있다.

오늘날 숭실대학교에는 그녀를 기리는 베어드 홀(Baird Hall)이 있고,
필라델피아의 장로교역사회(The Presbyterian Historical Society)에는 베어
드 부부의 일기와 편지, 가족사진 등이 소장되어 있다.

작품 속으로

애니 베어드는 1908년 미국에서 암수술을 받았고 수술을 위해 미국에

있는 동안 *Daybreak in Korea*를 출간하였다. 국
내에서는 『먼동이 틀 무렵』, 『어둠을 헤치고』,
『따라 따라 예수 따라가네』 등의 제목으로 번역
되었다. 이 책은 윌리엄 베어드와 애니 베어드 부
부가 선교 활동을 하면서 겪은 일들을 소설로 엮
은 것이다. 가난한 살림에 쫓겨 열두 살에 시집
을 간 어린 소녀 보배는 자기보다 어린 남편의
냉대와 시부모의 핍박을 견디며 살아나간다. 남
편이 급사(急死)하고 첫딸을 병으로 잃은 후 또
다시 돈에 팔려 다른 남자와 살게 되는데, 삶의

*Daybreak in
Korea*(1909) 초판본

막다른 끝으로 내몰리게 된다. 그러다 우연히 기독교를 접하게 되었다. 그
토록 갈망하던 마음의 평안을 얻기 위해 먼 길을 마다하지 않고 예배소에
이르게 된다. 그리고 보배를 통해 새 남편과 식구들이 변화되고, 보배 주위
의 무당과 점쟁이 등 어두운 영에 사로잡혀 살던 사람들도 변하게 된다.

이 책은 '1. 시집가기 싫어요, 2. 아내에서 엄마로, 과부에서 종으로, 3.
보이지않는 공포, 4. 백일기도, 5. 새로운 교리와의 만남, 6. 온유의 힘, 7. 과
거와의 단절, 8. 기도의 능력, 9. 변화된 세상'의 순으로 되어 있다.

이 책의 서문에서 저자는 이렇게 말하고 있다.

이 책은 조선에서 일하고 있는 선교사들이 매일매일 관찰한 사실과 사
건을 편집하고 재구성한 이야기입니다. 기독교 신앙이 전혀 존재하지 않
는 세계를 이해하기 위해서 우리는 로마서 1장만 읽어보면 됩니다. 그러
나 한 선교사가 자신의 선교지의 백성들과 진정한 마음의 교류를 이루고
있을 때 그는 그들 안에서 거룩한 창조주가 하시는 일을 끊임없이 보게

됩니다. 그는 또 그들 안에서 타고난 높은 이상과 자기희생의 가능성을 발견하며, 또한 사랑하고 미워하고 즐거워하고 고통당하며 인내하는 가능성을 하나님으로부터 부여받고 있음을 알 수 있습니다.

아름다운 정서와 열정적인 마음은 그들의 지적 생활의 일부이기도 합니다. 조선의 곳곳에는 믿을 수 없을 정도로 황폐화되고, 잘못 이용되고 있는 상당한 양의 훌륭한 소재들이 있으며, 그것들은 복음의 씨가 뿌려진다면 무엇보다도 먼저 하나님과 같은 인격을 지닌 형태로 되돌아갈 가능성이 있는 것들입니다.

"그는 모든 나라의 백성들을 하나의 형제로 생각한다"라는 말씀이 있습니다. 만약 독자들도 이 글을 읽고 조선인들도 독자들과 똑같이 영혼의 병을 고쳐주는 위대한 치료자의 손길에 기꺼이 응답하는, 희망과 두려움을 가진 형제라는 생각이 든다면 이 글을 쓴 저자의 목적은 달성될 것입니다. ― 1909년 애니 L. A. 베어드

이 책의 주인공인 보배는 가난 때문에 이른 나이에 시집을 가게 되는데, 그와 관련된 내용은 제1장 '시집가기 싫어요'에 나와 있다. 제1장은 다음과 같이 시작된다.

김 씨 노인은 안마당 양지쪽에 앉아서 이번 가을에 신을 식구들의 짚신을 삼고 있었다. 아직 더운 여름날이었으나 노쇠하고 기력이 떨어져서인지 그는 양지쪽을 택했다. 평생 동안 짚신을 삼았는지라 그의 주름진 뻣뻣한 손가락은 볏짚을 능숙하게 다루면서도 그의 눈은 저 멀리 바라보이는 작고 낮은 산들을 바라보고 있었다. 산꼭대기에는 푸른 나무들로, 더러는 아주 오래된 고목들로 덮여 있었다. 그러나 대부분의 산에는 아직

풀도 자라지 못하고, 여기저기 삽질을 하여 붉은 흙을 드러내고 있었다. 열심히 손놀림을 하면서 먼 산을 바라보고 또 바라보면서 낮은 목소리로 흥얼거렸다.

"저 산을 보게나, 산마루와 골짜기들을. 나 역시 저 모습과 같으니 죽을 때가 되었네 그려."

시작도 끝도 없는 듯 노인은 계속 흥얼거렸다. (9쪽)

시집간 보배는 남편의 사랑은커녕 시부모에게 시달려야 했다. 게다가 남편도 일찍 잃고 자식까지 잃고 말았다. 이런 그녀에게 기독교가 구원의 손길을 건네주었다. 그녀는 더 이상 고통스런 삶을 살지 않게 되었는데, 이 소설의 맨 마지막은 이렇게 끝난다.

이 모든 의식이 거행되는 동안 심 씨는 하나의 축복 받은 영혼처럼 보였다. 신앙간증 시간이 되었다. 모든 교인들의 가슴속에서 하나님의 구원의 능력을 증언하고 싶은 열망이 타오르고 있었다. 먼저 심 씨가 일어났다. 손에는 절터에서 주워온 도금한 목불을 들고 있었다. 그 목불을 선교사에게 갖다주면서 그녀는 이렇게 말했다.

"당신이 당신의 아름다운 나라 미국으로 돌아갈 때 이것을 가져가세요. 그리고 그들에게 전하세요. 오랫동안 이 같은 우상을 숭배하고 또한 이보다 더한 것들을 섬겨왔던 조선의 백성들은 이제 하나님을 믿게 되었다고요."

밤늦게 모든 행사가 끝나고 서로서로 아쉬워하며 작별인사를 나누었다. 보름달이 휘영청 떠서 선교사가 집으로 돌아가는 길을 밝혀주고 있었다. 그는 걸어가면서 내내 노래를 불렀다. 교인들은 은은한 목소리로 찬송가를 부르며 각자의 집으로 흩어지고 있었다. 보배와 만식이는 옥수수밭을 지나 집으로 향하고 있었다. 옥수수나무의 넓은 잎이 미풍에 나부끼며 바스락거리는 소리를 내고 있었다. 만식이는 장님이 된 그의 아들을 등에 업고, 보배는 할아버지 손을 잡고 걸었다. 보름달이 하늘 높이 구름 속을 걸어가고 있고, 안식일의 고요함과 평화가 사방에 넘쳐흐르고 있었다.

보배는 몇 년 전 어머니의 심부름으로 이 길을 걸었던 때를 떠올렸다. 그때 그녀는 이 세상이 가난과 사악함으로 가득 찼다고 생각했다. 그녀는 달빛을 받으며 성큼성큼 걸어가는 남편을 쫓아가 그의 옷자락을 살며시 잡았다. 남편은 눈치 채지 못했는지 그냥 걷고만 있었다. 보배는 하늘을 향해 조용히 속삭였다.

"온 세상은 지금 변하고 있습니다."(128쪽)

22

영국의 화가작가
아놀드 헨리 새비지 랜도어
Arnold Henry Savage Landor, 1865~1924

『고요한 아침의 나라 조선
Corea or Cho-sen: The Land of the Morning Calm』(1895)

구한말 조선에 찾아온 서양인들은 대개 모
험심이나 사명감이 강한 사람들이었다. 그
렇지 않으면 머나먼 미지의 나라에 올 리가
없을 것이다. 그중에도 아놀드 헨리 새비
지 랜도어는 이름부터 독특하다. '새비지
(Savage)'는 '야만적인' 또는 '미개한'을 뜻
하기 때문이다. 그래서 필자는 그의 이름
을 처음 접하는 순간 재미있는 이름이라고
생각했는데, 『고요한 아침의 나라 조선 *Corea or Cho-sen: The Land of the
Morning Calm*』을 도서관에서 발견하면서 그가 서양화가로서는 최초로 한
국을 방문한 화가였고, 1890년에 두 번이나 조선을 여행하고 이 책을 썼다

는 것을 알게 되었다. 그리고 이 책을 읽으며 톡톡 튀는 위트와 생동감이 있는 문장에 점점 매료되어 그가 탁월한 문학가라고 감탄했다. 그런데 인터넷을 찾아보니 아니나 다를까! 그의 할아버지는 유명한 문학가 월터 새비지 랜도어(Walter Savage Landor)였다. 역시나 피는 못 속이는 법이다.

아무튼 1895년에 런던에서 발간된 *Corea or Cho-sen: The Land of the Morning Calm*은 백여 년 후인 1999년에 신복룡, 장우영에 의해 번역되어 『고요한 아침의 나라 조선』으로 출간되었다.

작가의 생애

———

아놀드 헨리 새비지 랜도어(Arnold Henry Savage Landor)는 1865년 6월 2일 이탈리아 플로렌스에서 태어났다. 이탈리아에서 태어났지만 그는 영국인이다. 그의 할아버지 월터 세비지 랜도어(1775~1864)는 유명한 시인이자 작가였는데 방랑벽이 심하고 고집스러운 인물이었다. 옥스퍼드대학을 다니다 정학을 맞고 가족과도 의절하고 남부 웨일스로 내려와 혼자 시를 쓰면서 지냈다. 1808년 스페인전쟁에 자원하여 퇴역한 후에는 몬머스셔(Monmouthshire) 주의 사원을 구입하여 성주가 되었다. 그러나 이웃 및 소작인들과 싸우고 이곳을 떠나 프랑스로 가서 살다가 이곳에서도 적응하지 못하고 이탈리아의 플로렌스에 정착하였다. 여기서도 아내와 싸우고 영국으로 돌아왔다가 다시 플로렌스에서 살다가 일생을 마쳤다.

이곳에서 손자 새비지 랜도어가 태어났는데, 손자 또한 방랑벽이 심했다. 플로렌스를 떠나 파리로 가서 청춘을 보내며 공부했다. 미술 공부를 마친 그는 미지의 세계를 알기 위해 캔버스를 들고 동아시아로 향했다. 일본을 거쳐 중국을 여행했는데, 조선도 두 번이나 여행했다. 1890년 연말에 온 것이 두 번째 여행이었다. 조선 여행을 마치고 미국, 대서양의 아조레스 군도, 호주, 아프리카를 여행하였다. 또한 인도, 티베트, 네팔, 남미를 여행하기도 하였다.

그는 여행지의 다양한 풍경을 그렸고, 미국의 해리슨 대통령 등 다양한 사람들의 초상화도 그렸다. 1914년 제1차 세계대전 당시에는 새로운 발병품인 탱크와 비행선 등을 그림으로 그렸다. 만년에는 플로렌스에서 자서전을 쓰다가 1924년 12월 26일 사망하였다. 그곳의 영국인 묘지에 안장되었다.

작품 속으로

———

『고요한 아침의 나라 조선 *Corea or Cho-sen: The Land of the Morning Calm*』은 조선으로 향하는 배 위에서 보고 들은 이야기들과 한국인의 생활상을 다루었고, 저자의 그림을 함께 실었다. 이 책은 '1. 조선행 선상에서 보고 들은 얘기들, 2. 제물포에서, 3. 서울의 풍물, 4. 여성, 5. 어린이와 놀이, 6. 시골의 풍경, 7. 유적, 8. 주거, 9. 결혼, 10. 초상화 그리기, 11. 왕실, 12. 문화, 13. 종교, 14. 형제, 15. 군제, 16. 격투기, 17. 서울의 화재, 18. 북한산성, 19. 성품'으로 구성되었다.

Corea or Cho-sen: The Land of the Morning Calm (1895) 초판본

흥미 있게도 새비지 랜도어는 조선으로 향하는 선상에서 조선 정부의 법률고문으로 부임하는 그레이트하우스(Clarence R. Greathouse, 1846~1899)와 만났다. 이런 인연으로 서울에서도 그의 집에 머물렀다. 그 외에도 선상에서 사람들과 많은 얘기를 나누었는데, 이것을 생생한 대화문으로 표현했다.

나는 호기심이 굉장히 발동해서 이렇게 말했다.

"좋습니다. 탐험대가 조선을 향해 상해를 떠난 것은 1867년 4월 30일이었습니다. 대장의 마음속에도 별로 어떤 신념이 없었던 것처럼 탐험대의 목적은 그 배가 출발했던 항구의 많은 외국인 주민들에게도 오히려 모호했던 것 같습니다. (…) 그 당시만 해도 조선은 사실상 폐쇄된 나라였습니다. 그런 이유로 해서 기묘한 의상을 입고 투명한 말총 모자를 쓴

3~4명의 조선 사람이 걸어 다니는 모습과 리델(F. C. Ridel)이라는 프랑스 주교에 의해 여기저기 소개된 모습들을 목격하게 되자 상해에서 이미 대단한 호기심이 생겼었지요."(20쪽)

이렇게 문학적으로 이야기를 재미있게 전개해 나간다. 물론 책 전체가 이런 형식으로 되어 있는 것은 아니다. 자연풍경과 한국인의 생활 모습을 묘사하고 심지어 형벌 제도에 대해서는 하나의 장으로 다루고 있다. 이 책에서 필자가 재미있게 읽은 것은 제물포의 '게이샤'에 관한 내용이다.

일반적으로 멋진 승마코스를 구획함으로써 도시를 만들기 시작하는 호주인들처럼 미카도제국 하의 쾌활한 일본인들은 제일 먼저 삶의 필수적 쾌락을 위해 몇 명의 게이샤들을 들여다 놓음으로써 일을 시작한다. 바로 그 게이샤들은 색다른 노래로써 절망에 빠진 사람들에게 살맛을 나게 해주며 우리 영국 연예관에서 마지막 노래와 그 순간에 펼쳐지는 스커트 춤에 젊은이들이 광란을 일으키는 것처럼 연회나 만찬 시에 그들의 묘한 부채춤을 춤으로써 황홀경에 이르게 해준다. 게이샤란 결코 불량한 소녀들이 아니라는 것을 명심해 두어야 한다. 그들이 항상 '매우 온당하게' 살아간다고는 할 수는 없지만 그들에게는 잘못된 점이 없다. 그들은 보통 연기를 해보임으로써 시간제 보수를 받으며 그들이 받는 대가는 다양하다. 물론 그들의 능력과 미모의 비율에 따르지만 시간당 최저 20전(6펜스)에서 2~3엔(dollars)을 받는다. (31~32쪽)

이 책은 한국인의 생김새에 대해 서술하고 있는데, 저자가 화가라서 그런지 여느 문학작가 못지않게 묘사력이 뛰어나다.

체격과 혼혈에 관심이 있는 사람에게는 조선만큼 흥미를 끄는 나라는 없으리라 여겨진다. 그것은 마치 아시아에 거주하고 있는 거의 모든 인종의 표본이 이 조그만 반도에 정착한 것처럼 보이는데, 이러한 사실은 모든 이주민은 동쪽에서 서쪽으로, 북쪽에서 남쪽으로 이동해 왔으며 결코 그 반대는 아니라는 이론을 어느 정도 반증해 줄 것이다.

만일 당신이 조선의 왕족을 예로 든다면 왕과 왕비 그리고 모든 왕족, 특히 왕비 가문인 민 씨 집안은 코카서스 족과 같은 백인이며 그들의 눈은 전혀 치켜 올라가지 않았고, 우리의 눈매와 같이 아주 직선으로 되어 있음을 알 것이다. 고관대작의 가문 중의 일부도 역시 유럽인으로 여겨질 정도이다. 물론 중류 계층은 비록 중국인이나 일본인의 평상 표본보다는 약간 더 세련되고 체력이 강하기는 하지만 몽골리안 형인 것은 사실이다. 그러나 북방의 이웃인 만주족처럼 그렇게 강인하고 키가 크지는 않으나 많은 면에서 공통적이다. 우리가 알고 있듯이 고구려인과 부여족에 의한 빈번한 침략이 이러한 사실을 설명해 주고 있다. 어떻든 종합해 보면, 한국인은 잘생긴 인종이다. 그들의 얼굴은 타원형이고, 얼굴 전체를 보면 일반적으로 길지만 옆모습은 약간 오목한 편이고, 코는 미간이 약간 평평한 편이며, 콧구멍은 넓은 편이다. 턱은 일반적으로 작고 좁으며 아래로 처진 반면에 보통 한국인의 얼굴의 약점인 입술은 대부분 무겁고 윗입술은 치켜 올라간 편이다. 치아가 드러나 보이고 아랫입술은 처져 있어서 겉으로 보기에 성품의 강인함을 거의 또는 전혀 찾아볼 수 없다. (…) 칠흑 같은 눈은 아마도 그들의 얼굴을 되살려주는 부분이며, 그 속에 좋은 성품, 자존심 그리고 고운 마음씨가 젖어 있는 듯하다. (53~54쪽)

이 책은 한국의 여성에 대해서도 독립된 장으로 서술하고 있는데, 한국

랜도어가 그린 조선 여성들

여성들이 다른 나라의 여성들보다 아름답다고 말한다.

우리가 조선 여성의 매력을 분석하게 될 때 찬반양론에 부딪치는 것은 사실이지만, 평균적으로 조선의 처녀들의 매력이 다른 나라보다 더 못하다고 말할 수는 없다. 그는 아름다울 수도 있고 추할 수도 있다. 여성의 경우 남자들이 그의 매력에 홈쳐될 만큼 그는 아름다워 보인다. 반면에 그렇지 않을 경우 그는 더 나빠 보이지는 않겠지만 죄악만큼이나 추해 보인다. 일단 아름답게 생긴 한 처녀를 택하기로 하자. 슬픈 듯한 모습의 작은 달걀형의 얼굴을 가진 그를 보라. 그는 아치형의 눈썹과 긴 속눈썹 때문에 타원형의 새까만 눈이 부드러워 보인다. 약간 덜 편평한 것이 낫겠지만 그는 곧은 코와 달콤한 작은 입을 가지고 있으며 눈처럼 하얀 예쁜 아래윗니를 드러내고 있다. 당신이 그를 처음 보게 된다면, 그의 행동을 상당히 고결하고 침착하게 느끼게 되어 당신은 그를 거의 작은 조각상으로 여길 것이다. 그는 수줍음 때문에 거의 얼굴을 돌리거나 고개를 들어 당신을 쳐다보지 않을 것이다. 그는 웃음을 흘리려고 하지 않는 것처럼 보이는데, 바로 그것이 그의 정숙함이다. 그러나 일단 그의 수줍음이 가시면 그는 놀라울 정도로 밝아진다. 그의 화사한 얼굴과 부드럽고 애정어린 눈길로 먼 곳을 응시하는 모습은 아무리 강직한 남자라도 애간장을 녹이기에 충분하다. 그는 청순하고 자연스러운 데 주로 매력이 있다. 유럽 여인의 아름다움은 한국 여인의 아름다움에 비견할 바가 못 된다. 왜냐하면 그는 그렇게 키가 크지도 않고 체형이 빼어나지도 않지만, 내 생각에는 극동 민족의 여성들 가운데서 보기 드문 세련된 미모를 갖추고 있기 때문이다. 사람들이 매우 흔히 들어온 일본 여성은 보다 예술적으로 차려입지만 조선의 비너스와는 비교가 되지 않는다. (…) 조선의 여성은 나에게 유럽 여성의 아름다움의 표준에 가장 가깝게 근접해 있는 것처럼 보였다. (…) 나는 특별히 한 사람을 기억하는데, 그는 왕의 대신들 중의 한 사람의 소실이었다. 운 좋게도 그는 내가 그림을 그릴 수 있도록 자리에 앉아 주었다. 그는 흔히 입는 것보다 훨씬 더 길고 푸른 너울을 입고 있었는데 전혀 어색해 보이지 않았다. 그 너울은 바로 발목 위까지 오는 흰 비단 바지와 작은 발에 꼭 맞는 푸르고 흰 예쁜 신발을 가렸다. 그는 입고 있던 작고 붉은 저고리를 매우 자랑했다. 그리고 그는 파이프 담배를 피웠는데 내가 알기로 그의 나이는 단지 열일곱 살에 불과했다. (67~70쪽)

랜도어는 화가였기 때문에 조선에서 다양한 풍경화와 초상화를 그렸는데, 명성황후의 친척조카인 민영환(1861~1905)의 초상화도 그렸다. 민영환은 1878년 17세의 나이로 정시문과에 병과로 급제하였는데, 이후 이조

참의, 도승지, 예조판서, 병조판서, 형조판서, 한성부윤, 주미전권대사 등을 역임하면서 조선을 근대국가로 개혁하려 했다. 하지만 1905년 11월 17일 일본에 의해 '을사조약'이 강제로 체결되자 어전에서 "을사조약에 서명한 이완용 등 5적을 처형하고 조약을 파기할 것"을 상소하였다.

결국 그의 상고는 받아들여지지 않았고, 일본 헌병에 의해 감옥에 수감되었다. 그러자 11월 30일 오전 6시경, 45세의 한창 나이로 2천만 동포와 각국 공사에게 보내는 유서 2통을 남기고 단도로 자신의 목을 찔러 순국하였다.

이 책의 저자는 이러한 민영환의 초상화를 그리는 과정을 다음과 같이 이야기하고 있다.

내가 자세를 취하게 하자 그는 말을 단 한마디도 하지 않았으며 눈조차 깜박이지 않았다. 거의 세 시간이나 되는 동안 그는 조각과도 같이 미동도 하지 않은 채 아무 말 없이 앉아 있었다. 내가 "끝났습니다"라고 말하자 그는 어린아이 같은 모습으로 일어나 작품을 보기 위해 내 쪽으로 다가왔다. 그는 대단히 기뻐했다. 그는 나의 손을 잡고 거의 30분간이나 흔들었다. 그런 후, 그는 갑자기 엄숙한 표정으로 화폭을 노려보더니 그 뒤를 살펴보았다. 그는 당황한 것 같았다. "무슨 일이십니까?"라고 내가 묻자, 그는 낙담한 표정으로 "당신은 비취 장신구를 빼먹었소!"라고 대답했다. 조선 사람들은 비취나 금, 은 또는 호박 따위의 단추 모양의 장신구(동곳)를 왼쪽 귀 뒤에 거는 이상한 관습이 있는데 나는 전면에서 그렸기 때문에 이들은 그림에 나타나지 않았다. 나는 유럽의 미술기법으로는 사물의 앞과 뒤를 동시에 보여주는 그림을 그릴 수 없다는 점을 설명하려고 애썼다. 그러나 그가 여전히 낙담하는 것 같았기 때문에 다시 앉

랜도어가 그린 민영환의 초상

게 하고는 측면의 장신구를 빠른 스케치로 크게 그려 넣는 것으로 해결을
지었다. 삽화는 이 초상화에서 비롯된 것이다. 왜냐하면 그가 나가자마
자 다시 바르게 수정했기 때문이다. 그러나 이 두 번째 초상화를 본 민영
환은 앞서보다 더 큰 슬픔에 잠겼다. 장식은 볼 수 있었지만 이제는 자신
의 다른 쪽 눈을 볼 수 없었기 때문이었다. 이러한 어려움은 많은 시간과
인내를 들여 투명하지 않은 사물을 관통하여 볼 수는 없다는 사실을 증
명함으로써 결국 해결되었다. (154~156쪽)

이처럼 이 책은 민영환의 초상화를 그리는 과정을 자세히 서술하고 있
는데, 필자는 과문(寡聞)하여 이 민영환을 그린 유화를 아직 원작으로 보지

못하였다.

이 책에는 랜도어가 그린 조선 풍경화와 한국인 인물화 38점이 실려 있다. 심지어 사형으로 목이 잘려 시구문 밖에 매달린 시체들의 그림도 수록했다.

랜도어가 그린 시구문 밖 사형수들의 시체

랜도어가 그린 서대문 밖 영은문

23

한국학 연구자들의 스승
모리스 오귀스트 루이 마리 쿠랑
Maurice Auguste Louis Marie Courant, 1865~1935

『조선서지학 서론 *Bibliographie Coréenne*』(1901)

한국을 연구하려는 외국인들 사이에서는 "모리스 오귀스트 루이 마리 쿠랑
(Maurice Auguste Louis Marie Courant)의 『조선서지학 서론 *Bibliographie
Coréenne*』부터 읽어야 한다"는 것이 일종의 상식이 되었다. 필자 역시 독일
에서 공부할 때 이 책이 큰 도움이 되었고, 우리가 문화적 전통이 있는 민족
이라는 자부심을 느낄 수 있었다.

　이 책을 읽으면 저자의 학구적인 면모가 느껴지고 프랑스인의 품위를
엿볼 수 있다. 물론 그는 한국뿐만 아니라 일본과 중국의 서적, 언어에 대
해서도 많은 연구를 하였다. 오늘날 우리는 '한국학(Korean Studies)'이라
는 말이 낯설지 않은데, 그것은 저절로 이루어진 것이 아니라 쿠랑을 비롯
한 선구적 학자들의 노고 덕분이다. 그런 의미에서 쿠랑의 책은 우리에게
매우 소중하다.

작가의 생애

────

　모리스 오귀스트 루이 마리 쿠랑(Maurice Auguste Louis Marie Courant)
은 1865년 10월 12일 프랑스 파리에서 태어났다. 파리대학교 법과대학에
서 법학을 공부하고, 국립동양어학교에서 중국어와 일본어를 공부하여
1880년부터 프랑스 외무성에서 통역관으로 일했다. 처음에는 중국으로 파
견되었다가, 1890년 한국 주재 프랑스공사관에서 통역관 겸 서기관으로 일
하게 되었다.

　1890년 5월 23일 통역서기관으로 서울에서 근무하기 시작해 1892년
3월 서울을 떠나기까지 21개월간 한국에 머물렀다. 이 기간 동안 뮈텔(G.
Mutel) 주교(主敎)의 도움으로 한국도서를 연구하였고, 휴가 때 프랑스에
귀국할 때도 유럽 곳곳의 저명한 박물관과 도서관을 돌아다니며 한국에 관
한 도서를 조사하였다. 요코하마, 도쿄, 베이징에서도 연구를 계속하여

『조선서지학 서론 *Bibliographie Coréenne*』제1권을 1894년, 제2권을 1895년, 제3권을 1896년 그리고 제4권 보유편(補遺篇)을 1901년 출간하였다. 제4권에는 주한대리공사로 근무했던 플랑시가 소장한 도서목록이 실려 있는데, 이로써 세계 최초의 금속활자본인『직지심체요절』의 존재가 알려지게 되었다. 수천 종의 한국도서 목록이 기록되어 있는『조선서지학 서론』은 한국학 연구자들에게 더없이 중요한 자료가 되고 있다.

1911년에 문학박사 학위를 받고 리옹대학교에서 중국학 교수와 중불 연구소의 소장직을 맡았다. 1935년 8월 18일 리옹에서 사망하기 전까지 동양학 강의에 전념하였고 유럽에서 처음으로 한국역사 강의를 시작하였다. 그는 총 103편의 저술을 남겼는데, 그중 21편이 한국 관련 저술이다.

작품 속으로

모리스 쿠랑은 한국학의 아버지라 할 수 있는데, 아쉽게도 그에 대한 연구는 활발하지 못했다. 다행히 2009년에 한국과 관련된 쿠랑의 논문 11편을 조은미가 번역하여『프랑스 문헌학자 모리스 쿠랑이 본 한국의 역사와 문화』가 출간되었다. 여러 전문학술지에 실린 논문들을

Bibliographie Coréenne(1901) 초판본

한글로 번역하여 단행본으로 출간했으니 매우 뜻 깊은 일을 해낸 것이다. 이 책에서 쿠랑은 광개토대왕릉비를 해독하고, 한반도의 화폐제도를 이야기하며, 한국의 문자 체계와 종교의식을 설명하고 있다. 또한 한국문화가 일본문화에 끼친 영향을 분석하고, 19세기 말

조선의 모습을 그리고 있다.

『조선서지학 서론 *Bibliographie Coréenne*』은 쿠랑이 1892년 조선에 입국하여 21개월 동안 3,821종의 조선 서적을 연구해 내놓은 결과물이다. 저자는 조선의 3,821종의 서적을 크게 9개 부문(교육, 언어, 유교, 문학, 의례, 사서, 과학기술, 종교, 국제관계)으로 분류하고 그것을 다시 여러 항목으로 세분하여 자세히 설명하였다.

이 책은 우선 한국학, 그것도 한국의 책들을 처음 접하는 사람들에게 다음과 같은 충고를 건넨다.

외국인이 한국에 오자마자 그의 눈길을 끌고, 서울이나 시골 도시에서, 거리의 모퉁이에서마다 그의 눈에 띄는 책들은 그런 것들이다. 그 꼴이 초라해 보이므로 그것들에 대해서 편견을 갖는 것도 무리가 아니다. 시골에서는 이런 책들밖에 볼 수 없지만, 서울에서는 다른 것들도 만나 볼 수 있다. 그러나 그것들은 거의 모두가 중국 글자(한자)로 인쇄되어 있으므로, 사람들은 그것들이 중국 책이고 한국에서는 저작술이나 인쇄술이 언급할 만한 가치가 거의 없다고 너무나도 성급하게 결론을 내려 버린다. 하지만 그렇게 중국 책인 줄 알고 있는 책들의 십중팔구가 한국에서 인쇄되었다는 것을 확인하기 위해서는 아주 철저한 검토를 필요로 하지는 않는다. 즉 본문이 제공해 주는 정보 외에도, 책의 크기라거나 종이의 질감과 품질 등과 같이, 그것들을 중국에서 온 책들과 혼동할 수 없게 해주는 외적인 표시가 있는 것이다. (15쪽)

이 책의 지은이는 프랑스 외교관이지만 조선의 책과 글, 문화에 대해 우리 자신보다 더 날카롭게 알고 있는 듯하다. 외국인이 21개월 만에 조사

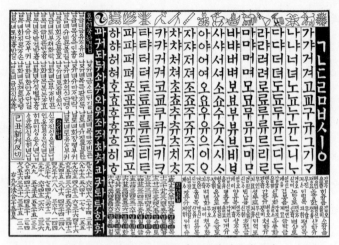

Bibliographie Coréenne 본문에 수록된 한국어 음절

및 연구하여 쓴 글이라고는 믿어지지 않을 정도로 우리글과 문학 및 문화에 대해 상세하게 소개했다. 이 책은 당시 서점가와 세책가(오늘날의 도서대여점)의 모습을 다음과 같이 생생히 소개하고 있다.

책점들은 모두 도심지 쪽으로, 종각에서 출발하여 남대문에 이르기까지 꾸부정하게 뻗어 있는 큰길가에 모여 있는데, 그 도중에는 한국 사람들이 일 년 내내 류머티즘에 걸리지 않도록, 음력 정월 보름날 한밤중에 답교(踏橋)를 하러 오는 돌다리가 있다. 서점들은 이 돌다리에서 멀지 않은 곳에 자리 잡고 있는데, (…) 책을 볼 수 있는 곳은 서점에서만이 아니고, 세책가(貰冊家)도 꽤 많이 있는데, 이들이 가지고 있는 것은 특히 이야기책이나 노래책과 같은 평범한 책들이고, 이것들은 거의 모두가 한국어로 쓰여 있으며, 어떤 것은 인본(印本)이고 또 다른 것은 수사본(手寫本)이다. 흔히 이러한 집들의 책은 서점에서 팔고 있는 것들보다도 더 잘 손질

이 되어 있고 더 좋은 종이에 인쇄되어 있다. 주인은 이런 책들을 매우 헐값으로 빌려주는데, 하루 한 권에 10분의 1, 2푼 정도이다. 흔히 그는 보증금이나 담보물을 요구하는데, 예컨대 현금으로 몇 냥이라거나, 현물로 화로나 냄비 같은 것들이다. 이런 종류의 장사가 옛날엔 서울에 꽤 널리 퍼져 있었으나, 이젠 한결 귀해졌다고 몇몇 한국 사람들이 나에게 말해주었다. 이 직업은 벌이는 좋지 않지만, 점잖은 일로 인정되어 있기 때문에 가난해진 양반들이 기꺼이 택하는 바가 되었다. 책을 빌려간 사람들은 빌려준 책을 잘 돌려주지 않으므로 세책가의 책은 급속히 줄어들어 도서목록을 대신하고 있는 조잡한 일람표와 매우 불완전하게밖에 일치하지 않는데, 내가 그러한 일람표를 믿고 어떤 책을 달라고 하면 번번이 그것은 분실되었다고 대답하는 것이었다. (16~17쪽)

이 책은 우리나라의 문헌정보학 연구자들에게도 매우 소중한 책이다. 여러 책들과 관련된 중요한 정보들을 제공하고 있기 때문이다. 그와 관련된 내용은 다음과 같다.

내가 문학사와 저자의 전기에 관한 정보를 가장 많이 발견한 것은 『대동운옥(大東韻玉)』과 『통문관지(通文館志)』에서였다. 불행히도 첫 번째 책은 이미 오래된 것이고, 두 번째 것은 일부의 문인들, 즉 흔히 역관(譯官) 계급이라고 불리는 중인(中人)에 속하는 문인들밖에 다루고 있지 않다. 게다가 또 최근 수 세기의 역사는 인쇄되어 있지 않고, 그 시대에 관계되는 책들은 다만 은밀히 돌아다니고 있을 뿐이므로 17세기 이후에 관해서는 나는 구두의 정보에 따를 수밖에 없었다. 『문헌비고(文獻備考)』는 영조(英祖)에 의해서 시작된, 한국적인 것 전반에 관한 방대한 조사의 결과

인데, 수많은 흥미로운 사실들을 나에게 알려주어 나는 그것을 이용하였으나, 그중에는 문학사나 철학사에 관계되는 것은 아주 적었다. (20쪽)

이 책은 세계 최초의 금속활자본인 『직지심체요절』의 존재를 세상에 알려지도록 했는데, 『직지심체요절』이 어떻게 만들어지게 되었는지를 소개하고 있다.

인쇄술로 말하자면, 한국은 중국을 능가했고 유럽보다 앞섰다. 즉 1403년에 현 왕조의 제3대 왕인 태종은 동(銅)으로 활자를 주조하도록 칙령을 내렸던 것이다. 이 칙령은 아래와 같다.

"나라를 다스리려면 반드시 법률과 서적의 지식을 넓혀, 도리를 밝히고 인심을 곧게 하도록 하여야 하며, 그렇게 함으로써 질서와 평화를 실현할 수 있을 것이다. 우리나라는 바다 너머 동쪽에 위치하여 있으므로, 중국 책이 여기서는 드물다. 판목(版木)은 쉽게 마멸될 뿐만 아니라 천하의 책을 다 새기기도 어렵다. 이에 나는 동으로 글자를 만들어 인쇄에 사용케 함으로써 책을 널리 세상에 퍼뜨리고자 하는 바이니, 그 혜택은 무궁할 것이다. 그러나 그 비용을 백성이 부담함은 마땅치 않으므로 모두 내탕금(內帑金)에서 지출하겠노라." 이 왕명의 집행을 위하여, 『시경』, 『서경』, 『좌전(左傳)』에서 가장 많이 쓰이는 글자를 골라 10만 자의 동활자를 주조하였는데, 우아한 활자의 주조를 위해 이 나라의 가장 능란한 달필가들에게 글씨를 쓰게 하였다. 한국의 군주들이 만들게 한 활자는 10만 내지 20만에 달하는데 왕의 열성이 어찌나 대단했던지, 구리가 모자라면 허물어진 절간의 종이며, 관청이나 개인 소유의 그릇과 기구를 가져다가 도가니에 집어넣을 정도였다. (33쪽)

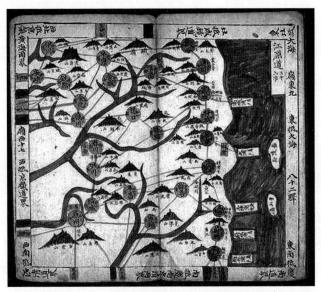

모리스 쿠랑이 수집한 18세기 후반 강원도 지역을 그린 지도.
울릉도 남쪽에 우산도(于山島, 독도)가 그려져 있다.

이 책은 한국의 인쇄 방식에 대해서도 자세히 소개하고 있다.

통속문자판(通俗文字版)은 결국 세 가지 유형으로 나눌 수 있다. 첫째 소설과 노래집의 보통판은 조잡하게 판목에 새겨져 있고 나쁜 종이에 인쇄되어 있는데, 그것은 어디서나 볼 수가 있으며, 사용된 글자는 거의 네모진 한국어이지만, 연이어 쓴 초서체인 때도 있다. 둘째로 왕명에 의한 한국어로 인쇄된 희귀본은 거의 전부가 한문이 원문이고, 한국어는 그 번역과 해설에 불과하다. 끝으로 서울 천주교 전교회(傳敎會)는 최근에 종교 서적을 언문으로 인쇄했는데 그것은 소형의 책으로, 공들여 만들어진 것같이 보인다. 가장 오래된 책들은 좀 초서체로 되어 있고 판목에 새겨져 있었는데, 약 10년 전부터 전교회는 단정한 형태의 활자를 사용하고 있다. (42쪽)

이 책은 인쇄술뿐만 아니라 한글의 우수성에 대해서도 이야기하고 있는데, 이처럼 뛰어난 문화를 자랑하는 우리 민족이 사대주의적 관습에 사로잡히는 것을 안타깝게 바라보고 있다.

한국인은 더 이상주의자여서, 여전히 자기 사상의 노예가 되어 있다. 그는 옛 문체와 옛 관습을 엄격하게 간직하고 있으며, 송나라와 명나라 같은 강대한 중국 왕조에 대하여 충성을 지키고 있다. 이러한 모방의 방식에 따라 한국인의 내부의 힘은 고갈되고 있으며, 외국인들과의 조약으로 생기는 교섭에서도 관리들 사이의 공식적인 통신문은 한국적인 문체를 이 새로운 일에 적응시켜 사용하기는커녕, 북경 총리아문(總理衙門)에서 쓰이는 언어를 잘 되었든 못되었든 간에 모방하려고만 힘쓰고 있다. (82쪽)

하지만 이 책은 우리에게 다음과 같은 희망을 건네고 있다. 한국문학의 우수성을 이야기하고 있기 때문이다.

한국문학은 중국문학보다도 훨씬 못하고, 또 외국에서 빌려 왔음에도 불구하고 일부분의 독창성을 간직할 수 있었던 일본문학보다도 역시 못하지만, 그러나 그런대로 몽골족, 만주족, 그리고 중국의 다른 제자들이 생산한 것보다도 훨씬 뛰어나다. 이들 중 어느 민족보다도, 한국은 받아들인 교훈을 더 잘 동화하고, 배운 사상을 자기 것으로 만들고, 그것을 엄격히 실천하여, 중국도 몰랐던 논리를 가지고 그로부터 결론을 끌어냈다. (144쪽)

24

한국을 사랑한 어머니와 아들

로제타 셔우드 홀 Rosetta Sherwood Hall, 1865~1951
셔우드 홀 Sherwood Hall, 1893~1991

『로제타 홀 일기 *Diary of Dr. Rosetta Hall*』(1890~1902)

『닥터 홀의 조선회상 *With stethoscope in Asia: Korea*』(1978)

로제타 셔우드 홀(Rosetta Sherwood Hall, 1865~1951)과 아들 셔우드 홀 (Sherwood Hall, 1893~1991)의 일기는 한마디로 그 자체가 문학이다. 분량도 적지 않지만 본 대로 느낀 대로 일기체로 남긴 솔직한 역사적 기록이다. 로제타 홀의 일기는 2015년부터 2017년까지 2년에 걸쳐 한국어로 번역되어 『로제타 홀 일기 *Diary of Dr. Rosetta Hall*』 6권을 출간하였다. 이 책은 서양인에 대한 시련과 편견을 극복하고 조선에서 의료와 장애인 교육의 기틀을 다진 한 벽안 여성의 감동적인 삶을 보여준다. 나는 서울대도서관에서 이 책들을 빌려 읽고 무척 감동을 받았다. 그리고 이 방대한 일기가 늦게나마 한국어로 번역되어 그들에게 받은 은혜를 갚아나가는구나 하는 생각도 들었다.

셔우드 홀의 『닥터 홀의 조선회상 *With stethoscope in Asia: Korea*』은 이

로제타 셔우드 홀   셔우드 홀

땅에서 태어나 이 땅에 묻힌 셔우드 홀의 조선과 조선인에 대한 사랑과 헌
신을 담은 자서전이다. 이 책 역시 우리에게 깊은 감동을 준다. 2대에 걸쳐
어머니와 아들이 한국을 사랑하고 책까지 남겼으니 실로 고마운 일이다.

작가의 생애

———

　로제타 셔우드 홀(Rosetta Sherwood Hall)은 1865년 9월 19일 뉴욕에
서 태어났다. 1886년 펜실베이니아 여자의과대학에 입학해 1889년 의사가
되었다. 감리교에서 운영하는 뉴욕의 빈민가 의료시료원에서 일하다 1890
년 조선에 의료선교사로 파견되었다. 1892년 6월 서울에서 윌리엄 제임스
홀(William J. Hall)과 결혼하였다. 남편 윌리엄이 평양에서 의료활동을 하
면서 교회를 개척하는 동안 아내 로제타 홀은 서울에 있는 여성 전문병원

인 보구여관에서 의료 선교사로 일했다.

월리엄 홀은 평양에서 환자들을 치료하기 위해 불철주야 일하다가 전염병에 걸려 1894년 11월 24일 사망해 양화진 서울외국인묘지공원에 안장되었다. 이후 두 자녀를 데리고 미국으로 돌아간 로제타 홀은 1897년 다시 한국으로 돌아왔지만 이듬해에 딸 에디스 홀을 남편 곁에 묻어야 했다. 이처럼 한국에서 사랑하는 가족과 이별했지만 그녀는 평생 동안 한국을 위해 살았다. 1898년 6월 평양에 여성치료소 광혜여원(廣惠女院, Women's Dispensary of Extended Grace)을 열었다. 그리고 한국 최초의 맹학교인 '에디스 마그리트 어린이 병동'을 개원하였다. 1900년 6월에는 평양외국인학교를 세웠고, 1928년 9월에는 경성여자의학전문학교(현재의 고려대학교 의과대학의 전신)를 설립하였으며, 동대문부인병원(현재 이화여자대학 부속병원), 인천간호전문보건대학 등도 설립하였다. 1951년 4월 5일 미국 뉴저지주 오션 그로브에서 세상을 떠났고, "자신의 시신을 한국 땅에 묻어달라"는 그녀의 유언에 따라 남편과 딸이 묻힌 양화진 서울외국인묘지공원에 안장되었다.

아들 서우드 홀(Sherwood Hall)은 1893년 11월 10일 서울에서 태어났고, 1900년 평양외국인학교에서 공부를 시작하였다. 그는 원래 귀국하여 사업가가 되려고 했는데, 1906년 8월 원산에서 R. A. 하디 선교사의 설교를 듣게 되어 폐결핵 전문의사가 되기로 결심했다. 1928년 '결핵 환자의 위생학교'라는 결핵 요양소를 설립했다. 1932년 12월 3일 결핵 요양소의 운영비를 마련하고 결핵의 위험성을 널리 알리기 위해 한국 최초로 남대문을 그린 크리스마스실을 발행하였다.

한국을 위해 봉사하던 그는 1940년 스파이 혐의로 일본헌병대에 체포되어 벌금 5천 엔을 물고 인도로 추방되어 의료선교를 하였으며, 1963년에 은퇴하였다. 1991년 4월 5일 캐나다의 밴쿠버에서 사망한 그는 1992년 4월 10일 양화진 서울외국인묘지공원에 묻혔다.

양화진 서울외국인묘지공원에 묻혀 있는 홀 집안의 사람들은 모두 5명에 이른다. 조선에 파견된 선교사 중 최초로 순직한 윌리엄 제임스 홀과 그의 아내 로제타 홀, 딸 에디스 홀, 아들 셔우드 홀과 며느리 메리안 홀이 서울외국인묘지공원에 묻혔다. 어린 시절에 사망한 에디스 홀을 뺀 나머지 4명이 이 땅에서 봉사한 기간을 합치면 무려 73년이나 된다.

작품 속으로

『로제타 홀 일기 *Diary of Dr. Rosetta Hall*』는 6권이나 되는 방대한 기록물이다. 제1권은 1890년 8월 21일부터 9월 24일까지의 일기를, 제2권은 1890년 9월 24일부터 1891년 5월 17일까지, 제3권은 1891년 5월 15일부터 1891년 12월 31일까지, 제4권은 1891년 5월 15일부터 1891년 12월 31일까지를 다루고 있다. 제5권은 아들 셔우드 홀과 관련된 육아일기이고, 제6권은 에디스 홀과 관련된 육아일기이다.

With stethoscope in Asia: Korea(1978) 초판본

그런데 로제타 홀의 아들 셔우드 홀은『닥터 홀의 조선회상 *With stethoscope in Asia: Korea*』에서 군

『로제타 홀 일기 *Diary of Dr. Rosetta Hall*』

데군데 어머니의 일기를 인용하고 있다. 이 책은 1978년에 처음 간행되었으며, 1984년 김동열(金東悅)의 번역으로 동아일보사에서 출간되었다. 그리고 최근에는 좋은씨앗 출판사에서 출간되었는데, 필자가 읽은 책은 동아일보사에서 출간한 책이다. 이 책은 조선에서 선교 개척자로 일생을 바친 의사 부부 사이에 태어나, 훗날 아내와 함께 의료 선교사로 조선에 다시 와서 16년의 세월을 보낸 저자의 자서전이다.

2대에 걸쳐 한국을 사랑했던 홀 일가의 이야기는 진한 감동을 줄 뿐만 아니라, 이들이 한국에서 겪은 일들은 아름답고 재미있으며 문학성도 있다. 이 책은 '1. 시작, 2. 첫 인상, 3. 개척을 향한 모험, 4. 평양에서의 수난, 5. 에디스 마거리트, 6. 마음의 상처를 수습하고, 7. 은둔 왕국의 백인 소년, 8. 시베리아-유럽 횡단여행, 9. 내일을 찾아서, 10. 조선을 향해, 11. 조선으로 돌아와서, 12. 오리엔테이션, 13. 첫 번째 해와 예순한 번째 해, 14. 첫아이, 15. 원산의 여름, 16. 기초 작업, 17. 긴급 취임, 18. 꿈은 이루어지고, 19. 최초의 요양원-해주 구세요양원, 20. 안식년 휴가, 21. 크리스마스 씰, 22. 이정표, 23. 공수병 소동, 24. 반가운 사람들의 방문, 25. 화진포의 성(城), 26. 대행(代行), 27. 전쟁의 소리, 28. 헌병대, 29. 엉터리 재판, 30. 조선을 떠나며, 31. 만세'로 구성되어 있다.

이 책의 앞부분에 실린 '한국독자들에게 보내는 편지'에서 로제타 홀은 이렇게 적어놓았다.

내 부모의 의료선교사업에 있어서 나는 훌륭한 홍보역할을 했습니다. 그러나 그때 나를 구경하던 사람들은 모두가 나를 예쁘다고 칭찬하지는 않았습니다. 사람마다 한국아이에 비해 너무 큰 코와 파란 눈을 보고 웃음을 참지 못했습니다.

"에그머니나, 양귀(洋鬼)의 아들은 꼭 개눈 같은 눈을 가졌네!"

조선에서는 개만이 파란색 눈을 가진 것을 볼 수 있었기 때문입니다. 그들 앞에서 튼튼한 한 쌍의 폐를 가지고 있던 내가, 여느 조선 아기들이나 마찬가지로 힘차게 소리 내어 울자 구경꾼들은 "이 아기도 역시 사람새끼로구나"하고 나를 인간으로 곧 인정했다 합니다. 내 부모가 하는 사업이 양귀들의 사업이 아님을 그들이 알게 된 것은 어쩌면 나의 울음소리가 도움이 되었을지 모릅니다. (23쪽)

이 책 전반부에는 『로제타 홀 일기 *Diary of Dr. Rosetta Hall*』가 상당부분 인용되고 있다. 그중 몇 군데를 소개하겠다.

어느 날 우리가 여기 온 후 처음으로 임금이 성문 밖에 나가서 중국의 대사(사신)를 맞이하는 것을 보게 되었다. 이런 일은 서울에서는 대단한 구경거리여서 모든 사람들이 다 나간다. 우리도 많은 외국인들과 함께 구경을 나갔다. 군인들은 각기 장총, 총검, 깃발, 조잡한 악기를 갖고 여러 복장들을 하고 있어서 정말로 볼 만하였다. 우리는 중국대사를 봤고, 조선국왕인 이희(고종)의 모습도 잠시 볼 수 있었다. 국왕은 약 40세쯤 되었는데 1863년에 왕위를 이었다. 그는 외국과의 교류를 찬성하여 그의 통치하에서 폐쇄되었던 이 왕국은 미국, 일본, 유럽의 열강들과 조약을 맺었다. 기독교를 금한 옛날 법이 완전히 폐지된 것은 아니지만 20여 년 전에 있었던 9명의 프랑스 선교사(가톨릭) 살해사건 때문에 선교는 크게 방해를 받지 않고 있다. 서울시와 근교의 인구는 약 1백만 명이다. 서울에는 넓은 거리와 좋은 건물이 몇 채 있지만 전체적으로 볼 때 이 도시는 내가 본 도시 중 가장 더럽고 보잘것없다. 거리의 더러움은 말하지 않는

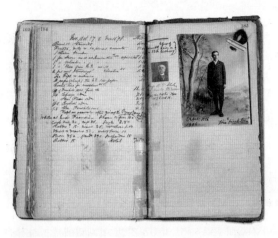

로제타 홀의 일기. 맨 아래는 손수 모은 한국의 옷감 재료이다.

게 좋을 정도다. 거리에서는 서민 계층 여자들 두어 명밖에 눈에 띄지 않는다. 그러나 이런 여자들도 눈만 제외하고는 머리와 얼굴을 천으로 다가리고 다닌다. 그들이 거리에 나올 때는 동반자가 있다. 나는 다이(Dye) 장군이 조선에 대해 기술한 것을 들은 적이 있다. 그는 조선을 '여자들은 지팡이를, 남자들은 부채를 가지고 다니는 나라'라고 표현했다. 이 나라는 모든 것이 서양과 반대인 것 같다. 길에서 사람과 마주치면 우리는 오른편으로 비켜서지만, 이 나라 사람들은 왼편으로 비켜선다. 우리는 상대방 사람의 손을 잡고 악수하지만, 이 나라에서는 자기 손을 맞잡고 인사한다. 우리는 조상 때 검은색 모자를 쓰지만, 이들은 흰 모자를 쓴다. (81~82쪽)

로제타 홀은 처음에는 한국과 한국인에 대해 낯설게 느꼈지만 점차 따뜻한 애정을 품게 되었다. 그래서 이렇게 토로하고 있다.

불교는 국법에 의해 금지되어 있다. 서민계층의 사람들은 잡신을 숭배하고 상류계급에서는 유교의 영향을 받지만 국가에서 정해 놓은 종교는 없다. 이 나라의 백성들은 선교사들이 가져오는 예수님의 '좋은 소식'을 기다리는 것 같다. 실제로 길에 나가면 하나님과 예수에 대해 이야기해주어서 고맙다고 인사하는 사람들을 만난다. 조선인들은 대단히 인사성이 있어서 어떤 도움을 받으면 무슨 방법으로든지 꼭 은혜를 갚으려 한다. 나는 조선에서 내가 맡은 일을 좋아하며 나를 이곳에 보내주신 하나님께 감사한다. 서울의 선교사들은 부인들까지 합쳐 25명이다. 이 숫자가 1,100만 명에게는 부족하다. 외국인에게 개방된 항구는 3개나 되지만 선교사가 없다. 큰 수확을 위해 일할 사람들이 모자라는 편이다. (85쪽)

어머니 로제타 홀과 마찬가지로 셔우드 홀은 이 책에서 여러 가지 재미있는 경험과 에피소드를 적어놓고 있다. 그는 한국에서 처음으로 크리스마스 실을 고안하였는데 그와 관련된 이야기도 재미있다. 영국에서 온 화가 엘리자베스 키스(Elizabeth Keith)는 홀의 집안에 머무르며 크리스마스 실의 그림을 그렸다. 또 호주 장로교 선교사이자 화가인 에드먼드 뉴(Edmond W. New)와 한국인 화가 김기창에 대해서도 이야기하고 있다.

이 책은 한국을 떠나는 저자의 심정을 이렇게 밝히고 있다.

'고요한 아침의 땅'에 내 인생을 수놓은 지 22년, 그동안은 문자 그대로 사건과 흥분의 연속이었다. 그렇다. 조선을 떠나기는 참으로 가슴 아픈 일이다. 우리 인생과 깊은 인연을 맺었던 모든 것을 버리고 떠나기란 참으로 힘든 일이다. 그러나 우리가 머문다면 우리는 물론 우리가 사랑하는 조선친구들에게 더 큰 시련이 닥쳐올 것임은 너무나 자명한 일이다.

출발시간이 가까워졌다. 나는 상념에서 깨어나 아이들을 불렀다. 그리고는 주머니에서 아름답게 수놓은 조선 국기를 꺼냈다. 해주에서의 환송연 때 조선친구들이 기념품으로 우리에게 준 것이다. 나는 태극기를 펼친 다음 나뭇가지에 걸었다. 우리 가족은 태극기 주위에 모여 섰다. 조선 사람들은 전통적으로 축복을 기원할 때 "만세!"를 부른다. 이 말은 "1만 년을 사십시오!"라는 뜻이다.

우리 가족 다섯 중 네 명은 모두 조선에서 태어났다. 메리안도 생애의 전성기를 조선에 바쳤다. 나는 가족에게 조선의 국기인 태극기를 향해 마지막 인사를 하자고 했다. 우리 가족은 목소리를 높여 "만세!"를 외쳤다. 조선의 진정한 국기에게 "만세!"를. 나는 주머니에서 종이 한 장을 꺼냈다. 종이에는 마니 해스킨스(Minnie L. Haskins)의 아름다운 시 「연(年)의

문 *Gate of the Year*」이 적혀 있다. 우리는 손을 잡고 내가 낭송하면 모두 따라 외우라고 했다.

나는 연의 문 앞에 서 있는 사람에게 말했네.
빛을 주시오.
그래야 내가 미지의 세계로 안전히 들어갈 수 있소.
그는 대답했네.
어둠에 들어가시오. 그리고 하나님의 손을 잡으시오.
그러는 것이 빛보다 나으며 안전할 것이오.

이렇게 작별의 "만세'를 외치며 우리 가족은 잊을 수 없는 그 궁원과 조선을 떠났다. (729쪽)

영국 성공회 주교

윌리엄 아서 노블

William Arthur Noble, 1866~1945

『이화 *Ewa, A Tale of Korea*』(1906)

윌리엄 아서 노블(William Arthur Noble)은
한국 개신교의 역사에서 중요한 인물로 알
려져 있다. 한국이름 '노보을(魯晋乙)'로 불
리던 그는 문학에도 조예가 깊었다. 자신
의 선교 활동 경험과 한국사 지식을 토대
로 소설을 썼는데, 『이화 *Ewa, A Tale of
Korea*』와 *Blazing the Trail* 등의 소설을 정
기간행물에 연재하였다. 이 책에는 당시 조선인의 모습이 잘 녹아 있으며,
격동기를 맞아 변화하는 조선 사회를 자세하게 그려냈다.

월리엄 아서 노블의 가족 사진

작가의 생애

———

월리엄 아서 노블(William Arthur Noble)은 1866년 미국 펜실베이니아 주 스프링빌(Springville)에서 태어났다. 와이오밍신학교와 드루신학교를 졸업하고 1892년 와이오밍 연회에서 목사안수를 받았다. 1892년 마티(Mattie L. Wilcox)와 결혼하고 3개월 후인 10월 17일 한국에 감리교 선교사로 입국하였는데, 1933년 선교사직에서 은퇴하고 1934년 12월 한국을 떠나기까지 42년간 교회를 개척하고 교육 사업을 전개하며 한국 감리교회가 성장하는 데 크게 기여했다.

그는 3년 동안 배재학당에서 학생들을 가르쳤고, 앞에서 소개했던 로제타 셔우드 홀의 남편 제임스 홀(William J. Hall)이 1894년에 사망하자 그의 후임으로 평양선교회를 운영하였다. 15년 동안 평양을 중심으로 북부지방의 교회를 돌보다가 서울로 이주하여 1934년에 한국을 떠나기 전까지 지냈다.

윌리엄 아서 노블이 소장했던 태극기. 오른쪽 태극기에는
'일제 강점기 이전의 한국 국기'라는 노블 목사 부인의 친필이 적혀 있다.
2010년 노블의 손녀 엘런 매캐스클(Ellen Mckaskle)이 기증하였다.

그는 뛰어난 행정 실력을 갖춘 목회자였다. 관리자로 2년, 지방감리사로 40년을 일했으며 여러 지방을 동시에 관할한 적이 많았다. 1908년부터 3년간 평양 및 서울 감리사로 일할 당시 한국감리교회의 70%를 관할하였다. 모든 선교구역을 순회하였으며 한국지방회의 90%를 관할할 때도 있었다. 한국에서 42년간 활동한 그는 한국감리교회를 크게 성장시켰는데, 그가 한국에 처음 올 당시에는 교인이 50명 안팎에 불과했지만 은퇴할 당시에는 2만 명으로 늘어났다. 또한《코리아 레포지토리》및《코리아 리뷰》에 많은 글을 기고하였으며, 소설을 쓰기도 했다. 1945년 1월 6일 캘리포니아의 스톡턴(Stockton)에서 세상을 떠났다.

그의 부인도 한국에서 선교 활동을 했는데, 특히 여성 교육에 큰 업적을 남겼다. 1896년부터 평양에서 여자아이들을 모아 가르치기 시작한 것이 북한 지역 최초의 여성교육기관이 되었는데 이것은 훗날 초등과정인 정진학교, 중등과정인 정의학교로 발전하였다. 또한 한국 여성을 위해『어머니에 대한 강도』(예수교서회, 1916),『자모권면』(예수교서회, 1921),『승리의 생활』(예수교서회, 1927)을 편찬하기도 했다.

작품 속으로

이 책은 20세기 초 조선의 문화와 사회 상황을 선교사의 입장에서 보고 느낀 것을 토대로 쓴 소설이다. *Ewa, A Tale of Korea*는 2000년에 『사랑은 죽음을 넘어서』(윤홍로 역)로, 2011년에 『이화』(이현주 역)로 번역 출간되었다. 필자가 읽은 책은 『이화』이다.

Ewa, A Tale of Korea(1906) 초판본

이 책은 '1. 왕실의 사관(史官), 2. 새로운 지위의 약속, 3. 중단, 4. 대동강에서, 5. 관찰사, 6. 외국인, 7. 신부를 찾아서, 8. 서양에서 온 귀신, 9. 대동강에서의 표류, 10. 도사의 동굴, 11. 전쟁의 희생자, 12. 사형 선고받은 풍각쟁이, 13. 계약과 처형, 14. 공포, 15. 회복기, 16. 새로운 신앙, 17. 고향집, 18. 이화를 찾아서, 19. 체포되다, 20. 궁정 습격, 21. 한양에서의 폭풍, 22. 계속된 수색, 23. 다시 만난 이화, 24. 죽음이 다가올 때까지, 25. 양심을 위해서, 26. 눈앞에 닥친 위험, 27. 조국을 위해'로 구성되었다.

노블은 머리말에서 이렇게 적었다.

이 책은 조선인의 시각에서 그들의 이야기를 쓴 것이다. 나는 조선인의 눈으로 그들의 행동을 보려고 노력했을 뿐 아니라 조선인의 관점에서 그들을 이해하고 그들의 관습과 사상을 제시하려고 노력했다. 나는 서구인이 행하듯 사랑하고 증오하고 두려워하고 희망하며, 이상을 위해 희생하는 동양인의 모습을 그리고자 했다. 그리고 보다 나은 삶을 이루는 과정에서 발생하는, 조선의 큰 갈등을 나타내고자 했다. 뿐만 아니라 사람

들을 개혁으로 이끌고 가는 남성의
전형적인 모습을 예증함으로써 외세
의 힘에 의해 부당하게 착취당하는
희생자가 되어버린 조선인에 대한
연민을 일깨우고자 한다.

이 책의 사건들은 실제 역사를 바
탕으로 전개되고 있으며 등장인물
역시 그 당시 역사 속에 존재했던 조
선인의 전통과 정신을 충실하게 담
아내려고 노력하였다. 다만 아직
살아 있는 사람들의 이름과 그들과
관련된 일부 지명의 이름을 변화시
켰다. 나의 이런 의도가 성공했는지
의 여부는 오로지 독자의 판단에 맡
긴다.

Ewa, A Tale of Korea 본문에 실린 사진

이 소설의 저자 노블은 갑신정변, 갑오개혁, 아관파천 등 구한말의 역
사적 사건을 몸소 겪었다. 이러한 경험을 토대로 쓴 이 책에는 당시 조선 사
회와 조선인의 모습이 고스란히 이 녹아 있다.

이 소설의 주인공인 이화는 원래 양반의 딸이었지만 노비로 전락한 여
성이다. 이화는 유교사상이 지배하던 조선에서 살아가던 여느 여성과 달
리 스스로 자신의 운명을 개척하려 했던 진취적인 여성이다. 주인에게 철저
히 종속된 노비의 신분이었지만 그녀는 양반의 아들과 사랑에 빠진다. 그
리고 그들은 신분의 구별이 엄격했던 당시 사회의 관습을 뿌리치고 교회에

서 결혼한다.

하지만 이화는 기독교인으로서 이타심을 느끼게 된다. 노비 신분인 자신과 결혼한 남편이 어려움을 겪는 것을 원치 않았던 것이다. 결국 그녀는 도망쳤던 주인집으로 다시 돌아가 매를 맞다 죽게 된다. 그리고 그녀의 남편은 신실한 기독교인이자 지식인이 된다.

이 책의 첫 장 '왕실의 사관'은 이렇게 시작된다.

멀리서 보면 내가 살았던 마을은 요새와 같았다. 담으로 둘러진 천 평에 달하는 정사각형 대지 안쪽으로 조그만 마을을 이루었다. 높이가 8척에 이르는 담 위에는 거대한 기와 갓돌이 덮여 있었는데, 이 기와 갓돌 때문에 요새의 분위기는 좀 감하여졌다. 담 너머 안쪽으로 가옥이 우뚝 솟아 있었다. 넓은 박공과 큰 지붕이 덮인 가옥이 마치 언덕처럼 우뚝 솟아 있었다. 처마는 중앙에서 가장자리까지 비스듬히 위로 치솟아 머리 위로 두 팔을 곧게 올리며 춤추고 있는 무용수 같았다. 가옥들이 배열된 모습은 한층 더 우스운 생각을 나게 했다. 비스듬히 서 있는 가옥들은 담 주위를 반쯤 에워싸고 있는, 조잘대는 시내를 엿보고 있는 듯했다. (11쪽)

마지막 장인 제27장 '조국을 위해'의 대미(大尾)는 이렇게 끝난다.

예전에는 결코 이렇게 기쁜 마음으로 무덤을 판 적이 없었을 것이다. 거적 위에 흙을 덮고 무덤을 높게 세운 후 동식이는 무덤을 보고 진지하게 말했다.

"동식이는 죽었지. 하지만 나는 죽지 않고 살아 있네."

나는 고개를 끄덕였다. 그는 돌아서서 오랫동안 한양을 바라보았다.

눈물이 뺨에서 흘렀다. 그는 대단한 판결을 내리듯 반복해 말했다.

"대한제국은 자유로울 거야. 대한제국을 자유롭게 할 거야."

두려운 감정이 나를 사로잡았다. 나는 그 마음에 악의가 없고 부드러운 갈망만이 존재하는 놀라운 사람, 혹독한 적군에게 책략을 계속 써 죽음을 이긴 그 사람의 얼굴을 응시했다. 그의 말이 무덤에서 다시 살아나신 그분의 말처럼 내 귀에 울렸고 내 영혼 안에서 변할 수 없는 신념으로 메아리쳤다. (385쪽)

26

한국인의 일상을 그린 영국화가

콘스탄스 제인 도로시 테일러

Constance Jane Dorothy Tayler, 1868~1948

『스코틀랜드 여성 화가의 눈으로 본 한국의 일상 *Koreans at Home*』(1904)

스코틀랜드 출신의 여성화가 콘스탄스 제인 도로시 테일러(Constance Jane Dorothy Tayler)는 대한제국 시대에 서울에서 머물며 한국인들의 일상을 글과 그림, 사진으로 기록해 1904년 『스코틀랜드 여성 화가의 눈으로 본 한국의 일상 *Koreans at Home*』을 출간하였다. 이 책에서 그녀는 "한국 외에 내가 지금까지 방문했던 어떤 나라도 다시 그곳에 가 보았으면 하는 열망과 아쉬움으로 떠나온 곳은 없었다"고 말했는데, 그만큼 그 어느 나라보다 한국을 사랑하였다.

구한말과 일제강점기에 3인의 영국 여성화가가 조선을 방문하여 조선의 모습을 그림에 담았다. 이들은 바로 에밀리 캠프(1860~1939), 콘스탄스 테일러(1868~1948), 엘리자베트 키스(1887~1956)였다. 이들은 영국 여성화가이기 때문에 이들의 작품들은 비슷한 것 같기도 하면서도 서로 다른 분위기가 느껴진다. 국내외를 통틀어 이들만큼 한국의 풍물과 한국인의 모습을 실감나게 그린 화가들은 없었다. 이들은 비슷한 시기에 살았던 영국인들이었기에 서로 교류했을 것으로 추측되는데, 이것도 연구거리가 될 것이다.

작가의 생애

———

콘스탄스 제인 도로시 테일러(Constance Jane Dorothy Tayler)는 1868년 2월 18일 영국 런던의 핌리코(Pimlico)의 체스터 스퀘어(Chester Square)에서 태어났다. 1894년 26세의 나이로 조선에 들어와 약 7년간 지냈다. 앞에서 소개한 아놀드 헨리 새비지 랜도어(Arnold Henry Savage Landor)의 뒤를 이어 서양화가로서는 두 번째로 조선을 방문해 고종황제를 알현하였다.

7년 동안 조선에서 지낸 경험을 토대로 1904년『스코틀랜드 여성 화가의 눈으로 본 한국의 일상 Koreans at Home』을 출간하였다. 이 책에는 테일러가 조선의 풍속을 담은 유화 5점과 스케치 25점이 수록되어 있다. 이 그림들은 조선 여성과 하인들의 생활, 결혼 및 장례문화, 인사예절과 복식 등을 담아냈으므로 오늘날 우리에게 소중한 사료가 되어주었다.

영국으로 돌아간 이후 1904년 4월 6일 런던에서 쿨손(Hubert Arthur Blenkinsopp Coulson)과 결혼하였다. 결혼하여 첫딸 데지레(Desirée Rachel Helen Coulson)와 아들 존(John Hubert Arthur Coulson)을 낳았는데, 아들 존은 존 보넷(John Bonett)이라는 필명으로 탐정소설을 썼다. 그녀는 1948년 3월 18일 영국 서섹스 주의 아룬델(Arundel)에서 사망하였다.

작품 속으로

콘스탄스 테일러는 대한제국 시대
에 서울에서 머물며 한국인들의 일상을
글과 그림, 사진으로 기록해『스코틀랜
드 여성 화가의 눈으로 본 한국의 일상

Koreans at Home(1904) 초판본

Koreans at Home』을 출간하였다. 이 책
은 2013년에 한국의 살림출판사에서 번역되어 출간되었는데, 독립적인 한
권의 책이 아니라 프랑스의 역사학자 장 드 팡주의『프랑스 역사학자의 한
반도 여행기 코리아에서』라는 책과 함께 엮어 펴낸 것이다. 책의 분량이 짧기
도 해서겠지만 독립적인 한 권의 책으로 출간되지 못한 것이 아쉽기만 하다.

　여하튼 이 책은 '1. 한국의 가정: 서울에서, 2. 서울 묘사, 3. 아침 산책,
4. 한국의 외교, 5. 역사: 한국의 고대 왕국, 6. 한국 기독교의 역사, 7. 황
제, 8. 황제 알현, 9. 한국인, 10. 복장, 11. 사회 계층, 12. 관습과 예식,
13. 신앙과 미신, 14. 황제 행차, 15. 송도 인삼, 16. 장거리 평양 여행'으로
구성되어 있다.

　이 책의 저자는 화가이지만 여느 작가 못지않게 문장력도 뛰어난 편이
다. 순종황제와 황귀비 엄 씨에 대해 이렇게 소개하고 있다.

　　황제 옆에 황태자가 서 있었고, 둘 사이에 황귀비 엄 씨가 낳은 다섯 살
　난 막내아들이 있었다. 나는 맨 앞의 여인이 예를 올리며 황제를 알현하
　는 모습을 지켜보고 처음에는 놀랍기 그지없었다. 굉장히 하기 힘든 일처
　럼 보였다! 그러나 다른 다섯 사람이 성공적으로 예를 올리는 것을 지켜
　보았으므로 내 차례가 되었을 때, 나는 비교적 자신 있게 앞으로 나설 수

*Koreans at Home*에 실린
모자를 쓴 조선 여인

있었다. 외국인들은 황제와 악수를 하
고 난 다음, 팔꿈치를 높이 들어서 황
제와의 사이에 가로놓인 테이블에 부
딪히지 않도록 궁중 예법에 따라 절을
하면 되었다. (151쪽)

황귀비 엄 씨는 고종의 후궁으로
영친왕 은의 어머니이다. 하지만 그녀
는 처음부터 귀한 신분은 아니었다. 여
덟 살에 처음 입궁하여 명성황후 민 씨
의 시위상궁이 되었다. 그러다 고종의
총애를 받게 되자 명성황후에 의해 궁 밖으로 쫓겨났다가 명성황후가 일본
낭인들에게 시해되자 닷새 만에 고종의 명으로 다시 입궁하였다.

이후 고종이 아관파천으로 러시아공사관에 머물 때 그녀는 고종의 수
라상궁이 되었고, 1897년 10월 아들 은을 낳아 귀인으로 책봉되었으며,
1900년 8월 아들이 영왕으로 봉해지자 순빈으로 책봉되었다. 다음 해 10
월에는 빈에서 비로 봉해지고 경선궁(慶善宮)이라는 궁호를 받아 사실상 고
종의 왕비 역할을 하였다. 그리고 고종의 뒤를 이어 순종이 황제가 되고 영
왕이 황태자(영친왕)로 책봉되자 그녀 또한 황귀비로 책봉되었다. 황귀비
엄 씨는 여성 교육에 뜻을 두어 진명 및 숙명여학교를 설립하고 양정학교를
설립하는 데도 공헌하였다.

이 책에서는 '황귀비 엄 씨'라고 되어 있으니, 이 책에서 말하는 '황제'는
순종이 아닐까 싶다.

신랑의 모습

혼인하면 소년은 곧 남성의 온갖 위세와 거드 름을 체득한다. 머리에는 상투를 틀어 올려 신분 을 나타내고, 난생처음 갓을 쓸 자격을 얻는다. 그는 아명을 버리고 새로 지은 이름으로 불린다. 불행하게도 가난해서 결혼을 할 수 없는 사람들 은 평생 사회적으로 어린아이에 머물러 있게 된다. 그들은 남자들의 모임과 회의에서 명실상부한 역 할을 할 수 없으며, 어쩔 수 없이 열두 살짜리 토 실토실한 어린 신랑에게 양보해야 한다. (158쪽)

얼마 전까지만 하더라도 우리는 "장가를 가 야 어른이 된다"는 말을 심심치 않게 들어왔다. 하지만 서양인 여성의 눈에 비친 가부장적 문화 는 부당해 보였을 것이다. 그래서 장가를 가지 못 해 어른 대접(?)을 받지 못하는 남성을 안타깝게 여긴 듯하다. 저자가 느낀 조선의 가부장적 문화는 제사를 이야기하는 대목에서도 발견할 수 있다.

한국인들은 자식을 아끼고 사랑한다. 그래서 한국에는 거친 자연 환경 속에 그대로 두어 여자 아이를 없애는 중국의 관습을 찾아볼 수 없다. 물 론 아들을 원하는 정도가 더 심하기는 한데, 아들이 없는 사람은 입양을 하기도 한다. 이것은 그가 죽은 다음에 합당하게 제사를 받기 위해서다. 한국의 인구 증가율은 비교적 느리다. 이것은 유아 사망이 대단히 많기 때문이다. 그것은 천연두라는 가혹한 질병으로 인한 것인데, 아버지가 자식 수를 말할 때 천연두를 무사히 이겨낸 자식들만 셈할 정도로 사람

서대문(상), 서울의 거리 풍경(중), 궁의 여성들(하)

궁에 고용된 여성

애도자

들이 무서워한다. (161쪽)

　이처럼 이 책은 제사를 지내는 아들을 우선하는 문화를 소개하고 있는데, 그렇다고 이 책이 한국을 마냥 비판하는 것은 아니다. 이 책의 저자는 화가답게 풍경에 관심을 두었는데, 노을이 지는 조선의 풍경에 대해 "노을이 지기 시작하는 어느 여름 저녁, 시내 거리를 산책할 때 동서로 뻗은 길에는 항상 사람들이 모여 웅성거리고, 저무는 태양은 아름다운 그림 같은 군중 위로 빛을 던진다"라고 섬세하고 아름답게 묘사하였다. 이외에도 일본인, 중국인과 다른 한국인의 생김새와 생활 모습 등을 뛰어난 관찰력을 발휘해 소개하고 있다.

　한편, 이 책의 저자는 화가이니만큼 당시 한국인의 일상을 생생히 엿볼 수 있는 다양한 그림과 사진이 수록되어 있다.

27

한국독립운동을 널리 알린

프레더릭 아서 매켄지

Frederick Arthur McKenzie, 1869~1931

『대한제국의 비극 *The Tragedy of Korea*』(1908)
『한국의 독립운동 *Korea's Fight for Freedom*』(1920)

프레더릭 아서 매켄지(Frederick Arthur McKenzie)는 그의 저서 『대한제국의 비극 *The Tragedy of Korea*』(1908)과 『한국의 독립운동 *Korea's Fight for Freedom*』(1920)의 제목만으로도 알 수 있듯이 한국인의 영원한 친구다.

그는 캐나다에서 영국을 거쳐 러일전쟁을 취재하러 왔다. 약소국인 한국이 일본 제국주의에 의해 무참히 억압받는 실상을 한국에서 낱낱이 취재하고 글로 담았다. 일제의 감시를 받던 한국인들이 감히 못 하는 일을 대신 해낸 것이다. 3·1 독립운동 100주년을 맞는 올해에 이 책을 쓰면서 그의 글을 다시 읽으니 그 감동을 이루 말할 수 없다. '역사는 글을 통해 남겨진다'는 신념을 갖도록 하는 인물이다.

작가의 생애

프레더릭 아서 매켄지(Frederick Arthur McKenzie)는 1869년 캐나다의 퀘벡 주에서 태어났다. 1900년에 영국의 일간지인 《데일리 메일》에 입사하여 기자 생활을 시작하였다. 1904년 러일전쟁을 취재하기 위해 대한제국을 방문하였고, 당시 그는 일본 육군의 종군기자로 활동하였다. 영국으로 돌아간 이후 1905년에 그때까지의 기록을 『From Tokyo to Tiflis: uncensored letters from the war(도쿄에서 트빌리시까지: 검열받지 않은 편지)』라는 저서로 출간하였다. 1906년에 대한제국을 다시 방문하였고, 1907년에는 대한제국의 군대 해산 명령에 반발하여 대한제국 각지에서 일어난 의병의 활약상을 취재해 이를 사진으로 남겼다. 같은 해에 출판한 저서 『The Unveiled East(베일을 벗은 동양)』의 부록에서 매켄지는 한국인은 일본의 통치에 반대하고 있다는 글을 올렸다.

1910년부터는 영국의 일간지인 《런던 타임스》로 이직하여 1914년까지 근무했다. 이후 일제강점기를 맞은 한국을 다시 방문하였다. 1919년 한반도 전역에서 벌어진 3·1 운동을 목격하였고, 그해 4월에 벌어진 제암리 학살 사건현장을 목격한 캐나다인 선교사 스코필드의 증언을 토대로 일본 제국이 일으킨 학살 사건의 진상을 세간에 폭로하였다. 이때의 경험을 바탕으로 1920년에 『한국의 독립운동 Korea's Fight for Freedom』이라는 책을 집필하였다. 1921년에는 미국의 일간지인 《데일리 뉴스》로 이직하고, 1926년까지 근무하면서 유럽 각국에서 강연하였다. 1931년에 캐나다에 있는 자택에서 사망했다. 2014년에 대한민국 건국훈장을 받았다. 그는 『*The American Invaders*(미국의 침략자들)』(1902), 『*The Irish Rebellion*(아일랜드 반란사)』(1915), 『*Russia before Dawn*(암흑기의 러시아사)』(1923) 등 20여 권의 책을 썼다.

작품 속으로

The Tragedy of Korea(1908) 초판본(왼쪽), *Korea's Fight for Freedom*(1920) 초판본(오른쪽)

1907년에 대한제국 각지에서 의병이 일어나자 프레더릭 매켄지는 이를 취재했다. 당시에 그는 외국인 기자였음에도 불구하고 신변의 안전을 보장받지 못했는데, 산속 깊은 곳에 위치한 의병 아지트에 직접 취재를 갔을 정도로 기자정신이 대단했다. 그때 목격한 의병들이 열악한 환경과 무기, 장비로 투쟁하는 것을 보고 한국인의 애국심에 감명받았다. 그래서 1908년에『대한제국의 비극 *The Tragedy of Korea*』이라는 책을 집필하여 출간하였다.

이 책은 종군기자들에게는 기념비적인 저서인데, 1974년 탐구당에서, 1999년 집문당에서 한국어판이 출간되었다. 대한제국의 실상과 멸망과정을 기록한 이 책은 '1. 은둔의 왕국, 2. 민비와 대원군의 싸움, 3. 외국인의 입국, 4. 청일전쟁, 5. 을미사변, 6. 을미사변의 뒤처리, 7. 아관파천, 8. 러시아의 체제, 9. 일본의 재등장, 10. 새로운 시대의 개막, 11. 조약의 체결과 위반, 12. 이토 히로부미의 통치, 13. 고종의 퇴위, 14. 꼭두각시 황제의 등극, 15. 의병을 찾아서, 16. 일본의 만행, 17. 폐허가 된 제천, 18. 의병과 더불어, 19. 외국 언론인에 대한 탄압, 20. 해외 무역의 전망, 21. 긴 안목으로 보면' 등 21장으로 되어 있다.

이 책의 서문에서 저자는 이렇게 말한다.

*The Tragedy of Korea*에 실린 기생의 모습. 뒤에 일장기와 함께 태극기가 그려져 있다.

영국인의 한 사람으로서 나는 확신하건대, 약소민족에 대한 신성한 조약 의무를 파기하거나 두 번 다시 있을 수 없는 잔인성과 불필요한 살육과 무기력하고 의지할 곳 없는 농민들의 사유재산권을 전면적으로 도적질함으로써만 달성할 수 있는 제국주의적 팽창정책은 우리의 생리에 맞지 않는 것이다. 뿐만 아니라 그러한 정책은 또한 그 국가로 하여금 우리 모두가 최근까지 한 국가의 특징으로 생각해온 조약 의무인 존엄성과 인접 국가에 대한 선린정책을 수행할 수 없도록 만든다는 점을 우리들 자신과 우리의 맹방인 일본은 입증하고 있는 셈이다. 이 책에 기록된 여러 가지 사건들의 대부분은 나 자신이 본 바에 의한 것이며 몇몇 장, 특히 1907년의 의병운동에 관한 기록은 직접 사건에 관련된 사람들의 진술에 의한 것이다. 나는 가능한 한 어느 곳에서나 여러 목격자들의 증언에 따라 나 자신의 기술이나 결론을 보충할 만한 것들을 수집하였다. 내가 여행을 하던 당시에 백인으로서 전장을 돌아본 사람은 오직 나 한 사람밖에는 없기 때문에 최근의 의병운동에 관하여 독자들은 주로 나의 개인적인 관찰을 신뢰할 수밖에 없다. 나는 이 책에 기록된 여러 가지 사건들에서 중요한 역할을 하였던 많은 사람들이 친절하고도 너그

러운 조력과 조언을 보내준 데 대하여 큰 빚을 지고 있다. (11~12쪽)

이 책은 당시 의병들이 일본군와 맞서 싸우다 처절한 죽음을 맞은 모습을 다음과 같이 말하고 있다. "일본군이 의병 부상자들에게 접근해 왔을 때 그들은 상처의 고통이 심해 말도 못하고 다만 짐승처럼 '만세, 만세, 만세!'만 부르고 있었다. 그들은 무기도 없었고 피가 땅위에 자욱하게 흘러내리고 있었다. 일본군은 그들의 비명을 듣고 달려와 그들이 죽을 때까지 칼로 찌르고, 찌르고, 또 찔렀다. 조선인들은 일본군의 칼 아래 갈가리 찢기었다. 우리는 그들의 시신을 거두어 묻어주었다."

프레더릭 매켄지는 또 다른 책『한국의 독립운동 Korea's Fight for Freedom』을 집필했다. 이 책은 1969년 일조각에서, 1999년 집문당에서 한국어판이 출간되었다.

1919년 조선에서 3·1 운동이 일어나자 매켄지는 일본의 만행을 세계에 알리는 것이 자신의 책무라고 생각하고, 자신이 목격하고 인터뷰한 내용을 엮어 이 책을 출간했다. 이 책은 한일병합과 105인 사건, 3·1 운동의 진상과 일본의 만행을 세계에 알렸다. 또한 세계를 향하여 조선의 독립을 도와달라고 호소하였다. 이 책은 '1. 개항, 2. 일본의 실수: 갑신정변, 3. 을미사변, 4. 독립협회, 5. 새로운 시대의 개막: 을사보호조약, 6. 이토 히로부미의 통치, 7. 고종의 퇴위, 8. 의병을 찾아서, 9. 의병 종군기, 10. 대한제국의 멸망, 11. 철권 정치, 12. 선교사들, 13. 고문(拷問)정치: 105인 사건, 14. 3·1운동(1): 독립선언, 15. 3·1운동(2): 탄압, 16. 3·1운동(3): 평양에서, 17. 3·1운동(4): 여학생들의 순국, 18. 3·1운동: 세계의 분노, 19. 우리가 할 수 있는 일은 무엇인가' 등 19장으로 되어 있다.

이 책의 서문에서 저자는 이렇게 말한다.

*The Tragedy of Korea*에 실린 의병대 사진(위). 1907년 경기도 양평에서 활동했던 의병대를 촬영한 것이다. 김영백 의병장이 이끌던 군대로 알려졌다.
아래는 매켄지의 사진을 인용한 드라마 〈미스터 선샤인〉의 한 장면

이 책에서 나는 자유를 위해 투쟁하는 한 고대민족의 모습을 기록하고 있다. 비극적인 공포 속에서 살다가 오랜 잠에서 어렴풋이 깨어난 한 몽고계 민족에 관해서 기록하고 있는 것이다. 그들은 우리가 알고 있는 바와 같이 문명에 있어서는 빼놓을 수 없는 요소들, 이를테면 자유, 자유로운 신앙, 그들의 여성의 명예, 그리고 그들 자신의 영혼의 계발과 같은 것

대한매일신보 편집국의 모습(위). 대한매일신보는 30장에서 소개될 어니스트 토머스 베델이
창간한 신문이다. 이 신문은 배일사상을 고취시켜 나라를 빼앗기지 않고자 창간되었다.
명성황후 시해 사건으로 버려진 궁궐 안뜰(아래). 돌 사이에 잡초가 자라고 있다.

들을 누린 적이 있으며 지금도 그것을 놓치지 않으려고 안간힘을 쓰고 있

다. 나는 지금 '자유'와 '정의'를 외치고 있다. 세계는 나의 말에 귀를 기울

이는가?(15~16쪽)

매켄지는 언론인의 신분으로 과감하게 의병들이 숨어 지내는 현장과

그들이 감금된 감옥, 유치장을 일일이 찾아다니며 인터뷰한 내용을 이 책에 자세히 기록했다. 그리고 한국인이 당하고 있는 각종 고문과 불법행위를 고발하고 있다. 특히 이 책은 3·1운동과 관련하여 많은 지면을 할애하고 있는데, 3·1독립선언서의 영어번역문인 "The Proclamation of Korean Independence"도 실려 있다. 이 영문번역문은 후일 펄 벅(Pearl S. Buck) 이 한국을 배경으로 쓴 소설 『살아 있는 갈대 The Living Reed』(1963)에도 인용되었다. "The Proclamation of Korean Independence"의 앞부분은 다음과 같다.

---

tion of the Korean people. It was the cry of the New Asia, struggling to find its way out of oppression and mediæval militarism into the promised land of liberty and peace.

THE PROCLAMATION OF KOREAN INDEPENDENCE

" We herewith proclaim the independence of Korea and the liberty of the Korean people. We tell it to the world in witness of the equality of all nations and we pass it on to our posterity as their inherent right.

" We make this proclamation, having back of us 5,000 years of history, and 20,000,000 of a united loyal people. We take this step to insure to our children for all time to come, personal liberty in accord with the awakening consciousness of this new era. This is the clear leading of God, the moving principle of the present age, the whole human race's just claim. It is something that cannot be stamped out, or stifled, or gagged, or suppressed by any means.

" Victims of an older age, when brute force and the spirit of plunder ruled, we have come after these long thousands of years to experience the agony of ten years of foreign oppression, with every loss to the right to live, every restriction of the freedom of thought, every damage done to the dignity of life, every opportunity lost for a share in the intelligent advance of the age in which we live.

" Assuredly, if the defects of the past are to be rectified, if the agony of the present is to be unloosed, if the future oppression is to be avoided, if thought is to be set free, if right of action is to be given a place, if we are to attain to any way of progress, if we are to deliver our children from the painful, shameful heritage, if we are to leave blessing and happiness intact for those who succeed us, the first of all necessary things is the clear-cut independence of our people. What cannot our twenty millions do, every man with sword in heart, in this day

3·1독립선언서는 영어 등으로 번역되기도 했지만 나는 앞으로도 영어 및 불어, 독어 등 다양한 언어로 번역되어야 한다고 생각한다. 이와 관련된 자세한 내용은 필자가 《PEN문학》 2019년 3·4월호에 발표한 글인 「3·1독립선언서와 세계문학: 춘원에서 펄 벅까지」(38~52쪽)를 참조하기 바란다.

28

겸재 정선의 그림에 매료된

노르베르트 베버

Norbert Weber, 1870~1956

『고요한 아침의 나라 *Im Lande der Morgenstille*』(1915)
『수도사와 금강산 *In den Diamantbergen Koreas*』(1927)

1970년대에 나는 독일에서 유학했는데, 고서점에서 우연히 노르베르트 베버(Norbert Weber)의 『고요한 아침의 나라 *Im Lande der Morgenstille*』라는 두툼한 책을 샀다. 이 책의 초판은 1915년에 발행되었는데, 어찌 이른 시기에 한국에 관한 책이 독일에서 호화판으로 나왔는가 싶어 실로 놀랐다. 그래서 독일인 친구들에게 빌려주어 읽어보게 하기도 하였다. 그들도 매우 훌륭한 책이라며 감탄하였다. 또한 친구들에게 이미륵(1899~1950)의 『압록강은 흐른다 *Der Yalu fließt*』도 함께 빌려주었는데, 이 두 책은 모두 성 베네딕도회 상트 오틸리엔 수도원과 관련된 책이다.

나는 『고요한 아침의 나라 *Im Lande der Morgenstille*』가 한국에 관한 격조 있는 백과사전 같다고 느꼈다. 그래서 1978년 여름방학 때 뮌헨 근처의 상트 오틸리엔 수도원을 찾아가서 2주일간 머물며 여러 가지를 체험하

고 느꼈다. 그때 이 수도원의 초대 원장인 노르베르트 베버의 존재가 얼마나 위대한지를 몸소 느꼈다. 당시에 이 수도원에는 겸재(謙齋) 정선(鄭敾)이 그린 21점의 그림이 담긴 화첩이 있었다. 1925년 6박 7일간 금강산을 두루 여행한 노르베르트 베버는 외금강 온정리의 한 호텔에서 겸재 정선의 그림들을 발견하였다. 금강산 전체를 사실감 있게 묘사한 겸재의 그림에 매료된 그는 '금강내산전도(金剛內山全圖)'를 포함한 정선의 그림 21점이 담긴 화첩을 구입했고, 한국의 미술을 유럽에 알리기 위해 독일 상트 오틸리엔 수도원으로 가져갔다.

여하튼 노르베르트 베버 덕분에 나는 그곳에 보존된 겸재의 금강내산 전도 등을 볼 수 있었다. 상트 오틸리엔 수도원은 정선의 그림 21점이 담긴 화첩을 2005년에 한국의 형제 수도원인 성 베네딕도회 왜관수도원에 영구

임대 방식으로 돌려주었다. 당시에 정선
의 화첩은 뉴욕의 크리스티 경매회사가
예상경매가 50억 원을 제시할 정도로 가
격이 높았다.

만년의 노르베르트 베버

작가의 생애

———

노르베르트 베버(Norbert Weber)는
1870년 12월 20일 독일 랑바이트 암 레
흐(Langweid am Lech)에서 태어났다.
1895년 사제서품을 받았고, 1902년부
터 1920년까지 상트 오틸리엔 수도원장으로 활동했다. 1908년 조선 교
구장 귀스타브-샤를-마리 뮈텔(Gustave-Charles-Marie Mutel) 주교의 요청
으로 조선에 2명의 선교사들을 파견하여 조선 최초의 수도원인 베네딕도회
수도원을 세우고 교육사업에 종사하게 하였다.

1911년 2월부터 4개월간, 1925년 5월부터 4개월 보름간 한국을 방
문했다. 1915년 『고요한 아침의 나라 Im Lande der Morgenstille』라는 여
행기를 출간하였고, 1927년 금강산 여행기인 『수도사와 금강산 In den
Diamantbergen Koreas』을 출간하였다. 또 1925년에 같은 내용의 기록영화
를 촬영해 독일에 한국을 소개하였다.

만년에는 건강에 적신호가 들어왔지만 아프리카에서 선교 활동을 하
다 1956년 4월 3일 탄자니아의 리템보(Litembo)에서 세상을 떠났다.

작품 속으로

『고요한 아침의 나라 *Im Lande der Morgenstille*』
는 1915년에 초판이 출간되었고, 1923년에 재판이 출
간되었는데, 재판본엔 마지막 '19장 전망'을 새로 써
서 실었다. 2012년에 박일영, 장정란 공역으로 한국어
판 『고요한 아침의 나라』가 출간되었다.

Im Lande der
Morgenstille(1915)
초판본

이 책은 노르베르트 베버가 한국을 처음 방문해
보고 들은 것을 토대로 쓴 책이다. 베버는 서울 백동수도원을 비롯해 명동
대성당, 용산 예수성심신학교, 하우현(현재 의왕시 청계동), 수원, 안성, 공
주, 해주, 신천, 평양 등 유서 깊은 명소를 두루 다니며 한국 전통문화와 풍
습에 매료되었다. 유명 사찰이나 관혼상제 예식이 거행되는 곳에 자주 찾
아가 자세히 관찰하고 기록할 뿐 아니라 사진과 그림을 남겼다. 이 견문을
토대로 『고요한 아침의 나라 *Im Lande der Morgenstille*』를 출간하였다.

이 책은 575쪽에 걸쳐 한국의 풍속과 민속, 민간신앙, 베네딕도회의 선
교 활동을 자세히 소개하고, 흑백 및 컬러 사진 290여 장을 수록해 1910년
대 한국천주교회의 상황과 한국에 대한 객관적 정보, 한국만의 독특한 문
화를 유럽에 알렸다는 점에서 그 의의가 크다. 이 책은 '1. 일본 내해를 지
나다, 2. 해협을 건너다, 3. 서울에서의 첫날, 4. 산책, 5. 그리스도교 발자
취 따라, 6. 예술과 재능, 7. 수도원 소묘, 8. 산속으로, 9. 수원, 10. 숲의
정적, 11. 소풍, 12. 남으로, 남으로! 13. 일본의 국책 사업, 14. 북으로!
15. 부군나무 아래서, 16. 청계동의 일상, 17. 옛 도읍지, 18. 마지막 여정,
19. 전망' 등 19장으로 되어 있다.

이 책은 575쪽의 방대한 분량도 분량이지만 당시 세계에서 가장 좋은

독일 사진기로 촬영한 컬러 사진도 수록했다. 그래서 전통과 개화가 양분하던 당시의 모습이 고스란히 담겨 있다.

이 책의 저자는 신부이기 때문에 선교 활동에 관심이 많았는데, 당시 가톨릭과 개신교의 선교 활동에 대해 다음과 같이 말하고 있다.

> 선교사업의 성취와 더불어, 1882년부터 가톨릭 선교사들은 피 흘려 일군 이 땅에서 선교지를 확보하기 위해 미국 개신교의 공격적 전교 활동과 치열하게 맞서야 했다. 조선이 문호를 개방하자 미국에게는 절호의 판로가 열렸고, 교역을 통해 개신교의 전교 활동을 후원했다. 미국의 대기업들이 개신교, 특히 장로교 선교사들을 꾸준히 지원했다. 선교사들에게 자금을 지원하는 미국 회사들의 종교적 동기를 의심하거나 평가절하할 이유는 없다. 우리가 선교 지원금을 조달하는 부차적 방안으로 교역에 관심을 기울인다 해도 나쁠 건 없다. 실용적인 미국인은 해외 선교사 한 사람이 수천 달러 이상의 광고 효과를 낸다고 솔직히 고백한다. (…) 이런 이유에서 미국 개신교는 한국에 엄청난 물량을 쏟아 붓는다. 부인과 자녀 둘을 부양하는 장로교 선교사 한 사람의 급여가, 한국의 프랑스 선교사 46명의 급여를 합친 것보다 많다. (134~135쪽)

화가이기도 한 베버는 이 책에 자신이 그린 작품들을 수록하였는데, 이 책은 한국의 회화가 중국과 일본의 회화보다 뛰어나다고 말하고 있다.

> 창살 너머 그림들을 제대로 보기에는 한계가 있었고 사진 촬영은 더욱 어려웠다. (…) 그림들은 정말 흥미로웠다. 그림을 보면서 우리는 수백 년 전 빛나는 회화의 왕국으로 거슬러 올라갔다. 혼란한 내정의 그림자가

*Im Lande der Morgenstille*에 실린 베버의 그림

예술의 영역까지 검게 드리워, 예술가의 사려 깊은 안목에서 유쾌한 색조를 제거하고 창조적 손길을 마비시켜 버리기 전까지는, 한국인들도 화려한 색채를 편안해했다. 한국 예술의 황금기에 그려진 이 그림들은 일본 회화를 평가하는 출발점이 된다. 일본 회화는 한국에서 건너왔지만, 한국 회화가 이룩한 만큼의 높은 완성도를 이루어 내지는 못했다. 이 색채의 걸작품들은, 한국의 화가들이 색채를 표현하고 구성하고 조화롭게 배치하는 데 있어 중국이나 일본의 화가들보다 훨씬 뛰어나다는 것을 보여준다. (165~166쪽)

베버가 촬영한 안중근 의사 집안 가족들

베버는 수원에 가서 용주사를 방문하고, 비 오는 날에는 한국노래를
배우고 수원성을 그렸다. 조랑말을 타고 금강산에 다녀오고, 황해도 청계
동에 있는 안중근 의사의 고향을 방문하였다. 이러한 체험담을 이 책에 자
세히 서술해 놓았다. 특히 안중근의 용맹함에 대해 많은 지면을 할애하였
다. 또한 안중근 의사의 고향에서 찍은 자연 풍경과 안중근 집안사람들의
모습을 담은 컬러 사진은 오늘날 우리에게 귀중한 역사적 자료가 되어주
고 있다.

그는 1915년 6월 8일 데라우치 총독을 만나고 나서 이렇게 말하고
있다.

크뤼거 박사(독일 총영사)와 함께 조선 총독 데라우치 백작을 방문했
다. 총독은 내가 지금까지 한국에서 일본인에 대해 그렸던 인상을 훨씬

베버가 촬영한 수원 화성

뛰어넘는, 아주 걸출한 인물이었다. 그는 이 먼 동양, '문화가 전혀 다른
세계'에 복무하는 공직자들 사이에 팽배한 많은 불호와 애로를 조율할 능
력을 갖춘 사람이었다. 고위 정치인들과 그들의 직접적 영향권 하에 있는
공무원들은 분명 피병합국이 최선의 복리를 누리기 원하고, 일본 자체도
그들의 새로운 '조선주'(朝鮮州)—일본인들은 이렇게 부르고, 한국인 자
신들은 '대한'(大韓)이라 부른다—에 막대한 비용을 투자했다. 한국인들
사이에 유통되는 통화량이 매년 800백만 엔(1,600만 마르크)을 넘지 않는
데, 일본은 올해만 벌써 5,600만 엔을 철도·항만·교량·도로 건설 등과
기타 식민정책에 지출했다. 일본이 부담하는 금액이 적지 않다. (497쪽)

일본에 나라를 빼앗긴 이듬해, 베버는 조선의 운명에 가슴 아파했다.
한국 땅을 떠나면서 그는 "사라져가는 이 나라를 향해 우리는 애써 '대한

만세'라고 작별인사를 보낸다. 한 국가로서 이
민족은 몰락하고 있다. 마음이 따뜻한 이 민족
에게 파도 너머로 작별인사를 보낸다. 나의 심정
은 착잡하다. 마치 한 민족을 무덤에 묻고 돌아
오는, 장례행렬을 뒤로하고 집으로 돌아오는 것
처럼"이라며 안타까움을 표현했다.

*In den Diamantbergen
Koreas*(1927) 초판본

베버의 또 다른 책『수도사와 금강산 *In den
Diamantbergen Koreas*』은 1925년에 베버가 금
강산을 다녀온 경험을 토대로 쓴 여행기이다. 그는 이 책에서 "금강산을 오
르면 어렵고 힘들 때도 많았으나 금강산행은 가슴속에 생생한 추억으로 살
아남아 있다. 금강산 여행 때 쓴 일기를 들춰볼 때마다 다시금 흥분에 사
로잡힌다"고 적었다.

당시에 베버는 한국을 좀 더 자세히 소개하고자 영사기를 준비하고 촬
영기사까지 대동했다. 성 베네딕도회가 관할하던 선교지인 함경도와 북간
도, 금강산 등지를 두루 다니며, 1920년대 한국 북부지역 문화와 산하, 베
네딕도회의 활동상을 영상에 담았고, 전장 4만 9,212피트에 달하는 필름
을 토대로 기록영화까지 제작했다. 이 영화는 현재 유튜브(Yutube)로 볼
수 있다.

그만큼 금강산에 매료된 저자는 금강산의 절경과 유점사 등 사찰 그리
고 한국 역사와 관련된 여러 가지 내용을 이 책에 소개하였다. 아울러 화가
이기도 한 저자는 금강산의 풍경화를 직접 그리기도 하였다. 그리고 일본
화가와 한국화가의 금강산도를 비교하여 설명하고 있다. 물론 겸재 정선
의 금강산도도 사진으로 싣고 있다.

In Den Diamantbergen Koreas 본문에 실린 정선의 금강내산전도

일본식으로 저녁을 먹고 난 뒤 한 일본인 화가의 초대로 그의 집을 방문하게 되었다. 물론 이 초대에는 자신의 그림을 감상하고 샀으면 하는 저의도 있었다. 이 일본인 화가는 자기가 그린 그림을 복도의 나무 칠판에 걸어놓고, 잘 그린 그림이라며 스스로 만족해하는 표정을 지었다. 모두 금강산을 주제로 그린 것들이었다. 그의 의도에 따라 금강산을 화폭에 담은 것으로, 우리는 그저 참으며 봐야 했다. 묘사나 기법이 우리 정서에는 꽤나 낯설었다. 이 화가는 경관을 사실적으로 묘사하지 않고 양식화했다. 그는 대상을 보면서 강하게 들어오는 장면을 화폭에 담아 화가 스스로가 얼마나 깊은 인상을 받았는지를 감상자에게 알려주는 데 주력했다. 실제로 금강산을 바라보며 연필이나 붓으로 이리저리 연습을 한 뒤 그렸을까, 아니면 그저 지나치다가 손쉽게 얼른 스케치를 했을까? (…) 다른 곳에서는 한국인 화가 한 사람이 그림을 그려 판매전시를 하고 있

었다. 이 한국인 화가 역시 자연을 사실 그대로 화폭에 담으려 하지 않고 예술인의 눈으로 본 금강산의 전체적인 인상을, 자연 채색 그대로가 아니기는 하지만, 예술인 나름대로 감상자에게 전달하려고 한 것 같았다. 그의 그림도 금강산을 방문했던 사람들이 보면 한눈에 금강산임을 알 수 있도록 했다. 일본인 화가가 거대한 금강산의 전경을 자기 기억에서 더듬어 그저 비단 화폭에 담았다면, 한국인 화가는 금강산 깊은 계곡과 산등성이 사이사이에 들어 있는 온갖 크고 작은 절까지도 잊지 않고 그려 넣었다. 바로 이런 묘사법을 이용해 특색 있는 금강산의 절묘한 모습을 보여주고 있었다. (…) 두 화가의 그림을 비교하면 기교와 채색에는 일본인 화가의 실력이 월등했다. 물론 한국인 화가는 훨씬 어려운 그림 소재를 골라 자신이 선정한 금강산의 특징적인 장면 하나하나를 화폭에 담으려고 애썼다. (…) 한국인 화가는 그림에 산맥의 배치는 잘했으나 채색이나 원근법은 잘못 다루고 있다. 따라서 그가 화면에 옮기고자 하는 수많은 장면들이 화면으로 앞다투며 모여드는 바람에 두들겨 패듯 서로를 짓눌러버린다. 그럼에도 불구하고 한국인 화가의 그림은 금강산의 위용과 특색을 잘 묘사하고 있다. (…) 헹켈 씨가 그림 두 장을 샀다. 금강산과 구룡폭포였다. 첫 번째 산 그림은 내게 선물로 주었다. 그 대신 나는 헹켈 씨에게 한국인의 심성에 꼭 맞는 온갖 색으로 뒤덮인 채 아름다움을 자랑하는 금강산과 구룡폭포 그림을 그려줄 계획이었다. (109~118쪽)

헝가리 민속학자

버라토시 벌로그 베네데크

Baráthosi Balogh Benedek, 1870~1945

『코리아, 조용한 아침의 나라 *Korea, a Hajnalpir Országa*』(1929)

헝가리에서 유명한 민속학자가 일찍이 한국을
방문하였다. 바로 헝가리의 교육자이자 민속
학자인 버라토시 벌로그 베네데크(Baráthosi
Balogh Benedek)이다. 한국을 소개하는 책은
대개 미국, 영국, 독일, 프랑스 같은 서구 열강
의 작가들이 썼는데, 헝가리인이 한국을 소개
하는 책을 썼으니 주목할 만하다.

　버라토시 베네데크는 1900년대 초에 한국을 여행하면서 겪은 일들을
간결한 문체로 담담하게 풀어놓은 책을 썼다. 그는 1929년에『코리아, 조
용한 아침의 나라 *Korea, a Hajnalpir Országa*』를 출간했는데, 민속학자
특유의 예리함을 바탕으로 1900년대 초 우리나라의 모습을 객관적으로

만년의 베네데크

소개하였다.

나는 솔직히 그의 이름조차 알지 못했는데, 이 책의 한국어판을 발견하고 깊은 감명을 받았다. 그런데 이 책의 번역자 역시 한국 여성과 결혼한 헝가리인이다. 2005년에 출간된 이 번역서에는 번역자가 베네데크의 생애와 업적을 자세히 소개해 놓았다.

작가의 생애

버라토시 벌로그 베네데크(Baráthosi Balogh Benedek)는 1870년 4월 4일 헝가리 렉팔바(Lécfalva)에서 태어났다. 귀족 출신인 그는 어려서부터 헝가리 민족의 뿌리에 대해 관심을 가졌다. 1899년 민속학과 언어학을 공부하기 위해 헝가리의 수도 부다페스트에서 공부하였다. 초등학교 교사를 거쳐 교장으로 활동했는데, 한때는 정치에도 발을 들여놓아 제1차 세계대전 이후 사그라진 헝가리인의 애국심을 고취시키기 위해 노력하였다.

하지만 그는 무엇보다 민속학 연구에 평생을 바쳤다. 그는 20세기 초반을 대표하는 헝가리의 민속학자인데, 만주-퉁구스를 전문적으로 연구하고 탐험하였다. 현재 부다페스트의 민속박물관에는 그가 러시아 연해주, 만주, 일본 홋카이도 등에서 가져온 수집품들이 소장되어 있다. 그 외에도 한민족처럼 헝가리인들에게는 낯선 민족들을 소개하는 책들을 썼다.

그는 제2차 세계대전이 끝나가는 1945년 2월 3일 부다페스트에서 사망하였다.

작품 속으로

Korea, a Hajnalpir
Országa(1929) 초판본

베네데크의『코리아, 조용한 아침의 나라 Korea, a Hajnalpir Országa』(1929)는 총 11장으로 '1. 블라디보스토크에서 한국까지, 2. 자연환경, 3. 여행중의 어려움, 4. 사찰의 세계, 5. 한국사 개요, 6. 일본에 미친 한국의 문화적 영향, 7. 유럽, 한국을 알다, 8. 분수령에서 서울까지, 9. 수도와 항구, 10. 일제의 강점, 11. 한국은 자유롭게 살기를 원하며 또한 그렇게 살 것이다'의 순서로 되어 있다.

이 책의 저자는 민속학자이기 때문에 한국인들의 전통생활을 예리하게 관찰하였다. 그는 헝가리의 마자르족, 한국, 일본, 만주의 동아시아민족은 오래전부터 같은 장소에 살았던 민족이라고 생각하였다. 헝가리는 지리적으로 게르만족인 독일과 오스트리아, 슬라브족인 체코, 슬로바키아, 우크라이나, 유고, 세르비아, 크로아티아에 둘러싸여 있다. 그리고 멀리는 러시아가 인접하고 있다. 9세기 말 아시아에서 유럽으로 이주해 온 헝가리의 마자르족은 이렇게 주변국들과 아무런 연고 없이 홀로 고립된 민족이다. 그는 한국을 처음 방문하고 거대한 중국과 일본 사이에서 한국이 헝가리와 비슷한 상황에 처해 있다고 느꼈다. 그래서 그는 이 책 곳곳에서 일본의 식민 지배를 비판하면서 한국인은 자유롭게 살기를 원하며 그렇게 살 것이라고 주장하였다.

나는 지금부터 한국인과 일본인 사이의 나쁜 관계를 잘 보여주는, 내가 경험한 일을 얘기하고자 한다. 나는 1922년 초에 일본에 있는 일본투란본부(Turan-Remmen-kai)를 창립하였다. 이 창립식 행사를 위해 우리는 도쿄의 한 행사장을 빌렸다. 그리고 이 행사장에는 일본에 거주하고 있는 투란계통의 각국 민족대표들을 초청하였다. 스티리하 샨도르(Sztir-iha Sandor)라는 일본에 살던 헝가리 화가는 한쪽 벽에 헝가리투란연맹의 문장(紋章)을 크게 그려 넣어 행사장을 장식하였다. 그리고 문장 주위에는 투란계통 민족들의 국기를 빠짐없이 게양하였다. 당연히 태극기도 게양되어 있었다. 어느새 행사 시간보다 일찍 도착한 한국의 젊은 유학생 하나가 태극기를 흐뭇하게 바라보고 있었다. 우리는 모든 투란계통의 민족대표들이 인사말을 전할 수 있도록 프로그램을 계획하였다. 행사 참가자들이 하나둘 모이기 시작했다. 서성이던 일본 장교가 나에게 오더니 그는 항상 투란 사상을 믿는다고 자랑스럽게 말하였다. 그는 게양된 국기들을 하나씩 보면서 감탄했다. 그러다 태극기를 발견하고는 갑자기 흥분하면서 당장 치우라고 명령하였다. 나는 태극기가 일본의 위상을 전혀 해치지 않는다며 장교를 저지하려 하였다. 게양된 국기들은 단지 투란 민족들을 상징하는 것이기 때문이다. 나는 옛날 투란 민족 중에는 현재 독립된 국가의 국기만 있는 것이 아니라 다른 외세의 지배를 받아 국가가 없는 민족의 국기도 이곳에 다 게양되어 있다고 설득해 봤으나 소용이 없었다. 그는 내 말을 들으려고조차 하지 않았다. 그사이 행사 시작 전에 보았던 한국 유학생이 다른 한국인 두 명과 함께 우리에게 다가왔다. 그러자 일본 장교와 그들 사이에 격앙된 언쟁이 시작되고 장교는 전화로 경찰을 부르는 것으로 일단락되었다. 그와 동시에 일본 경비들은 참가자들을 모두 모두 내보내고 행사장 문을 잠가 버렸다. 오래지 않아 경찰서장이 도착하였다. 그는 태극기를 치우지 않는 한 행사를 시작할 수 없다고 엄포를 놓았다. 더구나 한국대표의 인사말도 취소해야 했다. 참석자 중에는 나의 일본 고위층 친구들도 있었다. 그들 중 호리우치라는 은퇴한 제독이 경찰서장에게 항의를 해보았으나 소용이 없었다. 행사는 지연되었고 참가자들 사이에는 긴장감이 흐르고 있었다. 나 역시 개회사를 제대로 하지 못할 정도로 긴장하고 있었다. 한국 참가자들은 매우 안타까워하면서 행사장을 나가려고 하였다. 나는 그들에게 가지 말고 남아줄 것을 간청하였다. 행사 후 이어질 연회가 시작되면 모든 것을 솔직히 다 말할 수 있는 기회를 한국인에게 우선적으로 주겠다고 약속했다. 드디어 행사가 끝나고 연회가 시작되자 한국인들의 꾹 다물었던 입이 열렸다. 그들은 앞서 태극기와 관련하여 일어난 일이 얼마나 끔찍했는지에 대해 이야기하였다. 나는 그들의 심정을 완전히 이해할 수 있었으며 그들의 논리는 타당했다. 행사가 끝나고 나흘 후, 나는 연회에서 연설대에 올랐던 한

국인이 일본에서 잘 나가는 사업체를 두고 영구추방되었다는 가슴 아픈 소식을 듣게 되었다. (69~71쪽)

이 책의 저자는 블라디보스토크를 거쳐 중국, 한국, 일본을 여행하며 문화와 언어를 연구하려 했는데, 1904년 러일전쟁이 발발하자 계획과 달리 인도를 거쳐 귀향하였다. 귀국 후에 출간한 『대일본, 아름다운 동양』은 큰 반향을 일으켰다. 또한 여행비를 조달하기 위해 『세계에로의 산책』과 청소년들을 위한 『새 학생의 세계모험』을 저술하였다.

그의 두 번째 아시아 여행은 1907년 봄에 재개되었다. 러시아의 연해주에서 아무르 강 유역의 퉁구스족에 대해 조사하던 중 한국을 찾을 기회

베네데크가 찍은 1900년대 초의 한국인들

가 생겼다. 또 1909년에 다시 연해주를 여행하였는데 예상치 못한 장티푸스에 걸려 귀국해야 했다. 그 후 1914년에 시베리아를 거쳐 일본으로 여행하려 했는데, 사라예보 사건으로 제1차 세계대전이 발발하였다. 러시아 경찰은 하바롭스크에서 헝가리제국의 국민인 그를 체포하여 감금시켰다. 당시에 헝가리는 러시아에게 적국이었기 때문이었다. 다행히 그는 9월 말 러시아를 탈출하여 일본으로 도망쳐 미국을 거쳐 헝가리로 귀국하였다.

그는 연해주 근처에서 무속인(샤먼)의 노래를 축음기에 녹음하였는데, 외국 학자들이 이를 높이 평가한다. 그리고 아이누어 사전을 편찬하기도 하였다.

그가 남긴 한국 여행기인 『코리아, 조용한 아침의 나라 *Korea, a Hajnalpir Orszaga*』(1929)는 한국과 마찬가지로 강대국들 사이에서 고군분투해야 했던 헝가리인이 쓴 책이라는 점에서 가치가 크다. 그런데 이 책의 역자인 초머 모세가 쓴 역자의 말에 따르면, 이 책의 초판본은 적당한 출판사를 못 찾아 자비로 인쇄했다고 한다. 그만큼 베네데크는 이 책을 출간하고 싶었던 것이다. 어쨌든 이 책은 헝가리인들에게 한국을 소개한 최초의 단행본이다.

대한매일신문을 창간한 유대인 언론인

어니스트 토머스 베텔

Ernest Thomas Bethel, 1872~1909

《대한매일신보(大韓每日申報)》(1904~1909)

어니스트 토머스 베텔(Ernest Thomas Bethel)은 1904년에서 1909년까지 대한제국에서 활동한 영국 출신의 언론인이다. 한국이름으로 '배설(裵說)' 이라고 불린 그는 1904년 《대한매일신보(大韓每日申報)》를 창간하여 조선 의 항일 운동에 큰 도움을 주었는데, 조선인뿐만 아니라 외국인에게도 기 사를 널리 알리기 위해 영자신문인 《코리아 데일리 뉴스 The Korea Daily News》를 합간(合刊)하여 발행하였다. B4판의 격일간 신문이었던 이 영자 신문은 《대한매일신보(大韓每日申報)》의 1·2·3·5면에 실렸다. 그 뒤 1905 년 8월 11일부터 해외에 한국의 사정과 일제의 만행을 좀 더 자세히 알리기 위해 《대한매일신보》에서 독립하여 별도로 간행하였다.

　그는 이 책에서 소개하는 다른 작가들과는 달리 한국과 관련된 책을 쓰지는 않았지만 나는 그를 '한국을 사랑한 세계작가들'의 한 사람으로 소

개하고 싶다. 신문에 실린 그의 글들은 꺼져가는 조선의 불씨를 되살리려
는 글이었기 때문이다.

작가의 생애

어니스트 토머스 베텔(Ernest Thomas Bethel)은 1872년 11월 3일 영국
브리스의 유대인 가문에서 태어났다. 16살에서 32살까지 16년간 일본에서
살면서 무역상을 하다가, 1904년 3월 10일에 러일전쟁이 발발하자 런던

왼쪽부터 베델, 부인 메리 모드 게일, 아들 허버트 오언 친키 베델(1901~1964)

《데일리 크로니클》의 특파원 자격으로 대한제국에 왔다. 고종황제는 베델에게 한국이름 '배설(裵說)'을 부여하고 여러 가지의 편의를 제공하였다.

일본제국의 침략을 보도하던 베델은 《데일리 크로니클》에 사직서를 제출하고 1904년 7월 18일부터 양기탁과 함께 《대한매일신보》와 《코리아 데일리 뉴스 *The Korea Daily News*》를 창간하였다. 1905년에는 《코리아 데일리 뉴스 *The Korea Daily News*》의 국한문판도 발행하였다. 이때 일본제국의 사전 검열을 피하고자 영국인 베델이 발행인을 맡았다.

양기탁, 신채호, 박은식 등 민족주의 운동가들은 치외법권으로 보호받던 《대한매일신보》에 모여 일본제국과 맞서 싸웠다. 1907년 《대한매일신보》의 발행 부수는 1만 부를 넘어 최대 신문사가 되었고, 대한제국이 일본제국에 합병된 1910년까지 여섯 해 동안 일본제국에 침략당하는 조선의 실

영국 《데일리 미러》 1908년 8월 15일자에 실린 베델(왼쪽)과 양기탁(오른쪽) 사진

상을 알리고 을사늑약이 무효라고 주장하는 등 항일 사상을 고취하였으며, 고종황제의 친서를 《대한매일신보》를 비롯한 여러 신문에 실어 일제 침략을 해외 여러 나라에 알리게 하였다.

그러자 일본제국 통감부는 영국에 압력을 가했고, 베델은 1907년 10월과 이듬해 6월 두 차례나 재판정에 서야 했다. 1908년 경성의 법정에서 열린 두 번째 재판에서 영국인 판사 F. S. A. 본(F. S. A. Bourne)은 베델에게 3주간 금고에, 만기 후 6개월간 선행 보증금으로 피고인 1,000달러, 보증인 1,000달러를 즉시 납부하라고 판결했다. 베델은 상하이로 호송되어 3주간 금고 생활을 마치고 1908년 7월 경성으로 돌아왔다. 이후에도 신문을 발행해 일본제국의 만행을 만천하에 알렸다.

한국을 사랑했던 푸른 눈의 독립운동가 베델은 1909년 5월 1일 심장

비대증으로 사망하였고, 양화진 서울외국인묘지공원에 안장되었다. 그는 죽으면서 양기탁의 손을 잡고서 "나는 죽을지라도 신보는 영생케 하여 한국 동포를 구하라"고 유언하였다. 또한 해외 독립유공자로는 처음으로 국가유공자 명패를 손녀인 수잔 여사가 대신해서 받았다. 1968년 대한민국 건국훈장 대통령장을 받았고, 기념사업회가 매년 양화진 서울외국인묘지공원에서 추모 행사를 개최하고 있다.

서울 태평로 프레스센터
1층에 있는 베델의 흉상

작품 속으로

《대한매일신보(大韓每日申報)》는 한국어와 영어로 발행된 신문으로, 1904년 7월 18일 서울 박동(磚洞: 지금의 종로구 수송동)에서 영국인 베델을 발행인 겸 편집인으로, 양기탁을 총무로 하여 창간되었다. 주필은 박은식이 맡았고, 그 밖에 신채호, 최익, 장달선, 황희성 등이 필진으로, 임치정, 안태국 등이 경영에 참여하였다.

이 신문은 배일사상을 고취시켜 나라를 빼앗기지 않고자 창간되었는데, 고종황제는 이 신문을 은밀히 후원하였고, 많은 애국지사들도 적극적으로 후원해 주었다. 신문의 판형은 세로 40cm, 가로 27cm였고, 창간 당시에는 타블로이드판 6면으로 국문 2면, 영문 4면이었다.

그런데 이 신문의 발행인으로 영국인을 내세운 이유는 1904년 2월 러일전쟁을 일으킨 일본군이 우리나라에 불법 주둔하면서 대한제국의 민간 신문에 대한 사전검열을 강행하였기 때문이다. 이러한 일본의 검열망을 뚫

대한매일신보 창간호

기 위해 일본과 군사동맹을 맺고 있던 영국의 국민인 베델의 명의로 신문을 발행하였던 것이다.

창간 이듬해인 1905년 8월 11일부터는 국문판과 영문판을 분리시켜 따로 발행하였다. 창간 당시 순 한글로 만들었던 한글판은 국한문을 혼용하여 만들었고, 영문판은 《코리아 데일리 뉴스 *The Korea Daily News*》로 발행했는데 해외에서도 많은 구독자가 있었다. 그러나 한문을 잘 몰라서 국한문판을 읽지 못하는 독자들을 고려하여 1907년 5월 23일 순 한글판 《대한매일신보》를 새로 창간하였다. 결국 국한문판·영문판·순 한글판 등 세 신문을 발행하게 되었고 발행 부수도 1만 부를 넘었다.

당시에 일본은 우리의 의병에 대하여 보도하는 신문을 사전검열해 '의병'을 '비도(匪徒)' 혹은 '폭도(暴徒)'로 표현하도록 강요하였으나, 《대한매일신보》의 세 신문은 한결같이 '의병'이라 표현했고, 이들의 의병운동을 있는 그대로 보도하였다.

> 의병장 이은찬 씨가 용산경찰서에 잡혔다가 경성지방경찰소로 넘어가서 감옥서에 체수함은 이미 게재하였거니와 재판소에서 심문할 때에 공초한 말을 들은즉 이 씨의 말이 감개하고 기색이 늠름하여 왈, 내가 일인과 40여 차를 싸워 일병 470여 명을 죽였노라 하고 재판소 관리와 순사에게 대하여 조금도 굴함이 없고, 말할 때는 하대하며 또 말하기를, 나의 가진 돈이 200여 환이니 이 돈을 다 쓰는 날은 내가 죽는 날이라 차라리 주려 죽을지언정 이곳에서 공급하는 것은 먹지 아니 하겠다 하며, 모든 죄수에게도 종종 음식을 사서 먹이고, 조금도 구축하는 일이 없다더라. (1909년 3월 24일자 잡보 2면)

이와 같은 기사는 당시 우리 국민에게 커다란 용기와 위안을 주었다. 그러자 통감부 초대 통감 이토 히로부미(伊藤博文)가 한 연설장에서 "지금 한국에서 발간하는 외국인의 《대한매일신보》는 확증이 있는 일본의 제반 악정을 반대하여 한인을 선동함이 연속부절하니 이에 관하여는 통감이 책임을 질 수밖에 없다"고 말했다. 통감부는 회유와 매수 작전 등 갖가지 수법으로 《대한매일신보》를 없애려 하였으나 실패하고 말았다. 오히려 베텔 등 《대한매일신보》의 언론인들은 펜이 칼보다 강하다는 것을 증명하기라도 하는 듯 기사를 써나갔다.

대저 세상이 혹 말하기를 세계에 하등은 한국이요, 자주자치할 능력이 없는 지천한 인종은 한민이라 하나니, 이것은 실상을 분명히 알지 못하는 자의 공평치 못한 것을 좋아하는 입으로 한 말이라 그런 고로 우리 한인의 피가 끓고 마음이 상하는 도다.

우리나라가 비록 적으나 자고 이래로 예의가 분명한 나라이요. 1882년에 구주 각국에 통상조약을 시작하고 그 후에 예수교가 들어와 전국에 전도가 되었으매, 20년 동안에 교회가 날로 흥왕하여 구습을 끊고 신선한 정신을 교육하여 사상이 개명되고 행동이 진보되어 신도거 금일에 3만인이 지내고 예수를 신앙하는 고로 한국에 유력하던 지사 코트 씨가 말하되 세계에 예수교가 들어간 나라 중에 한국이 먼저 천복을 받으라 하였더니, 불행이 일본이 한민의 도덕상 발달됨을 시기하여 압제하는 수단으로 자유의 날개를 베이며 독립의 정신을 빼앗아 무도한 행위가 날로 심하고, 불교를 전도코자 하여 수천교사를 보내어 예수교를 방해케 하며 세상 이목을 속여 한국은 독립할 자격이 되지 못하니, 교육을 확장시킨다하고 각처에 일어학교를 설립하고 한국 청년자제를 유인하여 전혀 일어만 가르치니, 지금 한국청년회 길니트 씨가 말하기를 한국에 본국언어는 점차로 없어지고 일어로 변하겠다 하였으며, 일본이 독립을 위협으로 빼앗고 자유를 압제하매 전국 인민이 불승통한하여 일본에 운동을 항거하매, 일본이 군력으로 억제함으로 한국인이 학살을 당한 참혹한 형상은 세계가 통분히 여기는 공론이 대등한 바이어니와 최초에 일본이 한국을 돕는다 하고 군병을 다수히 파송하여 바른말하는 입을 멸하고 옳은 붓을 끊은 후에 병탄할 흉계로 군대를 해산하고 백성을 학살하며 정부를 관할하여 전국을 망쳤으니, 한국 구정부를 그저 두었어도 3년 동안에 금일의 위망하는 데는 이르지 아니하였을지라. 고로 일본은 한국에 도적이요, 동아에 원수라 하노라 하였더라. (1908년 2월 15일자 외보 3면)

그리하여 일본은 '신문지법(新聞紙法)'을 고쳐 외국인이 한국에서 발행하는 신문과 외국에서 한국인이 발행하는 신문 등을 압수 및 판매금지할 수 있는 법적인 근거를 마련하고, 베텔과 양기탁을 구속 또는 국외로 추방하려 했다. 일본은 국한문판 1908년 4월 17·29일자, 5월 16일자의 논설이 우리나라의 질서를 문란하게 하였다는 이유로 1908년 5월 27일 영국 상해고등법원의 검사 윌킨슨(Wilkinson H. P.)으로 하여금 베텔(배설)을 제소하게 하였다. 결국 재판정은 베텔에게 유죄를 선고하고, 3주간 금고에, 만기 후 6개월간 선행 보증금으로 피고인 1,000달러, 보증인 1,000달러를 즉시 납부하라고 판결했다.

그리고 1908년 7월 12일 밤에 양기탁이 구속되었다. 양기탁에게 국채보상의연금(國債報償義捐金)을 횡령 및 사취하였다는 죄명을 씌워 기소하였다. 다행히 양기탁은 5차에 걸친 공판 끝에 증거불충분이라는 이유로 무죄 석방되었다.

이처럼 일본의 탄압으로 베텔이 물러나고 비서였던 영국인 만함(A. W. Marnham)이 새로운 발행인이 되었는데, 1910년 6월 14일 만함은 갑자기 판권 일체를 이장훈(李章薰)에게 4만 원에 매도하고 우리나라를 떠나버렸다. 그리하여 6월 14일자(1408호)부터 이장훈의 명의로 발행되었다.

양기탁은 각 신문에 광고를 내어 자신은 이 신문에서 손을 떼었다는 것을 밝혔다. 이미 《대한매일신보》를 일본의 통감부가 장악했기 때문이었다. 결국 경술국치 다음 날부터 '대한(大韓)'의 두 자를 떼어낸 채 《매일신보》가 되어 총독부 기관지로 바뀌었다. 《대한매일신보》의 운명이 조선의 운명과 꼭 닮은 듯해서 안타깝기만 하다.

31

조선황실에서 살았던 독일여성
엠마 크뢰벨
Emma Kroebel, 1872~1945

『나는 어떻게 조선 황실에 오게 되었나?
Wie ich an den koreanischen Kaiserhof kam』(1909)

나는 독일 유학 시절인 1970년대 후반에 프라이부르크대학 도서관에서 우연히 『나는 어떻게 조선황실에 오게 되었나? *Wie ich an den koreanischen Kaiserhof kam*』(1909)라는 책을 발견하고 흥미롭게 읽었다. 우선 제목부터가 흥미롭고 내용도 재미있을 뿐 아니라 군데군데 중요한 한국 사진을 싣고 있어 당장 번역해 보고 싶었다. 그러나 박사 논문을 쓰는 바쁜 유학생에게 그럴 여유는 없었다. 복사본을 한국에 가져와서도 그럴 여유를 못 가졌다. 오랜 세월이 지나 2015년에 독일에서 공부한 김영자 박사가 번역

31. 엠마 크뢰벨　　281

덕수궁에서 손탁(오른쪽 두 번째)과 크뢰벨(오른쪽 첫 번째)

서를 출간했는데, 엠마 크뢰벨(Emma Kroebel)과 손탁의 유적을 답사하고 귀중한 논문까지 덧붙여 출간한 것을 보고 감사하게 생각했다. 이런 책은 반드시 한국인에게 널리 읽혀야 한다. 왜냐하면 열강의 야욕 속에 풍전등화처럼 흔들리는 조선 황실을 몸소 체험한 저자의 가치 있는 기록이기 때문이다. 이 책은 소설은 아니지만 소설 이상의 재미도 있다.

작가의 생애

———

엠마 크뢰벨(Emma Kroebel)은 1872년 7월 6일 노르트슐레스비히의 굿 드륄트(Gut Drült in Nordschleswig)에서 태어났다. 1901년 11월 5일 사업가

에른스트 크뢰벨(Ernst Kroebel)과
결혼하여 칭다오(靑島)에 살았다.
1905년 엠마는 1896년부터 대한제
국 황실에서 외교전례관으로 일하
는 손탁이 휴가를 가자 그 임무를
대신 맡아달라는 요청을 받는다.

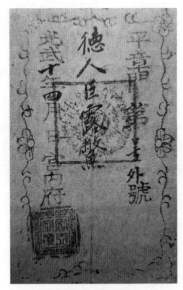

크뢰벨의 황실 출입증

　엠마 크뢰벨은 그 요청을 수락
하고 1905년 8월부터 1906년 가을
까지 대한제국 황실의 외교전례관
으로 일하게 되었다. 엠마는 손탁
여사가 1년간 독일로 휴가를 떠났
을 때만 외교전례관으로 일했지만
1년 동안 보고 들은 것을 토대로
1909년 10월 베를린에서 『나는 어떻게 대한제국 황실에 오게 되었는
가? *Wie ich an den koreanischen Kaiserhof kam*』라는 회고록을 출간하였
다. 그녀는 독일을 출발하여 미국의 뉴욕-워싱턴-시카고-샌프란시스코
를 거쳐 일본, 중국을 여행하며 보고 들은 내용을 꼼꼼히 기록하였다. 특히
그녀가 대한제국 황실에 근무한 기간에 을사늑약(1905년)과 통감부 설치
(1906년) 등의 사건이 일어났기 때문에, 이 책을 통해 그 기간 동안 대한제
국 황실에 무슨 일이 일어나고 있었는지를 알 수 있다.

　엠마 크뢰벨이 외교전례관으로 활동한 당시에 대한제국은 어수선했다.
백성들은 궁에서 일어나는 일을 까맣게 몰랐는데, 궁에 있던 이들은 모두
우왕좌왕했다. 그녀는 이 모든 상황을 여성다운 꼼꼼함으로 세심하게 관
찰했다. 심지어 '내시들'이란 항목을 만들어 그들에 대해 따로 기록했다. 여

느 관찰자였다면 임금과 그의 가족 그리고 높은 자리에 있는 사람들을 묘사하는 데 그쳤을 것이다.

엠마 크뢰벨은 조선을 떠나 남편이 살고 있는 칭다오로 돌아갔는데, 1910년 독일로 돌아갔다. 그녀의 남편 에른스트는 1925년 5월 16일 베를린에서 사망하였고, 엠마는 1945년 2월 25일 베를린에서 사망하였다. 슬하에 자식은 없었다.

작품 속으로

엠마 크뢰벨은 대한제국 황실의 외교전례관으로 활동하면서 조선의 사정을 십분 이해하고 조선을 사랑하였다. 그녀는 1905년 8월부터 1906년 가을까지 대한제국 황실의 외교전례관으로 일하면서 보고 들은 것을 토대로 1909년 10월 『나는 어떻게 대한제국 황실에 오게 되었는

Wie ich an den koreanischen Kaiserhof kam(1909) 초판본

가? *Wie ich an den koreanischen Kaiserhof kam*』라는 회고록을 출간하였다. 이 책은 '작별과 출발, 미국견문기-미국에서 받은 인상, 고요한 대서양에서, 호놀룰루 항에서, 호놀룰루에서 요코하마까지, 일본, 중국, 조선-고요한 아침의 나라' 순으로 되어 있다.

이 책에서 그녀는 조선 황실의 음식문화에 대해 이렇게 서술한다.

> 무엇보다 궁중에서 차려지는 음식문화를 보면 온통 서양식, 특히 프랑스식 요리가 연회 식탁을 차지하고 있다. (…) 트뤼플 파스타에, 생굴이

며, 캐비어가 일상적인 음식으로 식탁에 빠지지 않았고, 프랑스산의 풍미 있는 샴페인은 원산지의 어느 연회에서보다 훨씬 더 풍성했다. 조선 황실의 연회에 참석하면, 마치 서양의 어느 제후가 베푸는 연회에 와 있는 것 같은 기분이 들기도 했다. 그래도 조선 황국에 조선의 풍속을 고집하는 단 한 사람이 있었다. 그는 바로 황제였다. 그는 이런 사치스런 연회의 주최자임에도, 결코 참석하지 않았다. 황제는 몇 명의 신분 높은 대신들을 보내서, 주최자의 임무를 수행하게 하는 방식으로 초빙된 손님들에게 격식에 맞는 예를 차릴 뿐이었다.

이러한 호사스러운 파티를 준비하는 전 과정을 감독 지시하는 자가 손탁 양이었다. 그녀는 손님들의 눈에 띄지 않는 조선의 전통적 발(簾)이나 비싼 천으로 만든 휘장 뒤에 서서 모든 과정을 지켜보고 지시했다. 그 어떤 실수도 그녀의 눈을 피해갈 수 없었다. 그녀가 눈을 한번만 깜빡해도 '황제의 시종'들은 그녀의 지시에 따라, 무엇을 해야 하는지 금방 알아차렸다. 연회를 준비하는 사람들은 서른 명이 넘었으며, 모두 조선인이었고, 단 한 명의 주방장만 중국인이었다. 주방장은 중국인이어도, 차려 나오는 전체 요리는 서양식, 그것도 기가 막히게 맛있는 일품요리들이었다. 중국인 요리장은 물론 그가 필요로 하는 만큼의 많은 요리사를 곁에 두었다. 여러 나라에서 온 요리사들은 언어도 제각각이었는데, 그중에서 중요한 언어는 영어와 프랑스어였다. (199~200쪽)

그런데 엠마는 자신의 전임자였던 손탁에 대해 부정적으로 평가하고 있다. 손탁이 고종황제의 신임을 등에 업고 무소불위의 권력을 행사했다고 말한다.

여러 외국 공관들은 각자의 사업을 성사시키기 위해서는 손탁 양과의 '교섭'을 결코 무시할 수 없었다. 노년에 접어들기는 했지만, 정신적으로 영민한 그녀의 세력은 여전히 견고했다. 사업 허가나 윤허를 받아내야 할 때, 누구든 손탁 양에게 요청하면, 빠른 시일 내에 확실하게 원하는 것을 얻어낼 수 있다는 것을 알고 있었다. 반대로 누구든 그녀의 권세를 무시한다면, 당연히 손해를 본다는 것도! 황제—궁중과 정부—와의 중계역할을 할 수 있는 사람은 그녀가 유일했다. 그녀는 역시 황제의 신임을 받고 있는 영국인 맥레비 브라운(McLeavy Brown) 씨만을 인정했다. 손탁 양은 맥레비 브라운과 함께 조선 황국을 거의 '쥐락펴락'했다.

노년의 그녀는 사사로운 이익을 위해 그녀 특유의 친절한 태도로 사교계를 자기편으로 끌어들였다. 이미 도움을 받았거나 도움받기를 원하는 사교계의 사람 누구든 그녀에게 호감을 가졌다. 고위직의 남성들과 풍성한 식탁에 초대받기를 즐기는 젊은 외교관들은 손탁 양의 초청에 기꺼이 응했다. 잘 차려진 온갖 요리들, 술잔에 가득 넘치는 값비싼 포도주, 값비싼 하바나산 담배, 프랑스산 샴페인 등을 마다할 이유가 없었기 때문이다. 수많은 유명 인사들처럼 여성으로서는 최고의 유명 인사였던 손탁 양도 다양한 취미생활을 즐겼다. 그녀는 집에서 여러 동물을 길렀다. 염소와 돼지는 물론 특히 조랑말에게 쏟는 그녀의 애정은 각별했다. 동물을 사랑하는 그녀의 배려는 황제에게 쏟는 온갖 정성과 별로 다르지 않았다. 그리고 그녀는 유독 조선인 청년을 아꼈다. 그는 손탁 양의 집에서 허드렛일을 했고, 그녀의 특별한 사랑을 독차지했다. 언젠가 그녀는 자신의 상속자로 그를 결정했다고 소개하기도 했다. 그리고 유럽여행을 할 때, 그녀는 이 청년과 동행했는데, 그 후 그는 다시 고국으로 돌아오지 않았다. 일설에 의하면, 손탁 양이 변심하여 그를 파리에서 '내동댕이' 쳤다

고도 한다. (202~204쪽)

엠마는 왜 손탁을 이토록 비난했을까? 소설 이상으로 흥미 있고 중요한 서술이다. 이 책을 번역한 김영자 박사는 "저자가 들은 소문은 낭설이다"고 하며, 손탁이 아끼는 조선 청년이 이태운이라고 밝혔다. 이태운은 1884년 10월 20일 서울 태생인데 1923년 11월 28일 프랑스에서 20세 연하의 엠마 클레맨츠(Emma Clemenntz)와 결혼했다. 이태운 부부는 손탁의 집안일을 돌보았다.

여하튼 김영자 박사에 의하면 이 책에서 엠마가 손탁을 비난하는 부분은 사실과 다를 수도 있다고 생각해야 할 것이다.

하지만 엠마는 그 누구보다 조선을 사랑하는 외국인이었다. 그녀는 조선을 존중하지 않는 외국인을 싫어했다. 미국의 26대 대통령 시어도어 루스벨트에게는 맏딸 앨리스 루스벨트가 있었는데, 1905년 9월 19일 21세의 앨리스가 인천항에 도착했다. '대통령 아버지를 대신한 아시아 순방'을 내세웠지만 개인적 외유에 가까웠다. 당시 러일전쟁에서 승리한 일본은 한국에 노골적으로 야욕을 드러냈고 고종황제는 미국의 도움을 받으려 했다.

하지만 고종황제는 미국이 두 달 전에 미국의 필리핀 지배와 일본의 조선 지배권을 교환하는 '가쓰라-태프트 밀약'을 맺었다는 것을 까맣게 몰랐다. 그래서 앨리스에게 황제 전용 열차와 가마를 내주고, 지나는 길까지 미리 고쳐놓으며 극진히 대접했다. 앨리스는 10박 11일의 방한 기간 내내 관광하느라 바빴다. 앨리스 일행은 홍릉을 찾았을 때 무례하게도 능 앞의 석마(石馬)에 올라 사진을 찍었다. 홍릉은 일본 자객에게 시해당한 명성황후가 묻힌 곳이다. 당시에 그 자리에 있던 엠마 크뢰벨은 이렇게 썼다. "그토록 신성한 곳에서 그토록 무례한 짓을 저지르다니! 하지만 앨리스는 자

앨리스 루스벨트와 미국공사관 직원들

신이 무슨 행동을 했는지도 모르는 듯했다." 이와 관려된 내용은 다음과
같다.

　갑자기 뿌옇게 먼지가 일더니, 위세 당당하게 말을 탄 무리가 나타났
다. 바로 미국 대통령의 딸 '앨리스 공주'와 그녀의 약혼자, 그리고 수행원
들이었다. 그런데 이 순간을 기다렸던 하객들은 놀라는 기색이 역력했다.
붉은색의 긴 승마복에 짝 달라붙은 바지를 무릎까지 올라오는 반짝거리
는 가죽 장화에 집어넣고, 오른손에는 말채찍을 들고 있고, 심지어 입에
는 시가를 물고 있는 미국 대통령 딸의 모습을 고위층 하객들은 전혀 상
상하지 못했기 때문이었다. 그들은 그녀의 전혀 다른 모습을 기대하고
있었다.
　황후의 능 앞에서 행렬이 멈추자, 하객들이 모두 머리를 굽혀 예를 표

했다. 이윽고 나는 의전관으로서 황
실의 고관들과 함께 나서서 이 '기병
대의 모습을 한 딸'에게 환영 인사를
했다. 그녀는 우리의 환영 인사에 겨
우 고개만 까닥이며, 감사 인사를
표했다. 예절에 맞는 그런 태도는
아니었다. 그녀의 관심은 오히려 무
덤가에 세워져 있는 각종 수호석상
들이었다. 갑자기 그녀가 한 석상의
등에 올라탔다. 그러고는 약혼자에
게 눈짓하자, 그는 재빨리 카메라를

명성황후 묘지석에 올라탄 앨리스 루스벨트

꺼내 들고는 렌즈의 초점을 맞추었
다. 황실 가족의 묘소에서 보여준 그녀의 '얼굴 찌그리게 한' 행동에 우리
는 모두 경악했다. 미국인의 특징을 잘 보여주는 한 단면이었다.

우리를 당혹스럽게 만드는 그녀의 행동을 지켜보는 하객들 사이로 얼음
처럼 차가운 냉기가 감돌았다. 특히 조선 고관대작들이 당혹스러워했다.
성스러운 장소에서 부적절한 행동을 한 미국 대통령의 딸에 대한 조선인들
의 거부감과 모멸감을 우리는 결코 상상할 수 없을 것이다. (236~237쪽)

바로 이 대목 때문에 이 책은 미국에서 비난을 받았다. 그래서 이 책이
일약 유명해지기도 했다. 그러나 명성황후의 묘지석에 올라타고 촬영한 사
진이 실제로 있었기 때문에 이 서술이 사실이라고 밝혀지게 되었다.

엠마 크뢰벨은 조선통감부 초대 통감 이토 히로부미에 대해서도 말하
고 있다. 이토 히로부미는 하급 무사 신분이었지만 영국 유학을 하면서 일

본을 발전시켜 부국강병을 실현하려 하였다. 특히 근대 독일을 국가 모델로 삼아 각종 정책 및 제도개혁을 추진하였다. 그 결과 45세에 초대 총리가 되어 천황 아래 최고의 자리를 차지하였다. 이 책에는 그가 독일에 얼마나 관심이 많았는지를 알 수 있는 대목이 있다.

천막에는 약 500여 명이 앉을 수 있었다. (…) 내게도 영예의 기회가 주어졌다. 이토의 측근들이 앉은 자리에 나도 끼어 앉아서 이토와 흥미로운 대화를 나눴다. 독일을 수차례 방문한 적이 있었던 이토는 독일에 대해 좋은 인상을 지니고 있었다. 그는 나와 대화를 나누는 동안, 나를 그저 독일인 여성 정도로만 대우하는 게 아니라는 느낌을 받았다. 그는 독일인들을 긍정적으로 생각했고, 독일에 대해서도 역시 좋은 기억을 가지고 있었다. 이토는 독일 군대에 특별한 관심을 보였다. 그가 독일인들은 청결하고 규칙적인 생활을 한다고 칭찬했던 것이 기억난다. 그는 독일의 정치가 중에서 특별히 독일공화국을 세운 비스마르크를 존경했고, 비스마르크의 국제적인 외교술과 정치적 재능을 끝없이 칭찬했다. (248~249쪽)

엠마는 이 책의 〈후기〉에 이렇게 적고 있다.

인쇄까지 마쳤음에도 불구하고 이 자리를 빌어 꼭 추가해야 할 사건이 일본의 거물 정치인인 이토 히로부미에게 일어났다.

언제부터 내가 우려하고 있던 일로 이 저서에서도 '조용'하게 언급한 적이 더러 있지만, 한 한국인이 미움에 가득 차서 조선을 점령하고 정치적으로 억압하는 일본인을 살해했다. 안중근 의사의 이토 히로부미 저격을 가리킨다.

내 예감이 적중한 것이다. 단지 내가 바라는 것은 이번의 '혈투'가 다음 일본인 권력자에게 같은 '혈투'로 대하지 않고, 조선의 정치와 국민에게 냉정하게 행동을 취하기를 바란다. 그럴 경우에 동북아시아의 평화에 크게 영향이 미칠 수도 있기 때문이다. ― 베를린에서 1909년 10월 저자 (259쪽)

이 책의 저자는 독일인이었지만 조선의 사정을 잘 알았기 때문에 안중근 의사의 의거를 예견했던 듯싶다. 그리고 안중근 의사의 의거로 조선에 대한 일제의 억압이 더 거세지고, 동아시아에 전쟁의 기운이 일지 않을까 걱정한 것 같다.

32

이재수의 난을 수습한

윌리엄 프랭클린 샌즈

William Franklin Sands, 1874~1946

『조선비망록 *Undiplomatic Memories*』(1930)

윌리엄 프랭클린 샌즈(William Franklin Sands)는 구한말에 일어난 이재수의 난을 수습했던 미국 외교관이다. 1898년 1월 미국공사관 서기관으로 발령된 그는 1904년에 러일전쟁이 발발할 때까지 고종의 고문으로 재직하였다. 당시에 러시아와 일본이 조선을 서로 차지하려고 다투는 과정을 직접 목격하였다. 조선이 열강의 식민지가 될 것을 우려한 그는 대한제국을 중립국으로 만들어야 한다고 고종황제에게 건의하기도 하였다.

1901년(고종 38년) 5월에 제주에서 이재수의 난이 일어나자 고종황제의 특명에 따라 같은 해 6월 2일에 강화진위대 100명과 함께 제주도에 파견되어 민란을 수습하였다.

그는 조선에서 경험한 일들을 바탕으로 1930년에 *Undiplomatic Memories*라는 책을 남겼다. 이 책은 한국에서 '조선비망록'이라는 제목으

로 번역 출간되었지만 원서의 제목은 '비외교적 회고록'이다.

작가의 생애

——

윌리엄 프랭클린 샌즈(William Franklin Sands)는 1874년 7월 29일 워싱턴 D. C.에서 태어났다. 미국 조지타운대학교 로스쿨에서 법학을 공부하고, 졸업 후 일본 도쿄의 미국대사관 2등 영사가 되었고, 이듬해 서울의 미국공사관 1등 영사가 되었다. 1898년부터 1904년까지는 고종황제의 고문 역할을 하였다. 이 기간 중 이재수의 난이 발생하자 고종의 특명에 따라 제주도에 파견되어 이재수의 난을 수습했는데, 프랑스 선교사들을 보호한

한복을 입고 조선문화를 만끽하는 샌즈(왼쪽)

공을 인정받아 조선 및 프랑스 정부로부터 훈장을 받았다.

1904년 러일전쟁이 발발하자 스티븐스(Durham White Stevens)에게 고문 자리를 물려주고, 샌즈는 파나마에서 외교관으로 활동하였다. 1909년 8월 27일에 필라델피아에서 에디스 키팅(Edith Gertrude Keating)과 결혼하였다.

1920년대부터 정년 때까지 조지타운대학교에서 역사 및 외교사 교수로 재직하면서 많은 논문과 저서를 집필하였다. 그중『조선비망록 Undiplomatic Memories』은 한국과 관련된 책이다. 샌즈의 저서들은 펜실베이니아의 윈우드(Wynnwood)에 있는 필라델피아교구역사연구소(Philadelphia Archdiocesan Historical Research Center)에 샌즈문고로 남아 있는데, 동아시아의 사정을 자세히 소개하는 편지들이 포함되어 있다.

그는 1946년 6월 17일 세상을 떠났다.

작품 속으로

『조선비망록 *Undiplomatic Memories*』은 구
한말에 궁내부찬의관(宮內府贊議官)을 역임한 샌
즈가 조선에서의 경험과 외교활동을 기록한 책
이다. 이 책은 1930년 미국 뉴욕에서 처음 출판
되었는데, 저자가 조선에 부임하게 된 이유부터
시작하여 조선에서 활동한 외교관과 선교사들
의 활약상, 왕실의 동향과 궁중 생활, 을미사변
과 제주민란 등 역사적 사건을 이야기하고 있다.

*Undiplomatic
Memories*(1930)
초판본

이 책은 '1. 외교란 무엇인가?, 2. 일본, 3. 조선, 4. 서울의 외교 사절
들, 5. 황제, 6. 영사재판, 7. 선교사들, 8. 공사관생활, 9. 황제의 고문관,
10. 대궐에서의 생활과 민속놀이, 11. 고문, 산적 그리고 반란, 12. 여인의
나라 제주도: 이재수의 난, 13. 조선 사람의 신뢰성과 친절, 14. 이권 외교,
15. 외교 정책, 16. 결론'으로 되어 있다.

고종황제의 고문이었던 저자는 황실 사람들을 비롯해 일반 한국인들
도 만나보았는데, 여러 체험을 문학적인 문장으로 담아냈다. 그래서
'Undiplomatic Memories(비외교적 회고)'라고 책명을 붙인 모양이다. 저
자가 만난 사람들은 다음과 같다.

흰 얼굴에 키가 작고 태도에 신경을 많이 쓰는 듯한 소심한 황제는 제
국의 용이 수놓인 신기한 금빛 비단옷을 입고 있었다. 그는 따뜻하고 친
절하며 아무런 의식 없이 우리를 맞이했다. 그는 우리에게 각자 작고 섬
세한 손을 내밀었다. 그리고 웃으면서 고개를 끄덕이면서 통역관의 딱딱

Undiplomatic Memories 본문에서

한 형식을 가리지 않고 직접 알렌에게 빠르게 말을 했다. 그의 아버지와
비슷하지만 심홍색의 옷을 입은 황태자는 수줍어하고 둔감했다. 내가 생
각하기에 그는 당당하고 거만한 태도를 취하려고 애를 쓰는 것 같았으며
그로 인해 고통을 견디지 못해 안절부절하지 못하는 것처럼 보였다. 나
는 그 후에 그 불쌍한 사람의 이야기를 듣게 되었다. 나는 친절하고 상냥
한 황제를 좋아했다. 그는 분명히 감정을 조절하지 못했고 점점 변해가
는 문화 속에서 자신의 위치가 복잡해지는 것에 적응하려 했으나 그러기
에는 적절하지 않은 인물이었다. 그는 자신이 이해하지 못하고 통제할
수 없으며 뿌리치려고 노력했던 세력들에 의해 어린 시절부터 고통을 받
고 있다. (70쪽)

황제는 공사관 숙소 가까이에 집 한 채와 궁전 안에 있는 방을 나에게
하사했다. 주요 외국어를 약간 아는 통역관과 궁전의 고전적 글씨로 기

의식 의상을 입은 인사들

록할 수 있는 몇 사람의 서기, 그리고 외국인 학자도 함께 배속되었다. 나
와 황제 사이에 주로 통역과 중개역을 한 사람은 현상건이었는데 젊은 양
반이었던 그는 용모가 매우 깔끔했으며 완벽하지는 않지만 제법 유창하
게 프랑스어를 구사했다. 그는 결코 해외에 가본 적이 없지만 항상 내가
말하는 것에 관해 바르게 알고 있었으므로 호감이 갔다. 어떠한 것도 그
에게는 낯설지 않았다. 두 번째 사람은 유서 깊은 양반가문 출신인 고희
경이라는 명랑한 젊은이였다. 그도 외국여행을 해본 일이 없지만 영어를
너무나 잘했고 모든 선진사회의 풍속에 익숙했다. 내가 그를 특별사절
단의 서기관으로 영국에 보냈을 때 영국 왕실의 가장 보수적인 사람들이
그를 자기 집에 머물도록 데려갔다. 그는 "양반은 사막에서 벗겨 놓아도
표가 난다"는 조선의 격언의 훌륭한 본보기였다. 그는 보수적이고 정직
하며 절대적으로 믿을 수 있는 사람이었다. (132쪽)

그러나 이 책의 책명과 달리 이 책에 가장 중요하게 다루고 있는 것은 1900년 전후의 국내정세와 외교관계이다. 제8장에서 저자는 "1898년 1월 궁내부찬의관으로 부임한 후 조선의 내정이 부패한 것을 알고 개혁을 건의했으며, 고종도 이를 수긍했으나 당시 여러 열강들이 자신들의 이권침탈에 방해가 된다 하여 이를 반대함으로써 실현되지 않았다"고 말한다.

그러자 저자는 조선을 영세국외중립국화(永世局外中立國化)하려는 시도를 했는데, 이조차도 실패하고 말았다. 일본과 러시아가 노골적으로 반대했기 때문이다.

제14장에서는 일본과 러시아의 외교 정책에 대해 비판적으로 서술했다. 1904년 이토 히로부미(伊藤博文)가 특파대사(特派大使)로 방한하자 저자는 이토에게 개혁안을 전달하고 함께 내정개혁을 추진할 것을 제안했다. 그러나 이토는 이를 거절하고 저자를 강제귀국시켰는데, 그에 대한 이야기가 제15장에 기록되어 있다. 그 내용이 궁금한 독자들은 읽어보기 바란다.

한편 이 책의 제11장은 1901년에 벌어진 이재수의 난을 다루고 있다. 제주도에서 민란이 일어나자 저자가 직접 사건을 수습하기 위해 제주에 내려갔는데, 이때 겪은 일을 자세하고 흥미 있게 묘사하고 있다.

아직 이유는 분명치 않지만 반란활동이 제주에서 추방되어 있던 기독교인들을 배척하는 양상을 띠고 있었고, 기독교인들은 두 명의 신부의 지휘 아래 그 도시를 방어하고 있었다. 신부들은 조정의 무기고에서 꺼낸 낡은 무기로 그들 자신과 몇몇의 시민들 그리고 목사의 포졸들을 무장시켰다. 그들은 섬 주민과 반란군 그리고 본토에서 온 산적들로 이루어진 1만여 명 정도의 성난 군중에 의해 포위되어 있었다. 그들을 구출하기 위해 프랑스 군함 두 척이 출발한 것은 이런 이유 때문이었다. 그 군함들은 나의 낡은 기선과의 경주에서 이겼지만 그 차이가 너무 좁아서 선교사들과 연락하여 몇몇 기독교인들을 배에 태운 것 이상으로 사태를 수습하지는 못했다. 나는 프랑스 해군 고위 사관에게 나의 신분을 밝히고 나의 부하들을 죽음의 도시를 둘러싼 성벽 아래에 있는 그 좁은 해안에 상륙시키기 시작했다. 신부들의 연락원이 그 포위를 뚫고 본토에서 가장 가까운 전신소로 가기는 힘들었다. 그 무렵에 굶주림에 떨고 있는 그 도시의 여인들이 자정쯤에 반란군들에게 도시의 성문을 열어 방어자들에 대한 엄청난 학살이 자행되었다. 어떤 총소리나 생명의 신호도 그 성벽 안에서 흘러나오지 않았다. 그 도시의 성문은 활짝 열렸고 비좁은 길가에는 시체들로 가득 찼다. 나는 사장에 위치한 목사관의 문 앞에서 지난 10일 동안 내내 햇볕과 비에 노출되어 있었는데 참혹하게 잘려진 남녀노소 무리가 90명에 이르렀다. 우리가 그곳에 들어가 우리의 보급품과 탄약을 저장한 창고의 문을 닫고 성벽에 보초를 세운 뒤에도 우리는 살아 있는 영혼을 볼 수 없었다. 두 신부는 구조되었다. 나는 10여 일 전에 학살을 목격한 한두 명으로부터 그날 밤에 일어난 이야기를 들을 수 있었다. (178쪽)

이재수의 난에 대해 좀 더 알아보면 다음과 같다. 제주도에는 1858년에 처음 천주교가 전파되었는데, 1900년 라쿨, 무세 신부가 제주도에 파견되면서 교세가 크게 확장되었다. 이때 강봉헌이 제주도 봉세관으로 부임하면서 온갖 잡세를 부당하게 징수하였는데, 이러한 일에 천주교도들을 채용하였다. 또한 교회가 부지를 매입하면서 제주도민들이 신성하게 여기는 신목(神木)과 신당(神堂)을 없애 도민들이 반감을 품었다.

1901년 5월 16일 관노 이재수와 제주도민들은 일본인에게 입수한 무기로 무장하여 민란을 일으켰다. 그러자 라쿨 신부는 중국 상하이에 있던 프랑스함대에 도움을 청하여 6월 1일 제주에 도착했는데, 이미 제주성은 함락되었고 천주교도 300여 명이 처형당했다.

그 후 정부에서 파견한 강화진위대가 이재수의 난을 진압하였고, 오대현, 강우백, 이재수 등이 교수형에 처해졌으며, 나머지 주동자들은 징역에 처해졌다.

한편, 이 책의 제10장에서는 대궐에서의 생활과 민속놀이도 이야기하고 있다.

조선의 연극패들은 동방지역의 여타 국가들보다 신분이 더 낮았으며 심지어 기생들이 대감 집에나 궁중 출입이 허가되어 있다 하더라도 일본의 게이샤만큼의 대우도 받지 못했다. (…) 문제들을 공개적이고 큰 소리로 논의하면서 결혼피로연과 같은 경우를 항상 이용함으로써 하객들이나 기생이나 하인들이 모두 들을 수 있고 그 내용들이 안방의 부녀자들과 마당에 있는 군중들과 동네 사람들과 떠돌이 연극패의 가십에 전파될 수 있었다. 사람들은 세월의 무게에 눌려 숙명론자가 되었다. "팔자인 걸 어떻게 해요"라는 푸념은 극동에서의 보편적인 말이다. (203쪽)

33

조선외교비화를 기록한

에밀 마르텔

Emile Martel, 1874~1949

『外人の 觀たる 朝鮮外交秘話(외국인이 본 조선 외교 비화)』(1934)

한국이름 마태을(馬太乙)로 불렸던 에밀 마르텔(Emile Martel)은 개화기에 법어학교(法語學校, 프랑스어학교)의 교장으로 활동하며 우리나라와 첫 인연을 맺었는데, 거의 한평생을 이 땅에서 살다가 끝내 안식처까지 마련하였다. 그는 대한제국 국가의 작곡가이자 대한제국 군악대 악장이었던 독일인 프란츠 에케르트(Franz Eckert, 1852~1916)의 사위이기도 했다. 특히 그는 일제강점기에 《조선신보사》 기자인 코사카 사다오(小坂貞雄)의 손을 빌려 자신의 회고록인 『外人の 觀たる 朝鮮外交秘話(외국인이 본 조선 외교 비화)』(조선외교비화출판회, 1934)를 출간하였는데, 이 책은 근대사 연구자들이 자주 참조하는 참고문헌이 되었다.

이 책에는 다소 일본을 두둔하는 듯한 저자의 논조가 눈에 띄어 거슬리긴 하지만, 개화기부터 일제강점기에 벌어진 역사적 사건과 외교, 문화,

사회사 등에 대한 자신의 경험을 서술하고 있다. 이 책은 여러 인물의 증언 까지 두루 포함하고 있어, 한국 근대사의 이면을 탐구하는 데 여러모로 기 여하고 있다.

작가의 생애

에밀 마르텔(Emile Martel)은 1874년 12월 4일 일본 요코하마에서 프 랑스인 세관사 알퐁소 마르텔(Alphonse Martel)과 일본 여인 루이스 곤도 (Louise 近藤) 사이에서 장남으로 태어났다. 그의 아버지는 중국 상하이와 톈진 등지의 프랑스 상사에서 근무했기 때문에 그는 톈진에서 프랑스중학

마르텔의 결혼사진. 두 번째 줄 중앙에 플랑시 프랑스 공사도 보인다.

교를 다녔으며, 프랑스의 쌩 에띠엔느 광산학교에서 4년간 대학생활을 마쳤다. 광산학교를 졸업하고 아버지와 함께 상해해관(上海海關)에 근무하던 중 1894년 7월 조선 정부가 법어학교 교장으로 초빙하여 조선으로 건너오게 되었다.

오늘날 법어학교의 정확한 위치는 확인되지 않고 있으나, 한때 프랑스 공사관과 가까운 곳에 있던 외교관구락부 건물을 학교 건물로 사용했다고 알려져 있다. 이 학교는 수하동을 거쳐 박동(지금의 종로구 수송동 일대)의 옛 육영공원으로 자리를 옮겨 그곳에서 십여 년 이상을 머물렀으며, 1908년에 일어, 영어, 한어, 법어, 덕어 등 다섯 개의 어학교를 합쳐 '관립한성외국어학교'로 전면 개편하였다가 일제강점기로 접어든 직후인 1911년에 해산되어 사라졌다.

마르텔의 짧은 묘비명(양화진 외국인묘지공원)

마르텔은 1905년 2월 7일 명동성당에서 뮈텔(G. Mutel) 주교의 주례로 아멜리아(Amelia)와 결혼했는데, 2남 3녀를 두었으며, 맏딸인 마리 루이스(Marie-Louis)는 수녀가 되어 해방 이후에도 계속 한국에 살았다.

프랑스로 돌아간 마르텔은 제1차 세계대전이 벌어지자 참전군인이 되었는데, 처가의 나라인 독일을 적대국으로 상대해야 하는 얄궂은 운명을 맞았다. 종전 후 1920년 다시 서울로 돌아와 영자지《서울 프레스》의 번역가로 활동하였고, 경성제대 프랑스어 강사, 동성학교 불어 강사, 일본기독교청년회관 불어동호회 강사로 생계를 이어나갔다.

그는 제2차 세계대전이 발발하자 일제의 탄압으로 1943년에 강제로 추방되어 중국 톈진에 머물렀다. 중국에서 종전을 맞았고, 1947년 2월에 다시 한국으로 돌아와 지내다 1949년 9월 19일 서대문 자택에서 73세의 나이로 숨을 거두었다. 그가 살던 서대문 자택은 자유당 시절에 이기붕이 살았고 지금은 4·19도서관이 되어 있다.

그는 현재 양화진 서울외국인묘지공원에 안장되었는데, 그의 묘비에는 'R. I. P.(고이 잠드소서)'라는 짧은 구절만 새겨져 있다. 1894년부터 50년이 훨씬 넘는 기간 동안 한국과 인연을 맺은 것을 생각한다면, 참으로 짧고도 함축적인 한마디이다.

작품 속으로

『外人の 觀たる 朝鮮外交秘話(외국인이
본 조선 외교 비화)』는 일제강점기인 1934년에
《조선신보사》 기자인 코사카 사다오(小坂貞
雄)의 도움으로 출간되었는데, 이 책에 의하
면 저자인 마르텔은 청일전쟁 때인 1894년 7

『外人の 觀たる 朝鮮外交秘話
(외국인이 본 조선 외교 비화)』(1934)
초판본

월 인천항에 도착하였다. 그는 이 책에서 서울에서 법어학교를 설립할 당시
의 상황을 이렇게 적고 있다.

"그 당시 허치슨(Hutchison) 씨가 영어학교의 교장이 되어 제일 먼저 외
국어학교를 개설했다. 나는 당시 애써 조선에 왔던 것이나 청일전쟁의 소
동으로 생도의 모집이 되질 않아 놀고 있었으므로 허치슨 씨의 학교에 도
와주러 다녔던 것이 기억난다. 전쟁 후 불란서공사가 조선 정부에 대해
몇 번이나 개교를 재촉하였지만 좀처럼 진척을 보지 못하고 결국 교사설
립의 장소가 없어, 나는 부랴부랴 정동의 불란서공사관 앞의 자택에서 식
당에다 생도를 모집하여 교수(教授)를 개시하였다. 그 당시의 생도는 18
인으로 대개 양반의 자제였으나, 개중에는 대신(大臣)의 자제도 2인 정도
섞여 있었고 이들은 모두가 훌륭한 인물이 되었다. 몇 해 전에 총독부의
학무국을 물러나서 현재 이왕직에 근무하고 있는 이능화(李能和) 씨도 당
시의 생도이다. 또 현재 불란서영사관의 통역관을 하고 있는 윤정혁(尹丁
赫) 씨(전 파리 조선공사관 부 서기관)랑 프랑스회사 경영의 광산에 근무하
고 있는 이구만(李求萬), 김정종(金鼎鍾) 그리고 안후손(安厚孫) 등의 제씨
도 모두 그 무렵 우리 학교의 생도였다. (…) 당시 영어학교는 지금의 체

Les récits contenus dans ce livre,
représentant mes réminiscences des
quarante années passées en Corée
(1894-1934), ont été compilés par
mon ami Monsieur Kosaka, rédacteur
au "Chosen Shimbun".
Composés d'une série de 71 articles,
ils furent d'abord publiés dans ce
journal japonais au fur et à mesure
des conversations diverses que nous eûmes
l'année dernière.
Keijo, le 20 juin 1934.

『外人の 觀たる
朝鮮外交秘話
(외국인이 본
조선외교비화)』에
실린 마르텔의 친필

신국의 구내에 있었는데, 현재도 그 건물은 뒤편에 남아 있다. 불어학교
는 경기도청의 뒤편에 수송동이라고 하는 곳에 있었다. 일(日), 독(獨), 지
(支)의 각 외국어학교는 안국동의 부근에 있었으나, 예전의 건물은 오늘
날 모두 없어지고 말았다."(233~235쪽)

그런데 이 책은 마르텔의 회고를 담았지만 저자는 코사카 사다오(小坂
貞雄)로 되어 있다. 이 책의 서문에서 마르텔은 그 이유에 대해 이렇게 말하
고 있다.

본서의 이야기는 내가 조선에서 지낸 40년간(1894년부터 1934년)의 추
억이며 조선 신문기자인 친구 소판(小坂)에 의해 편찬된 것이다. 이 이야기

는 작년에 우리가 나눈 여러 대화에서 이루어진 당시 71장에 걸쳐 조선
신문에 개재된 것이다.

이어서 경성제국대학 총장 야마다(山田三良)의 서문이 실려 있는데, 그
에 의하면 마르텔의 대담은 2개월에 걸쳐 이루어졌다고 한다. 그리고 마르
텔이 21세의 나이에 조선법어학교의 교장을 지냈고, 비범한 재능으로 외교
와 문화와 교육에 해박하며, 지금도 경성제대, 동성학교, 체신부에서 하루
9시간이나 근무하고 있다며 칭찬하고 있다. 또한 마르텔의 독특한 미술
관과 소장한 사진들이 뛰어나다고 말하며, 후세에도 읽히고 참고가 될 책
이라고 믿는다고 하였다. 참고로 이 책의 맨 앞에는 이토 히로부미 통감과
조병식 총리대신의 사진이 실려 있다. 그리고 마르텔의 친필과 사진이 실려
있다.

이 책은 외교편, 왕실편, 문화편, 풍물민정편, 미술공예편으로 구성되었
는데, 개화기부터 일제강점기의 역사를 자세히 자루고 있다. 외교편에서는
조선과 중국의 관계를 다루고 있는데, 특히 대원군이 활약하던 시대를 다
루었다.

외교편은 '세관의 개설과 화상(華商)의 폭거, 조약국에 사신을 파견하
다, 중국사절에 대한 조선의 최후예절, 조선 정부의 차관 문제, 동하강의
발흥, 조선 도착 당시를 말한다, 청일전쟁 이후의 조선, 국왕의 러시아공사
관 이전과 김(金) 내각의 와해, 조선을 대한으로 고치다, 전차의 창설, 독립
문의 건립, 조선 정부와 외국인 고문, 독립구락부, 외국인과 광산, 만국우
편회의와 조선, 일본공사관, 러일전쟁의 풍운, 러일전쟁과 외국 신문기자,
일본의 외교관, 영국인 베텔의 신문경영, 이토공의 조선부임과 두본(頭本)
씨의 신문, 이토공을 말한다, 이토공의 위업을 전하는 박문사(博文寺), 초

대 총독 사이토의공의 착임, 조선군대의 해산, 총독의 정무, 시정기념일, 총독의 식림(植林), 파이한의 전운과 나, 외국 군함의 도래, 일한조약의 체결, 외국들과의 조약, 일청전쟁과 일한비밀조약, 3국 간섭, 러일전쟁과 조선 문제, 선교사의 도래, 가톨릭교도의 수난, 외교계의 큰 인물들, 귀국 후의 위안스카이(袁世凱), 아메리카와 조선의 관계, 조선과 러시아의 관계, 간도를 말한다, 르젠드르장군, 하야시공사시대, 역대 총감과 총독과 정무총감을 말한다, 역대 외사과장을 말한다' 등을 다루고 있다.

왕실편에는 다음과 같은 내용이 실려 있다. '덕수궁을 말한다, 왕가의 축제일, 역인(役人) 만능의 시대, 손탁 호텔'

문화편은 '조선문화의 건설, 조선의 서양인 고문, 조선의 체신사업, 화폐와 은행, 회사 및 상점에 관하여, 철도, 학교를 말한다' 등을 다루고 있다.

풍물민정편에는 다음과 같은 내용이 실려 있다. '지난날의 민속을 말한다, 오락장의 어제와 오늘, 그 무렵의 빅뉴스, 룸펜이야기, 조선의 양복을 말한다, 조선의 농업을 말한다, 조선의 담배에 관하여, 왕년의 수렵을 말한다'

끝으로 미술공예편은 '조선의 골동품에 대하여, 조선 미술의 4시대, 고려요(燎), 경성의 도구(道具)마을, 다마세의 유래, 문예부흥시대, 쇄국시대, 동기(銅器)시대, 조선의 건축, 조선미술과 외국인' 등을 다루고 있다.

이 책의 결론에는 도예에 대한 마르텔의 식견이 실려 있는데, 그에 대해 관심 있다면 도서관에서 이 책을 찾아보기 바란다. 단, 이 책은 아직까지 한국어로 번역되지 않았으니 일본어로 된 책을 읽어야 할 것이다. 이 책이 한국어로 번역되어 보다 많은 독자들이 읽게 되기를 바란다.

34

'딜쿠샤'의 주인 부부

앨버트 와일더 테일러 Albert Wilder Taylor, 1875~1948
메리 린리 테일러 Mary Linley Taylor, 1889~1982

『호박 목걸이 *Chain of Amber*』(1992)

올해는 3·1운동 100주년이
되는 해라서 필자는 일제강
점기와 관련된 이야기들에
유난히 관심을 가졌는데, 일
제강점기에 한국에 살았던
앨버트 와일더 테일러(Albert Wilder Taylor)와 메리 린리 테일러(Mary Linley
Taylor) 부부의 이야기는 한마디로 경이와 감동 자체였다.

  3·1운동이 발발하자 미국 AP통신사의 통신원이었던 앨버트 테일러는
서울 행촌동에서 500살 넘은 장대한 은행나무를 발견하였다. 그는 한양도
성 인왕산 성곽을 배경으로 묵묵히 서 있는 그 은행나무에게 매료되었다. 그
래서 아내 메리 테일러와 함께 1923년 이곳에 '마음의 궁전'이라는 뜻을 지

앨버트 와일더 테일러(오른쪽)와
메리 린리 테일러(왼쪽)

닌 '딜쿠샤'라는 집을 짓고 1942년까지 살았다. 그런데 알고 보니 그들이
살았던 그곳은 임진왜란 당시에 도원수로 활약한 권율이 살던 집터였다.

필자는 서울역사박물관에서 열린 '딜쿠샤와 호박목걸이' 전시회를 두
번이나 보고 딜쿠샤 복원 현장에도 찾아가 보았다. 앞으로 이곳이 서울의
유명 관광명소가 되기를, 테일러 부부의 이야기가 온 국민에게 알려지기를
바란다.

작가의 생애

앨버트 와일더 테일러(Albert Wilder Taylor)는 대한제국 및 일제강점기
에 조선에서 활동하던 미국의 기업인이자 언론인이다.

광산촌을 방문하는 메리 테일러

1875년 3월 14일 미국에서 금광 기술자였던 조지 알렉산더 테일러
(George Alexander Taylor, 1829~1908)의 아들로 태어났다. 1896년 아버
지와 함께 한국에 들어와 운산 금광을 개발하였다. 그의 아버지 조지 테일
러는 1897년에 한국에 와서 고종황제의 집무실에 전기를 부설했고, 이를
계기로 평안북도 운산 금광을 개발할 수 있는 동양합동광업회사를 설립했
다. 1908년 아버지 조지 테일러가 서울에서 사망하자 앨버트 테일러는 한
국에서 아버지가 하던 금광 사업과 무역상을 계속하면서 UPI 통신사의 서
울 특파원으로 활동하였다.

1917년 영국 출신의 연극배우 메리 린리 테일러(Mary Linley Taylor)와
결혼하였고, 1919년 2월 28일 세브란스병원에서 아들 브루스 테일러
(Bruce Tickell Taylor, 1919~2015)를 낳았다. 금광 사업을 본업으로 하고
있었지만 1904년 러일전쟁을 계기로 AP통신의 특파원으로 활동했다.
1919년 3·1 독립운동 당시에 한국 민족대표 33명이 작성한 독립선언서를
입수하였고, 일본 경찰의 눈을 피해 그것을 자신의 동생에게 몰래 도쿄로

1920년대의 딜쿠샤와 은행나무

반출하게 하여, 도쿄의 통신사를 통해 전 세계에 널리 알렸다.

1919년 4월 15일 일본 군인들이 민간인을 잔인하게 학살한 제암리학살 사건을 취재하고, 스코필드, 언더우드와 함께 조선 총독을 항의 방문하는 등 한국의 독립운동을 지지하였다. 1941년 태평양전쟁이 발발하자 미국과 일본의 관계가 악화되면서 테일러 가족은 가택 연금되었고, 이듬해 5월 미국으로 추방되었다. 광복 직후인 1945년 미군정청 고문 자격으로 한국에 다시 입국하였다. 1948년 6월 29일 미국에서 심장마비로 사망하였고, 그의 유해는 대한민국으로 이송되어 양화진 서울외국인묘지공원에 안장되었다.

앨버트 테일러의 아내 메리 린리 테일러(Mary Linley Taylor)는 1942년 태평양전쟁으로 한국에서 강제 추방되자 미국 캘리포니아에서 남편과 함께 노년을 보내며 회고록을 썼는데, 훗날 그의 아들 브루스 테일러는 이것

1930년대의 딜쿠샤

을 『호박 목걸이 *Chain of Amber*』라는 제목의 책으로 출판하였다. 그녀는
1982년에 캘리포니아에서 생을 마쳤다.

2006년 2월 서울특별시는 대한민국을 방문한 브루스 테일러와 그의
가족들에게 명예 시민증을 부여하였다.

작품 속으로

Chain of Amber (1992)
초판본

『호박 목걸이 *Chain of Amber*』는 1992년에
미국에서 처음 출간되었는데, 2014년에는 한국
에서도 번역되어 출간되었다. 이 책은 1917년부

터 1948년까지 한국에서 살았던 메리 테일러가 세상을 떠나기 전에 한국에서의 생활을 그리워하는 마음을 담은 책이다. 테일러 부부가 한국에 거주할 당시에 만났던 다양한 국적의 선교사, 광산업자, 사업가 등을 비롯해, 딜쿠샤라는 집을 짓고 광산촌을 방문하며, 시베리아를 기차로 여행하는 등 다양한 경험을 담고 있다. 또한 3·1운동과 태평양전쟁 등 역사적 순간을 직접 겪고 기록으로 남겼다.

이 책의 한국어판은 송영달 교수에 의해 번역되어 2014년에 출간되었다. 이 책은 '장'을 '구슬'이라 부르며 구슬 34개로 구성되어 있는데, '1. 깊어지는 전운, 1941, 2. 불안한 정세, 3. 일본과의 불화가 가져다준 시련, 4. 기약 없는 이별, 5. 전쟁 속에서도 삶의 바퀴는 구르고, 6. 종전과 한국 방문, 7. 영국에서 보낸 어린 시절, 8. 배우의 꿈을 이루다, 9. 일본에서 주고받은 마음, 10. 청혼, 11. 한국으로 가는 신혼여행길, 12. 고요한 아침의 나라로, 13. 한국에서 시작한 신혼생활, 14. 실수하고 오해하며, 15. 황금의 나라를 찾아온 이방인들, 16. 익숙해져가는 한국, 17. 일만이천봉 금강산 여행, 18. 만세 소리와 함께 아들이 태어나다, 19. 전국에 울려 퍼진 대한독립만세, 20. 한국인과의 충돌, 21. 갈마 해변에서 보낸 여름, 22. 원산의 백계 러시아인, 23. 우리 집을 짓기로 하다, 24. 기쁜 마음의 궁전, 딜쿠샤, 25. 폐허가 된 딜쿠샤, 26. 서울살이의 친구들, 27. 사랑과 우정의 나날들, 28. 시베리아 횡단 여행, 29. 캘리포니아에서, 30. 광산 사업가의 아내로서, 31. 가을이 가고 겨울이 오고, 32. 다가오는 이별의 시간, 33. 조선의 양반 김 주사, 34. 6년 만의 서울 방문, 1948' 순으로 되어 있다.

이 책에서 3·1운동과 관련된 이야기는 다음과 같다.

1919년 2월이 끝나갈 무렵 나는 세브란스 병원에 입원하여 편안하게 출산을 기다리고 있었다. 입원실이 길 앞쪽을 바라보는 방향에 있어 창을 통해 남대문 거리가 한눈에 들어왔다. 나의 시아버지가 생애의 마지막 몇 년을 보내고 편안히 임종하신 곳도 바로 이 병실이었다. 그분의 손자가 같은 방에서 태어나는 것은 아주 적절한 일이라는 생각이 들었다.

내가 입원하자마자 한국 사람들의 입을 통해 대한제국의 마지막 군주인 고종황제가 승하했다는 소문이 들려왔다. 동양에서는 임금이 사망해도 장례 준비가 완벽하게 끝날 때까지 가능한 한 오랫동안 비밀로 유지하는 관습이 있었다. 그러나 대부분의 사람들은 고종의 죽음을 기정사실로 여기고 있었다.

내가 입원한 다음 날 아침, 김 보이가 집에서 가져오기로 한 아침 식사가 도착하지 않았다. 나는 침대에서 일어나 창가로 가서 밖을 내다보았다. 국방색 군복을 입은 일본 군인들이 병원 정문에서 경계를 서고 있는 모습에 깜짝 놀랐다. 거리에는 흰옷 입은 한국 사람들이 구름떼처럼 몰려나와 있었다. 소달구지를 타고 나온 사람도 있었고, 조랑말을 탄 사람들도 있었다. 역 쪽에서도 수많은 인파가 몰려오는 것으로 봐서는 기차를 타고 도착한 사람들도 많은 듯했다. 나중에 안 사실이지만 대부분은 몇 주에 걸쳐서 수백 킬로미터나 되는 거리를 두 발로 걸어서 온 사람들이었다. 전 세계를 통틀어 한국인들만큼 잘 걷는 사람들도 없을 것이다. 아직 확인되지는 않았지만 이렇게 많은 인파가 몰린 것은 황제의 죽음 때문일 거라고 생각했기에 나는 크게 놀라지는 않았다.

(…)

그날 우리의 아들이 태어났다. 의식이 반쯤 돌아온 상태에서 나는 병원에서 커다란 동요가 일고 있음을 어렴풋이 감지했다. 문들이 열렸다 닫히고, 귓속말과 고함소리, 쿵쾅거리는 발소리와 발끝을 들고 조심조심 걷는 소리가 번갈아 들렸다. 나중에는 사람들이 내 방에 살금살금 들어왔다 빠져나가는 것을 느꼈고, 어느 순간 눈을 떴더니 간호사가 아이가 아니라 종이뭉치를 안고 있는 모습이 보였다. 그러다 그 서류를 내 침대의 이불 밑에 집어넣는 것이 아닌가.

바깥 거리도 온통 소란스러웠다. 간간이 비명소리와 총성이 들리고, 찬송가를 부르는 소리도 들렸다. "만세, 만세" 하고 외치는 커다란 함성이 계속 반복되었다. "만세!" 그 소리는 거의 포효와 같았다. 나는 에스텝 수간호사를 보며 저 말이 무슨 뜻이냐고 물었다. 그녀가 내게 무슨 일이 벌어지고 있는지 설명해주었다.

"한국 사람들이 인쇄기를 우리 병원의 시트 보관하는 장 속에 숨겨두었던 모양이에요. 일본 경찰이 병원에 들이닥쳐서 건물 안을 다 수색했답니다. 그들은 인쇄기를 발견하고 한국인 직원 몇 명을 체포했지만 인쇄된 종이는 찾지 못했어요."

(…)

"대한독립선언문이군!" 브루스(앨버트 테일러)가 놀라서 소리쳤다. 오늘날까지도 나는 서운한 마음에 그날의 일을 힘주어 말한다. 당시 갓 신문기자가 된 브루스는 아들을 처음 만난 것보다 그 문서를 발견한 것에 더 흥분했다고 말이다. 바로 그날 밤, 시동생 빌이 독립선언문 사본과 그에 관해 브루스가 쓴 기사를 구두 뒤축에 감춘 채 서울을 떠나 도쿄로 갔다. 금지령이 떨어지기 전에 그것을 전신으로 미국에 보내기 위해서였다. 브루스는 새벽 2시가 넘어서야 병원으로 돌아왔다. 그는 잠든 아들을 사랑스럽게 내려다보더니, 피곤에 지친 몸을 의자에 털썩 던지고는 부츠를 벗었다. 그는 일본인들이 시위자들을 점점 많이 체포해 들이면서 진압하고 있다고 말해주었다. (222~228쪽)

이처럼 이 책은 당시의 상황을 생생히 전달하고 있다. 그래서 문학적으로도 역사적으로도 매우 중요한 책이라고 생각된다.

3·1 독립선언 100주년을 맞아 서울역사박물관에서는 2018년 11월 23일부터 2019년 3월 24일까지 '딜쿠샤와 호박목걸이' 전시회를 열었다. 테일러 가문이 기증한 유물과 자료 등이 서울역사박물관에서 전시되었다.

여하튼 테일러 부부는 우리에게 실로 고마운 은인이다. 어머니 메리 테일러의 회고록을 토대로 이 책을 출간한 브루스 테일러(Bruce Tickell Taylor)는 이렇게 말하였다.

"3·1운동 당시 제암리학살사건 사진을 접한 아버지는 일제의 만행에 크게 분노했습니다. 언더우드 목사, 커티스 부총영사 등과 함께 하세가와 요시미치(長谷川好道) 당시 총감을 찾아가 강력하게 항의한 뒤 양민학살 중단을 요구했습니다. 아버지는 '내가 사랑하는 땅 한국에 나를 묻어 달라'는 유언을 남겼습니다. 어머니는 한국에 정부가 수립된 직후인 1948년 10월 한국을 찾아 '아버지의 소원을 이뤄줬다'고 말씀했습니다."

브루스 테일러는 한국에서 9년 동안 살았는데, 미군에 입대해 제2차 세계대전을 치렀으며 영국에서 유학한 뒤 부인 조이스와 결혼했고, 30여 년간 교육자의 길을 걸었다. 65년이 지난 2006년 2월에 그는 한국을 다시 찾았다. 그리고 이렇게 말했다.

"65년 만에 본 한국은 그야말로 경이로운 발전을 이뤘습니다. 할아버지와 아버지가 그토록 사랑했던 한국이 눈부신 발전을 이룬 것이 너무도 고마웠습니다. 지금은 갈 수 없는 반도의 북쪽에도 이 같은 축복이 미쳤으면 좋겠습니다."

브루스 테일러의 한국 사랑은 딸인 제니퍼 테일러에게도 이어지고 있다. 제니퍼 테일러는 『호박 목걸이 *Chain of Amber*』를 시나리오 삼아 테일

〈딜쿠샤와 호박목걸이〉 전시회를 찾은 필자(2019)

〈딜쿠샤와 호박목걸이〉
전시회에 전시된 메리
테일러가 입었던 옷

러 가문의 이야기를 영화로 제작할 예정이다.

　한편, 테일러 부부가 살았던 딜쿠샤는 2017년 8월 8일 등록문화재 제 687호 '서울 앨버트 테일러 가옥(딜쿠샤)'으로 등재되었다. 서울시는 2020년까지 복원을 마친 뒤 백범 김구의 집무실이었던 경교장, 가회동 백인제 가옥처럼 하우스 뮤지엄 형태로 꾸며 개방할 예정이다.

한국으로 신혼여행 온

칼 후고 루돌프 차벨

Carl Hugo Rudolf Zabel, 1876~1939

『독일인 부부의 한국 신혼여행 1904

Meine Hochzeitsreise durch Korea』(1906)

1904년 러일전쟁 중에 독일인 신혼부부가 한
국에서 신혼여행을 했다면 신기하게 느껴질
수밖에 없다. 독일의 언론인 칼 후고 루돌프
차벨(Carl Hugo Rudolf Zabel)은 아내와 함
께 한국 땅을 여행한 뒤 1906년에 『독일
인 부부의 한국 신혼여행 1904 *Meine
Hochzeitsreise durch Korea*』라는 책을 펴냈다. 이 책에서 저자는 저널리스트
로서의 면모를 유감없이 발휘하면서 한반도를 둘러싼 중국과 일본의 갈등
등 국제정세에 대해 날카로운 논평을 남겼다.

물론 이 책의 저자는 취재를 목적으로 글을 썼을 수도 있겠지만 신부와
함께 낯선 나라로 신혼여행을 왔으니 여간 모험적이고 낭만적이었을 것이다.

이 책은 2009년에 한국어로도 번역되어 출간되었다.

작가의 생애

────

칼 후고 루돌프 차벨(Carl Hugo Rudolf Zabel)은 1876년 9월 1일 독일 작센 주의 볼린(Wollin)에서 태어났다. 그의 아버지는 목사였는데, 아이제나하에서 고등학교를 다니고 마르부르크대학과 라이프치히대학에서 법학과 경제학을 공부했다. 졸업 후 중국 상하이에서 〈동아시아 룬트샤우 Ostasiatische Rundschau〉의 특파원으로 활동하며 '의화단사건'을 취재하였다. 그 후 기자 겸 작가로 중국, 만주, 시베리아, 한국, 일본, 모로코, 투르키스탄, 터키, 멕시코를 여행했다. 모험심과 열정이 가득한 그는 미지의 세계를 여행한 후 많은 대중에게 여행 및 사진과 관련된 강연을 하였다.

첫째 부인 베르타 막달레나 패르버(Bertha Magdalena Faerber)는 아들과 딸 하나씩을 낳고 사망하였으며, 둘째 부인 게르트루드(Gertrud)와 재혼하여 멕시코 여행을 하였다.

1939년 7월 3일 베를린에서 사망하였다. 14권의 여행기를 남겼는데, 한국 여행기는 그의 일곱 번째 여행기였다.

작품 속으로

────

이 책은 1906년 독일 알텐부르크(Altenburg)의 가이벨(Gaibel) 출판사에서 처음 출간되었는데, 2009년에 한국어로 번역되어 『독일인 부부의 한국 신혼여행 1904』라는 책이 출간되었다. 이 책은 '1. 출발, 2. 일본의 분위기, 3. 한국으로 가다, 4. 한국의 남녘땅, 5. 부산과 블라디보스토크 중간쯤, 6. 원산과 겐산, 7. 육로 여행 첫째 날, 8.저녁이 되고 아침이 되니 둘째 날이 밝았다, 9. 한여울 기슭, 10. 서울 가는 길, 11. 서울, 12. 한국 '독립'의 역사' 등 12장으로 되어 있다.

Meine Hochzeitsreise durch Korea(1906) 초판본

이 책의 저자 차벨은 아내와 함께 일본에서 배를 타고 부산으로 왔다. 해관(海關)에서 독일인 요한네스 볼얀(Johannes Bolljahn)과 만나 일본호텔에서 머물렀는데, 그때의 경험을 이렇게 적었다.

도착 첫날부터 일본 순사 하나가 우리를 찾아와서 이름과 무슨 일을 하는지를 꼬치꼬치 캐물었다. 게다가 형사까지 왔다. 대단한 방문은 아니었는데, 그는 마치 외국어라고는 한마디도 못 하는 양 행동했다. 하지만 확신하건대 독일어를 제법 알아들었던 그자는, 몇 차례 허리를 숙여 인사하더니 내가 편지를 쓰려고 하자 감히 어깨너머로 그 내용을 엿보기 시작했다. 그가 독일어를 알아들었다면 나와서도 기뻤을 게, 그자의 멱살을 잡고서 방 밖으로 배웅했을 때 내가 쏘아 주었던 그 다정스러운 말들을 필히 가슴속 깊이 간직했을 터였기 때문이다. 그런데 바로 오늘, 일본에서 발급받은 우리의 신원증명서가 위조로 밝혀졌다. 거기에는 내가 '심분상' 즉 신문기자라고 적혀 있었는데, 커다란 안경을 낀 일본 경찰이 증명서를 유심히 살펴더니 위조라는 결론을 내린 것이다. 아내와 내가 러시아 위장 간첩으로 밝혀지는 순간이었다. 이제 두 명의 감시인이 우리에

게 배당되었고, 호텔 앞에 진을 친 그들은 가는 곳마다 우리를 따라다녔
다. (156~157쪽)

1883년부터 조선은 항구에 해관(海關)이라는 관아를 설치하였는데, 해
관 근처의 일본호텔에서 루돌프 차벨은 러시아 위장 간첩으로 오해받았다.
왜 이런 일이 벌어진 것일까? 당시에 러시아와 일본이 러일전쟁을 벌였기 때
문이다.

러일전쟁은 1904년부터 1905년까지 만주와 한국의 지배권을 차지하
기 위해 러시아와 일본이 벌인 전쟁이다. 이 전쟁은 1904년 2월 8일 일본함
대가 뤼순군항(旅順軍港)을 기습공격하면서 시작되었다. 다음 날인 9일에
일본함대는 인천 앞바다에 있던 러시아 군함 두 척을 격침시켰고, 10일에
는 양국이 정식으로 전쟁을 선포하였다. 일본 해군은 뤼순군항을 봉쇄하
는 데 성공하고 5월에는 랴오둥 반도에 상륙하였다. 또 9월에는 랴오양(遼
陽)을 점령하였다.

1905년 1월 1일 일본은 뤼순군항을 완전히 점령하였고, 3월에는 펑톈
회전(奉天會戰)에서도 승리하였다.

1905년 5월 27일 새벽 4시 45분 진해만(鎭海灣)에서 대기하고 있던 도
고 헤이하치로(東鄕平八郎) 일본연합함대 사령관은 제주도 동쪽에서 러시
아 발트함대가 발견되었다는 보고를 받았다. 발트함대는 세계 최강으로
통하던 함대였는데, 일본연합함대는 발트함대와 24시간 동안 해전을 벌인
끝에 승리하였다.

결국 이 해전에서 패한 러시아는 1905년 9월 5일에 일본과 강화조약을
맺고 조선에서의 입지가 좁아지게 되었다. 전쟁에서 승리한 일본은 한국에
대한 지배권을 확립하고 만주로 진출할 수 있게 되었다.

이처럼 러일전쟁이 한창이었던 시기에 이 책의 저자는 부산에 도착하였는데, 일본에게는 러시아가 적국이었기 때문에 서양인만 보면 러시아의 스파이가 아닌지 경계했던 것이다. 여하튼 이 책의 저자는 러일전쟁으로 흉흉했던 한반도로 신혼여행을 왔던 것이다.

　일본 경찰의 규정에 물들지 않은 한국인의 삶을 처음 관찰하게 된 것도 바로 이런 마을에서였다. 무엇보다도 아낙네들의 옷차림새가 우리의 시선을 끌었다. 그 옷은 품이 넓은 아마포 바지를 치마가 싸고 있는 모양이었다. 옷은 아시아식으로 잘 알려진 방법으로 입고 있었는데, 위가 넓게 트인 치마를 허리에 꼭 맞게 두른 뒤 남는 부분은 둘둘 말아 허리춤에 집어넣는 식이었다. 여성의 상체를 덮고 있는 것은 짧은 아마포 저고리로서 긴 소매가 짤막한 몸통 부분과 강한 대조를 이루고 있었다. 저고리는 목과 가슴 위쪽만 감싸고 있을 뿐, 허리띠 윗부분과 젖가슴은 훤히 드러나 있었다. 반면에 도회지의 여인들은 외출할 때 머리에서부터 몸 전체로 늘어뜨려 입는 장옷을 걸치기도 했다. 아무튼 그 독특한 여성복을 처음 접하는 서양인들은 묘한 느낌이 들 수밖에 없는데, 내 경우는 그 옷을 보자마자 자연스럽게 브랑겔(Friedrich von Wrangel, 1784~1877, 프로이센 육군 원수) 노인에 관한 일화가 떠올랐다. 그러니까 성대한 궁정 무도회가 벌어질 때였다. 나이는 들었어도 아양 떠는 버릇은 여전했던 한 궁전 사교계 부인이 브랑겔 노인 앞에 나타나, 무릎을 굽혀 절을 한 뒤 자신의 새 의상을 가리키며 이렇게 물었다.

"각하, 저의 새 무도회 의상이 마음에 드십니까?"

"진정 아름답소이다."

브랑겔 노인이 대답했다.

차벨이 촬영한 짧은 윗저고리를 입은
조선 여인

"한데 너무 짧은 것 같소."

"각하! 옷자락을 말씀하십니까?"

"아가씨, 그러니까, 밑이 아니라 위쪽 말이요."

그런데 많은 이들이 그러하듯이, 이국 땅에서 맞닥뜨리는 이 같은 현상에 유럽의 엄격한 성도덕을 적용함으로써 맨살을 드러내는 일이 —사실 이 경향은 일본이 훨씬 심했는데— 무조건 예절 감각에 어긋난다고 역설하기도 곤란한 노릇이었다. 예절 감각이란 것도 일차적으로는 풍습과 유행의 산물인 만큼 전 세계 사람들에게 똑같은 예절 감각을 기대할 수는 없기 때문이다. 유럽만 하더라도 유행에 크게 좌우되는 게 바로 이 예절 감각이었다. (199~202쪽)

러일전쟁은 시종일관 일본이 승기를 잡아서인지 조선에 주둔했던 일본 경찰의 위세 역시 대단했다. 저자는 일본 경찰의 시선을 피해 조선 곳곳을 여행해야 했는데, 몸통 부분의 길이가 유난히 짧은 조선 여인들의 윗저고리를 바라보고 독일 사교계 여성의 무도회 의상을 떠올렸지만 우리 고유의 의상을 존중했던 것이다. "예절감각이란 것도 일차적으로는 풍습과 유행의 산물인 만큼 전 세계 사람들에게 똑같은 예절감각을 기대할 수는 없기 때문"이라고 말하는 저자의 태도에서 세계 문화의 다양성을 인정하고 이해하는 문화상대주의를 엿볼 수 있다.

모기장 안이 달싹거렸다.

"당신, 잘 잤어요?"

"일어났군요. 당신도 잘 잤어요?"

"그럼요! 그런데 여보?"

"어서 말해 봐요!"

"배가 고픈걸요!"

이 말이 떨어짐과 동시에 사랑스런 아내는 "아함!" 하고 하품을 했다. 나와 결혼을 결심할 무렵 자기를 먹여 살릴 자신이 있는지 물어보았던 아내! 그때 나는 잠시 생각한 뒤 자신 있는 목소리로 크고 분명하게 "예" 라고 대답하지 않았던가. 그 아내가 지금 허기를 느낀다니! 이럴 때는 입술을 쑥 내밀고 휘파람을 불어야 한다. 하지만 휘파람을 불기 전 나는 괜스레 입을 내밀어 보았다. 아내 역시 "아함!" 소리를 내느라 한껏 벌렸던 입을 다물고는 쪽 입을 내밀었다. 휘파람 소리는 들리지 않은 채 두 입술이 서로를 향해 움직였고, 우리는 마침내 달콤한 아침 키스를 나누었다. (307~308쪽)

이 책의 저자는 아내와 함께 조선으로 신혼여행을 왔기 때문에 이렇게 낭만적인 내용도 엿볼 수 있다.

장기간의 금 채굴권이 독일, 미국, 영국, 프랑스를 비롯해 최근에는 일본의 손으로 넘어갔지만 특이하게도 미국과 일본의 사업만이 번창하고 있었다. 당고개에 있는 독일의 대규모 금광은 한때 많은 기대를 모았으나 현재는 운영이 전면 중단된 상태라고 들었다. 독일 금광이 실패한 데는 아마도 매장량이 부족하다는 것보다 다른 더 중요한 이유가 있었을

것이다. (404~405쪽)

이 책의 저자는 저널리스트였기 때문에 한반도를 둘러싼 국제정세를 날카롭게 분석하는 글들도 엿볼 수 있다. 또한 이 책에는 저자가 촬영한 사진들이 여러 장 실려 있다.

한국을 사랑한 세계작가들

세계의 책 속에 피어난 한국 근현대

초판 인쇄	2019년 6월 11일
초판 발행	2019년 6월 28일
지은이	최종고
펴낸이	조동욱
책임편집	김종필
펴낸곳	와이겔리
등록	제2003-000094호
주소	03057 서울시 종로구 계동2길 17-13(계동)
전화	(02) 744-8846
팩스	(02) 744-8847
이메일	aurmi@hanmail.net
블로그	http://ybooks.blog.me
ISBN	978-89-94140-35-3 03300